顧客創造のための 事例から学ぶ

マーケティングの教科書

【第2版】

KYOUNGSOO KANG
姜 京守 [著]

丸善出版

はじめに

　「マーケティング」と聞いて，多くの人が「市場調査」「製品広告」「販促」「営業」といった活動を思い浮かべるでしょう．これらは確かにマーケティングの一部ですが，その全体像を捉えるには不十分です．効果的なマーケティング戦略には，高品質な製品やサービスの提供，顧客価値（顧客が求める価値）に見合った価格設定，消費者にとってアクセスしやすい販売チャネル（製品が消費者に届くまでの販売経路）の確保，そしてこれらを消費者に効果的に伝えるプロモーション活動が不可欠です．これらは製品（Product），価格（Price），流通（Place），プロモーション（Promotion）というマーケティングの「4P」という活動で知られています．4つのPは個々に重要ですが，相互に影響し合いながら全体のマーケティング戦略を形成するため，バランスの取れたアプローチが求められています．

　地理的な制約や限られた経営資源のため，企業がすべての顧客にビジネスを展開することは現実的ではありません．このため，企業が顧客を分類し自社の製品やサービスが最大の価値を提供できる顧客層に焦点を絞る戦略をとることになります．顧客が価値を感じるポイントを把握し，それに基づいてターゲットとなる市場を選定することで，効率的かつ効果的に市場戦略を展開することができます．そして，選ばれた市場セグメント（特定の市場のグループ）に対して，独自のブランドイメージを創造し，それを顧客の心に深く刻みつけるのです．ブランドイメージの確立は，消費者の購買意思決定に直接的な影響を及ぼし，競合他社との差別化を図るためにも重要です．この一連のプロセスは，セグメンテーション（Segmentation，細分化），ターゲティング（Targeting），ポジショニング（Positioning）というSTP戦略によって体系的に管理されます．

　市場の環境が絶えず変動する中で，4P活動とSTP戦略を実行するには，消費者に関する定性的および定量的な調査から得られる深い理解が必要です．市場は複数の次元（要素や側面）で成り立っているため，消費者の購買意思決定プロセスや情報処理過程，行動に影響を与える個人的，社会心理的，状況的要因を綿密に分析することがマーケティング戦略の成功につながります．なお，効果的なマーケティング意思決定（マーケティングに関する戦略の決定）には，消費者情

報だけでは不十分です．経済状況，技術的進歩，競合他社，社会のトレンドなどの外部環境も考慮し，内部の組織能力と最適なマーケティング資源の配分を見極め，企業の戦略的目標を明確に定めることが求められます．

本書の執筆にあたり，マーケティングの基本原則に忠実に従うことを心掛けました．理論と実践がしばしば分離されがちな現状に対して，全体システムを理解しやすい枠組みで説明し，実務家が直面する具体的な課題に対応できる実用的なスキルを提供することを目指しています．優れたマーケター（マーケティングの実務を担う専門家や実務家）には市場分析から戦略的計画，ターゲット市場への実行，結果の評価，戦略の修正や改善のプロセスを絶えず実施し，理論と実践を有機的に融合させる能力が求められます．

マーケティングは，顧客が何を求め，何を必要としているかを深く理解し，それに応えることが重要です．この点で，マーケティングは販促活動と根本的に異なり，情報の双方向性が特徴です．いくら品質の良い製品やサービスであっても，消費者に選ばれなければその価値を認められることはありません．Apple やGoogle のように，企業が消費者のニーズを先導するマーケティングも存在しますが，基本的には消費者が企業の方向性を決定します．

現代のマーケターには短期的な施策ではなく，マーケティング全体を俯瞰する視野と，創造的に考え行動する能力が求められます．Facebook, Instagram, YouTube などのソーシャルメディアを活用した一時的な効果に頼るのではなく，持続可能な利益を生むためには中長期的な視点での強いブランド構築が必要です．そのためには，マーケティングの知識を体系的に学び，適切に応用することが重要です．市場は常に変化しており，過去のマーケティング能力が通用しないこともありますが，マーケティングの本質は変わりません．

▶ デジタル技術とマーケティングの進化

現代のマーケティングは，デジタル技術の進化により大きく変化しています．ソーシャルメディア，データ分析，AI の導入が進む中，これらのツールを用いて企業は消費者のニーズを瞬時に把握し，ターゲット市場に即座に対応する能力を強化しています．顧客がいつでもどこからでも商品を購入できるようにするオムニチャネル戦略やユーザーの好みに合わせた体験（ユーザーエクスペリエンス）のカスタマイズは，現代マーケティングが直面する新たな課題に対処するために不可欠で，これによりマーケティングはよりダイナミックで対話的に進化し，消費者との持続的な関係構築を促進しています．

さらに，ビッグデータと機械学習技術の進歩により，企業はより精緻なターゲティングが可能になり，消費者の行動パターンや嗜好を予測することができるようになりました．これにより，広告やプロモーションの精度が向上し，無駄のない効率的なマーケティング活動が実現しています．また，ソーシャルメディアプラットフォームの利用により，企業は消費者との双方向のコミュニケーションを行うことができ，消費者からのフィードバックを即座に反映することで，製品やサービスの改善に役立てています．これらの技術は，消費者エンゲージメントの向上とブランドロイヤルティ（特定ブランドへの愛着心）の強化に寄与しており，現代のマーケティング戦略において欠かせない要素となっています．

▶ 第2版での新たな取組み

　本書はマーケティングの全体像を3部14章で構成し，マーケティング要素の主な概念，組織，市場環境，具体的な手段（4P），戦略，消費者行動，リサーチ方法，戦略の策定（STP），コミュニケーション手段，デジタルマーケティングについて詳しく解説しています．この第2版では，初版からのフィードバックと最新のマーケティング動向を踏まえ，読者が理論と実践をより深く理解し活用できるよう内容を大幅に拡充しました．

　まず，各章に「Learning Point」を設けました．学びの要点を明確にし，理論の理解を深め，実践への応用を促進することを目的としています．さらに，各章の末尾に「Learning Review」を追加し，読者が学んだ内容を効果的に復習し，理解を深めることを支援しています．これは学習内容の定着を図るための重要なステップです．最後に，全体を通じて事例の紹介を詳細に行い，マーケティング理論が現実のビジネス環境でどのように活用されているかを具体的に示しています．

　また，各章に「Column」セクションを新設し，現在のマーケティング分野での主要なテーマや課題に光を当てています．コラムでは，サステナビリティ，インクルージョン，プライバシー保護，データセキュリティといった多岐にわたるテーマを取り上げ，現代マーケティングが直面する課題に焦点を当てています．また，AIの台頭によるデジタル技術の進化が消費者行動のみならず，マーケティングプロセス全体に与える大きな影響について解説しています．

　これらの増補は，マーケティングの教育的な要素を強化し，ビジネスマンだけでなく学生にも理論と実践を効果的に結びつける手段として機能することを目的としています．第2版を通じて，読者がマーケティングの広範囲な概念を包括的

に理解し，具体的なスキルと知識を習得できるよう設計しています．特に，デジタルマーケティングの最新トレンド，新しい消費者行動，グローバル市場でのブランドポジショニング戦略など，現代マーケティングに不可欠なテーマを多く取り入れています．これにより，読者は現実のビジネス環境における複雑な課題に対応するための理論的背景と実践的ツールを身につけることが可能です．

　最後に，第2版の執筆にあたり，多くの学生や業界専門家から寄せられた貴重なフィードバックを積極的に取り入れました．そのおかげで，内容の充実と実用性の向上が図られ，本書の教育的価値が一層高まりました．また，このプロジェクトを支え，出版プロセス全体にわたって協力してくれた丸善出版の佐藤日登美氏と種綿美穂氏には，その尽力と献身に深く感謝しています．そして何より，執筆の過程で絶えず支援と励ましを送ってくれた家族に対しては，その愛と忍耐に心からの感謝を表したいと思います．

2025年2月　冬の静けさの中，中宮キャンパスにて

姜　京守

目　次

第1部　マーケティングを理解する

第1章　顧客創造のマーケティング
- ▶マーケティングの定義　2
- ▶マーケティングと消費者の欲求　3
- ▶顧客価値と顧客関係　7
- ▶マーケティングの重要性　9
- Column　市場志向とは何か？　13

第2章　マーケティング組織と戦略
- ▶現代の組織　14
- ▶組織の戦略　17
- ▶戦略的方向性の策定　21
- ▶マーケティング戦略の策定プロセス　25
- Column　企業家的マーケティングとは何か？　30

第2部　マーケティング環境を理解する

第3章　マーケティング環境
- ▶市場環境と事業環境　32
- ▶社会環境　33
- ▶経済環境　35
- ▶技術環境　36
- ▶競争環境　37
- ▶法的規制環境　38
- Column　SDGsと現代のマーケティング　42

第4章　消費者購買行動
- ▶消費者の購買意思決定プロセスと経験　43
- ▶消費者の関与と問題解決の形態　46
- ▶状況的影響要因　47
- ▶心理的影響要因　47
- ▶社会文化的影響要因　53
- Column　デジタル時代の消費者購買行動モデル　56

第5章　マーケティングリサーチ
- ▶マーケティングリサーチの役割　57
- ▶マーケティングリサーチの手順　58
- ▶売上予測技法　68
- Column　ビッグデータとマーケティングリサーチの統合　72

第3部 マーケティング戦略を展開する

第6章 セグメンテーション，ターゲティング，ポジショニング
- ▶なぜ市場を細分化するのか 74
- ▶市場セグメンテーションと
  ターゲティング 78
- ▶ポジショニング 85
- Column 持続可能性を軸にした
  ポジショニング 89

第7章 製品・サービスのマネジメント
- ▶製品，サービスとは何か 90
- ▶製品ライフサイクル 98
- ▶製品ライフサイクルマネジメント 101
- Column サービス・ドミナント・
  ロジック 105

第8章 ブランドのマネジメント
- ▶ブランドアイデンティティと
  ブランドエクイティ 106
- ▶ブランドネームの選択 109
- ▶ブランディング戦略 111
- Column ブランドアクティビズム 116

第9章 価格のマネジメント
- ▶価格の意味と重要性 117
- ▶価格設定の4つのアプローチ 119
- ▶価格設定の目標と制約条件 124
- ▶最終価格の決定 127
- Column ダイナミックプライシングの
  進化とその影響 130

第10章 チャネルのマネジメント
- ▶マーケティングチャネルの役割 131
- ▶マーケティングチャネルの構造 133
- ▶マーケティングチャネルの選択と管理 139
- Column 中間業者の未来 143

第11章 コミュニケーションのマネジメント
- ▶コミュニケーションの手段 145
- ▶コミュニケーションの統合 149
- ▶コミュニケーションプログラムの
  各段階 152
- Column AIによるコミュニケーション
  戦略の変革 157

第12章　広告，販売促進，PR

- ▶広告の種類　158
- ▶広告プログラムの開発　161
- ▶広告プログラムの実行と評価　166
- ▶販売促進　169
- ▶広報（PR）　171
- Column　デジタル時代における広告戦略の変化　173

第13章　人的販売とダイレクトマーケティング

- ▶人的販売の範囲と重要性　174
- ▶人的販売の種類　176
- ▶人的販売のプロセス　178
- ▶ダイレクトマーケティング　183
- Column　パーソナライゼーションとプライバシーの狭間を探る　187

第14章　デジタルマーケティング

- ▶電子商取引（EC）市場とは　188
- ▶EC市場における消費者行動とマーケティング　193
- ▶オムニチャネルマーケティング　197
- Column　生成AIの力を解き放つ　204

引用・参考文献一覧　205
索　引　208

第 1 部
マーケティングを理解する

▶第1部「マーケティングを理解する」では,マーケティングの本質と基礎知識を習得することを目的としています.第1章では,マーケティングの定義や役割を明確にし,消費者の欲求やニーズがマーケティング活動とどう結びついているかを探ります.マーケティングは単に商品やサービスを売る手段ではなく,顧客価値を創造するプロセスであり,顧客との長期的な関係構築が重要です.また,マーケティングが現代社会で果たす役割についても説明します.

▶第2章では,マーケティング活動を組織的に実行するための組織構造と戦略について解説します.現代企業が市場の変化や競争に対応し,成長と競争優位を維持するためにどのような戦略を構築しているかを述べています.組織戦略とマーケティング戦略の整合性を保ち,企業の目標達成に向けたマーケティング活動の効果的な実行がテーマとなっています.

▶この第1部で全体の流れを把握することで,後の章で扱われるより具体的なマーケティング手法や戦略の理解が深まり,マーケティングを実践するための確固たる基盤が形成されます.

第1章　顧客創造のマーケティング

> **Learning Point**
> ▶ マーケティングの基本的な定義を理解し，企業および社会におけるマーケティングの役割と重要性について学びます．
> ▶ 消費者のニーズと欲求を見つけ出し，それを満たすための方法や，市場調査の重要性について学びます．
> ▶ マーケティングミックスの要素と環境要因の違いを理解し，それぞれがマーケティング戦略にどのように影響を与えるかについて学びます．
> ▶ 組織がマーケティング活動を通じて，強力な顧客関係を構築し，顧客価値を創造する方法について学びます．
> ▶ マーケティングの概念がどのように進化してきたか，その歴史的な変遷過程についても学びます．
>
> **Key Terms**
> マーケティング，交換，消費者ニーズ，消費者欲求，顧客価値，顧客関係，マーケティングミックス，便益

1　マーケティングの定義

　米国マーケティング協会（AMA）は米国を代表するマーケティング分野のエキスパート集団である．本協会は 1985 年に続き，2004 年と 2007 年に新定義を発表したが，それぞれの定義を包括すると，以下の通りとなる．
　　マーケティングとは，組織と利害関係者（ステークホルダー）および，社会
　　全体にとって価値のある提供物（製品，サービス，アイデア）を創造・伝
　　達・配達・交換するための活動である．
　上記の定義は，マーケティングが単なる広告や販売活動だけではなく，顧客のニーズを理解し，価値ある商品やサービスを提供するための包括的な活動である．つまり，顧客に提供される製品やサービス，アイデアが真に価値のあるものでなければならず，マーケティング活動を行う組織，関連のある利害関係者（顧客，従業員，供給業者〈サプライヤー〉，株主など）に対しても価値のあるものでなければならないことを意味している．
　販売者と購買者の双方にとって有益であるために，マーケティングは潜在顧客のニーズや欲求を見つけ出し，満足させる方法を模索する．この過程で中核とな

る概念は交換（exchange）であり，交換とは販売者と購買者の双方がより良い状態になるために価値のあるものを引き換える行為を意味する．ここで，潜在顧客とは，自分や家族のために購入する個人，メーカーのように直接使用するために購入する組織，小売業者や卸売業者のように転売するために購入する組織など，すべてを含む．

組織のマーケティング活動は，消費者の欲求を分析し，満足させることに集中する．しかし，これらの活動は組織単独で行われるのではなく，多くの個人や集団，そしてさまざまな要因の相互作用によって行われる（図1-1）．マーケティング活動において優先されるのは，組織自体の使命（ミッション）や目標を達成することである．そのために，関連部門や従業員は緊密に協力し，組織の生存や繁栄に不可欠な顧客満足を実現する製品・サービスを供給する．マーケティング部門は，組織の顧客，株主，サプライヤーおよびその他の関係者との関係やパートナーシップを構築・管理する責任がある．政治，社会，経済，技術，競争，規制などのさまざまな環境要因も組織のマーケティング活動に影響を及ぼす．さらに，組織のマーケティングに関する意思決定は，社会全体に影響を与え，また社会から影響を受ける．

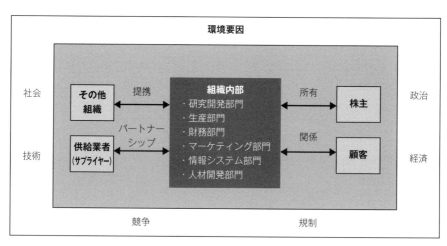

図1-1　マーケティング部門と環境要因の関係

2　マーケティングと消費者の欲求

　消費者の欲求を見つけ，それを充足させる過程がマーケティングを理解する鍵となるため，各段階について詳しく解説してゆく．

1）消費者欲求の発見

マーケティングの最初の目標は，潜在顧客の欲求を見つけ出すことである．しかし，潜在顧客が自分のニーズや欲求を常に知っていたり，明確に表現したりすることはできない．このことは，顧客の声が，顧客の真に求めるものとは限らないことを意味している．つまり，マーケティング活動を成功させるには，顧客以上に顧客を理解しなくてはならないのである．

消費者のニーズには顕在ニーズと潜在ニーズの2種類がある（表1-1）．顕在ニーズは消費者が気づいているものであり，潜在ニーズは消費者が気づいていないものである．前者は，消費者自身が「これが欲しい」と商品やサービスの必要性をはっきりと自覚しているため，具体的な商品やサービスを欲することとなる．後者は，顕在ニーズの裏に隠れた本人も自覚していないニーズであるため，具体的なイメージや言葉にできないこともある．

表 1-1 ニーズの種類

顕在ニーズ	潜在ニーズ
言葉にできる 顧客は自分の欲求や必要なものを具体的に言葉で表現できる．	**言葉にできない** 顧客は自分の欲求や必要なものを具体的に言葉で表現できない．
消費者に聞く マーケターは直接消費者に尋ねることでニーズを把握できる．	**マーケターが洞察する** マーケターは市場調査やデータ分析を通じて潜在的なニーズを洞察する．
事前に自覚できる 消費者は商品を購入する前に，自分が何を欲しているかを明確に理解している．「こういうものが欲しい」と具体的に表現できる．	**事後に自覚する** 消費者は商品やサービスを体験した後で初めて，自分のニーズに気づくことが多い．「これがほしかったんだ」と事後に自覚することが多い．

2）チャレンジ：新製品をもって，消費者の欲求を充足

新製品関連の専門家によると，毎年米国市場で発売される消費財（例：食品，飲料，健康，美容の新製品などの家庭用品やペット関連商品）33,000個のうち94％が，長期的には失敗すると推定されている．新製品発売の事例を10,000件以上研究したロバート・M. マックマス（Robert M. McMath）は，私たちに2つの示唆を提示した．1つ目は，消費者への便益（benefit）に集中することと，2つ目は，過去の経験から学ぶことの重要性である．

新製品の失敗を防ぐためには，一般的に2つの方法が考えられる．まず1つ目に，消費者のニーズや欲求を発見すること．2つ目に，彼らのニーズや欲求に

合った製品を生産し，必要とされないものは生産しないこと．また，これらの製品が顧客に与える便益と，これらの製品の成功を阻む要因についても検討する．

3）消費者のニーズと欲求

マーケティングは，消費者のニーズや欲求を満たすためにどれだけ努力しなければならないのか．すべてのニーズと欲求を満たすために努力を続けるべきなのか．この点については，長年にわたり熱い論争が続いている．このような論争は，ニーズや欲求の定義とは何か，そして顧客が購買意思決定を行う際にどれだけの自由をもつべきかについての議論に触発されている．

ニーズは，食べ物，衣服，水，空気，住居など基本的に必要なものが欠乏していると感じた際に生じるものである．一方，欲求は個人の知識，文化，人格などに基づいて表れるニーズである．例えば，空腹を感じると何か食べたいというニーズが生まれる．そして，そのニーズを満たすためにリンゴやキャンディを求める欲求が生まれるのは，長年の経験を通じてそれらが空腹を満たすことができると知っているからである．効果的なマーケティング活動は，製品の良さや，便利な立地を消費者に認識させることで，消費者のニーズを喚起するのである．

図1-2のように，欲求を見つけ出すためには，お菓子を購入する子ども，本を購入する大学生，高級外車を購入する消費者，コピー機を購入する企業等々を問わず，すべての消費者を慎重に観察する必要がある．マーケティング部門の主な活動は，まず顧客をよく観察して彼らのニーズや欲求を理解すること，そしてニーズや欲求の形成に影響を与える要因を把握することである．

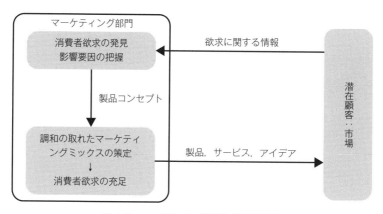

図1-2　マーケティング部門と消費者欲求

4）市場

経済学における市場とは，実際に需要と供給が出会い，商品やサービスが取引される場所やメカニズムを指す．将来の顧客を想定するのではなく，現時点での取引に焦点を当てる．市場は，売り手と買い手が集まることで形成される場であり，株式市場や金融市場などがこれに該当する．

一方で，マーケティングにおける市場とは，特定の製品を購入する意思や能力をもつ人々の集まりを意味する．つまり，製品やサービスを購入しようとしている，あるいは今後購入する見込みのある個人や組織の集まりである．化粧品市場や自動車市場などがこれに該当する．例えば，1つの企業がA社のコピー機を購入したとしよう．それは企業内の個人または複数の人が購買意思決定に関わっていたことを意味する．欲求が満たされていない人は，おそらく製品を購入する意思があるだろう．しかし，それだけでは不十分である．購買能力がなければならない．つまり，購買する権限や時間，お金が必要である．

5）消費者欲求の充足

マーケティングは，絶えず消費者の欲求を満足させようとする．しかし，組織はすべての消費者の欲求を満足させることはできないため，潜在顧客の中から特定の集団に努力を集中せざるを得ない．この特定の集団がターゲット市場となる．

ターゲット市場を選定すると，図1-2（5頁参照）に示した「潜在顧客：市場」のように，彼らの欲求を満足させるために行動を起こす必要がある．広く4Pと呼ばれる4つのツールを適切に組み合わせ，マーケティングプログラムを作成し，消費者に寄り添っていかなければならない．4Pは，米国のマーケティング学者ジェローム・マッカーシー（Jerome McCarthy）が最初に提案した，製品，価格，流通，プロモーションのことである．

- 製品（product）：消費者のニーズと欲求を満たすために提供される商品やサービス，アイデア．
- 価格（price）：消費者がその製品を取得するために支払わなければならない金額．
- 流通（place）：製品が消費者に提供される流通チャネルや場所．
- プロモーション（promotion）：製品の特徴や利点を伝え，消費者に購入をうながす活動．

4Pの詳細については後述する（7～13章）．ここでは，4Pをマーケティングの

構成要素と理解しておこう．4Pはマーケティング管理者（マーケター）がマーケティングの問題を解決するために用いる具体的な手段である．例えば，製品を販売する際にマーケティングミックスの変数である価格を変化させることも可能である．マーケティングミックスとは，これら4つのマーケティング構成要素を組み合わせて効果的な戦略を策定することを意味する．これらの要素は統制可能な変数と呼ばれ，マーケティング部門が調整，コントロールできる要素である．

一方，統制不能な変数も存在する．例えば，消費者のニーズや欲求，急速に変化する技術，膨張または収縮する経済，競争相手の動向，政府の規制などである（3章も参照）．これらの変数は，組織にとってマーケティングの機会または脅威になる場合もあれば，マーケティング活動をうながしたり妨げたりする場合もある．

3 顧客価値と顧客関係

組織のマーケティングプログラムは，組織と顧客をつなげる役割を果たす．以下では，このつながりを明確にするために，顧客価値と顧客関係，関係性マーケティングについて考察する．

1）顧客価値と顧客関係

1990年代後半から2000年代初頭にかけてのグローバル化の進展とそれに伴う競争の激化により，ほとんどの産業や企業は大規模なリストラを断行せざるを得なくなった．この期間，世界各国の経営者が新しい強力なグローバル競争の中で成功する方法を模索してきた．

世界各国の多くの企業は，ビジネスを成功に導くために顧客価値に焦点を合わせるようになった．独自の価値を提供し，高いロイヤルティ（特定の企業やブランドへの愛着や忠誠心）をもつ顧客を確保することが，マーケティングを成功に導く鍵であることが確認されている．しかし，顧客が価値を認知するプロセスを理解し，その価値を実際に提供するためには細心の努力が必要である．この**顧客価値とは，ターゲット市場の消費者が享受する独自の便益で，適正な価格で提供される品質，利便性，適時配達（即配達），そして購入前後に提供されるサービスなどである**．つまり，ターゲット市場にその企業だけが提供できる独特な価値を提供する必要がある．ロイヤルティや満足度の高い顧客は継続的に商品を購入することが多いためである．

すべての人にすべてを合わせようとしては，決して成功に結びつかない．ター

ゲット市場にその企業だけが提供できる独特な価値を提供するために，顧客との長期的な関係を構築しなければならない．成功した企業のほとんどは，優れた顧客価値を提供するために，3つの価値戦略，すなわち最安購入価格，最高品質の製品，最高品質のサービスの中から1つを選択している（表1-2）．

表1-2　3つの価値戦略

戦略タイプ	内　容
最安購入価格	企業は**コストリーダーシップ戦略**を採用し，他社よりも低価格で製品やサービスを提供する．これにより，価格に敏感な顧客層をターゲットにし，市場シェアを拡大することができる．例えば，大手ディスカウントチェーン（例：コストコなど）はこの戦略を用いて成功している．
最高品質の製品	企業は**製品の品質を最優先し，技術革新や卓越したデザイン，耐久性などを追求**する．この戦略は，製品の卓越した性能やブランド力を強調し，品質を重視する顧客層にアピールする．例えば，高級車メーカー（例：メルセデス・ベンツ，レクサスなど）やエレクトロニクス企業（例：Apple，ダイソンなど）はこの戦略を用いて成功している．
最高品質のサービス	企業は**顧客サービスの質を最優先し，優れたカスタマーサポートやアフターサービスを提供**する．この戦略は，顧客体験を重視し，顧客満足度を高めることを目指す．例えば，高級ホテルチェーン（例：マリオットホテルなど）や顧客サービスに力を入れているリテール（小売）企業はこの戦略を用いて成功している．

2）関係性マーケティング

　効果的な顧客関係を構築し，維持するプロセスを関係性マーケティングと呼ぶ．関係性マーケティングは，個別顧客や従業員，供給業者（サプライヤー），その他の関係者と組織を，互いの長期的利益につなげる役割を果たす．製品販売という観点から見ると，関係性マーケティングは商品を購入する前から始まり，購入後にも続く個別顧客と企業間の個別的かつ持続的な関係を意味する．大規模なメーカーが関係性マーケティングをきちんと実行することは非常に難しい．

　効率的な関係性マーケティング戦略は，マーケティング管理者が潜在顧客のニーズや欲求を発見するうえで役立つ．マーケティング管理者は，このような情報を企業が開発しようとする製品コンセプトに反映させなければならない（5頁，図1-2）．そして，製品コンセプトは，実行可能なマーケティングプログラムに反映されなければならない．マーケティングプログラムは，潜在顧客に製品やサービス，アイデアを提供するために，マーケティングミックス全般を統合させる計画である．潜在顧客はマーケティングプログラムに反応し，気に入った場合には購入するだろうし，そうでない場合には購入しないだろう．このようなプ

ロセスは図 1-2 が示すように，連続的に起こる．つまり，消費者の欲求は製品コンセプトの開発に役立ち，これは実際に製品に反映され，製品を通じて消費者の欲求が発見される場合も多い．このプロセスは，企業が市場で成功するために重要な循環的なフィードバックループを形成する．

4　マーケティングの重要性

　現在のグローバル経済時代において，マーケティングがどのように発展の推進力となったのかを理解するために，以下ではマーケティング概念の変遷過程と，マーケティング活動の深みや幅について考察する．

1) マーケティング概念の変遷

　米国のメーカーは，明確に区分されるマーケティングの4つの段階（時代）を経て発展してきた．最初の段階は「生産時代」である．1920年代は物資が不足していたため，購買者はいかなる製品であろうと手に入るものはすべて購入した．第2段階は1920〜1960年代までの「販売時代」である．この時代のメーカーは購買者が必要とする消費量より遥かに多くの大量生産が可能であった．したがって，競争は一層激化し，企業は新規購買者を求めて大勢の販売員を雇用するようになった．

　第3段階は，1960〜1990年代までの「マーケティング時代」である．この時代には，消費者のニーズや欲求を理解し，それに応じた製品やサービスを提供することが重要視されるようになった．企業は市場調査や消費者分析を行い，顧客中心のアプローチを採用した．このアプローチは，顧客満足を追求し，長期的な顧客関係を築くことを目指すものである．

　ゼネラル・エレクトリック社（GE）は，顧客志向と市場志向を取り入れ，マーケティング概念を実践することにより大きな成功を収めた．1952年の年次報告書において，マーケティング概念と消費者に焦点を当てる必要があるという考えを初めて明記し，「マーケティング概念は，マーケティングを生産サイクルの最後ではなく，最初に投入し，マーケティングを事業の各段階に統合させるべきである」と言及した．これにより，GEは消費者欲求に対する情報を収集し続け，この情報をすべての部門が共有し，それを利用して顧客価値を創造することで成功を収めたのである．

　第4段階は，1990年代以降の「関係性マーケティング時代」である．この時代には，企業が顧客との長期的な関係を構築し，維持することがますます重要に

なってきた．企業は，個々の顧客のニーズに対応し，パーソナライズ（個別化）されたサービスを提供することで，顧客ロイヤルティを高めることを目指す．デジタル技術の進化により，企業は顧客との双方向のコミュニケーションを強化し，より深い関係を築くことが可能になった．

この時代の重要な要素には，顧客関係管理（CRM）システムの導入がある．CRMシステムは，顧客データを分析し，個々のニーズに応じたマーケティング戦略を実行できるようにする．また，ソーシャルメディアの普及により，企業はリアルタイムで顧客と対話し，迅速にフィードバックを反映させることが可能となった．さらに，ロイヤルティプログラム（既存の顧客の忠誠心を育てる活動）の導入により，企業は顧客の継続的な購買を促進し，ブランドロイヤルティを強化することができる．これにより，企業は顧客のリピート率を高め，長期的な収益を確保することが可能になる．

関係性マーケティング時代には，企業の社会的責任も重視されるようになった．環境保護や社会貢献活動を通じて，企業は社会的価値を創造し，顧客との信頼関係を強化することが求められている．このように，関係性マーケティング時代には，企業が顧客との深い関係を築き，持続可能な成長を実現するために，パーソナライズされたサービス，デジタル技術の活用，ロイヤルティプログラムの導入，社会的責任の果たし方など，多様な戦略を総合的に活用することが求められている．

2）マーケティングの深みと幅

今日のマーケティングは，すべての個人や組織に影響を与える．これを理解するために，以下の5点を知る必要がある．

《①誰がマーケティングを行うのか》すべての組織はマーケティング活動を行う．トヨタ自動車のような製造業者（メーカー），イオンやコストコのような小売業者，マリオットホテル系列のようなサービス提供者など，すべての企業が提供物をマーケティングしていることは明らかである．地域の病院，大学，都市などの地域単位だけでなく，特定の市民団体もマーケティング活動を行う．さらに，政治家（候補者，立候補予定者，現職の公職者）も，有権者の注目や支持を得るためにマーケティング活動を行う．

《②何をマーケティングするのか》マーケティングの対象は製品やサービス，アイデアである．製品は自動車やスマートフォン，バック，靴，パソコンのような有形のものである．サービスは海外旅行，財務相談，通信サービスのような無

形のものである．アイデアは製品や行動，社会的意義などの概念や考え方を意味する．アイデアを主にマーケティングする主体は非営利組織または政府である．例えば，地域図書館は読書力を育成するためのアイデアをマーケティングし，自然保護団体は環境保護運動のマーケティングを行う．慈善団体はお金や時間を寄付する価値のあるアイデアのマーケティングを行う．

《③誰が購入して使用するのか》個人や組織が製品やサービスを購入して使用する．最終消費者とは，製品やサービスの最終的な購入者であり使用者を指す．これは，企業や中間業者を通さず，個人が直接製品を購入し，個人的な使用や家族の利用のためにその製品やサービスを利用することを意味する．他方，組織購買者とは，メーカーや卸売業者，小売業者，そして政府内の調達組織のように，直接使用するか，または転売するために製品やサービスを購入する組織である．

消費者や購買者，顧客は，最終消費者と組織購買者をすべて指す用語として使用されることもあれば，そうでない場合もある．本書で解説している例では，購買者が最終消費者なのか，組織購買者なのか，それとも，両方なのかを簡単に区別することができるであろう．

《④誰が便益を享受するのか》自由な企業活動が保証される国と地域では，購入する消費者，販売する組織，そして社会全体がマーケティング活動の受益者である．市場では製品やサービス間の競争により，消費者は最高品質の製品，最安購入価格，優れたサービスを享受することができる．さまざまな選択肢があるからこそ，経済システムで期待できる消費者満足や質の高い生活を享受することができる．効率的なマーケティングは社会全体にも利益を与える．マーケティングは競争力を高め，その結果，製品およびサービスの質が向上し，価格が下がる．これにより，グローバル市場では国の競争力は上昇し，雇用が生まれ，その結果，国民の生活水準が向上する．

《⑤どのように消費者は便益を得るのか》マーケティングは効率を生み出す．便益とは，製品のユーザーが得る利益または消費者の価値である．便益はマーケティングの交換プロセスの結果であり，社会がマーケティングから利益を得る方法でもある．**便益には形態，場所，時間，所有の便益がある．** 製品やサービスの生産は形態の便益を提供する．場所の便益とは，消費者が必要とするところで購入できるようにすることを意味する．時間の便益は，消費者が製品やサービスを「必要なときに」利用できることによって生じる価値である．所有の便益は，クレジットカードの利用や信用提供によって消費者が簡単に購入できるようにし，取引をスムーズにする価値を意味する．マーケティングは消費者が所有して使用

（所有の便益）できるように製品を提供（形態の便益）し，時間（時間の便益）および空間（場所の便益）をつなげることで便益を生み出す．

Learning Review

❶ マーケティングの本質や目的について定義を明確にし，企業が市場における価値を創造し，顧客ニーズに応えるための具体的な活動を示せ．

❷ 消費者の欲求をどのように見つけ出し，それを満たすための方法について考察せよ．また，市場調査がそのプロセスにおいて果たす重要性についても説明せよ．

❸ マーケティング活動における「統制可能な要因（マーケティングミックス）」と「外部環境によって影響を受ける要因（環境要因）」の違いを明確にし，その相互作用についても考察せよ．

❹ 組織がマーケティング活動を通じて強力な顧客関係を構築し，顧客価値を創造する方法について考察せよ．

❺ デジタル技術やデータ分析の進化，消費者行動の変化などを踏まえ，現代の顧客関係が過去のマーケティング手法や顧客対応とどのように異なるかを考察せよ．

Column

What is Market Orientation?
市場志向とは何か？

　市場志向とは，1990年代に生まれた比較的新しい概念であり，企業が市場全体の動向や競合の状況を考慮して戦略を立てるアプローチである．顧客志向は顧客のニーズや期待を最優先に考える理念的な概念である一方，市場志向はより科学的な視点に立った概念である．つまり，市場志向は，顧客志向を実現するための手段として考えられた概念である．これには，行動的アプローチと文化的アプローチの2つの視点がある．

　●**行動的アプローチ**は，市場知識の生成，普及，そしてそれに対する反応という具体的な行動に焦点を当てる．

　市場知識の生成：顧客の現在のニーズや将来のニーズに関連する市場知識を組織全体で生成する．これは，データ収集，顧客インタビュー，フィードバックの収集などを通じて行われる．

　市場知識の普及・共有：生成された市場知識を部門横断的に普及させ，共有する．これにより，全社的に共通の理解をもち，協力して顧客ニーズに対応することが可能となる．

　市場知識への反応性：市場知識に対して組織全体で迅速に反応し，適切なアクションをとることである．これは，新製品の開発，サービスの改善，マーケティング戦略の調整などが含まれる．

　●**文化的アプローチ**は，企業文化や組織全体の価値観に市場志向を根づかせることに焦点を当てる．これにより，全社員が市場志向の価値観を共有し，日常業務において自然に市場志向が実践されるようにする．

　顧客志向：優れた価値を継続的に創り出すために，顧客を十分に理解しようとすること．顧客のニーズや期待を把握し，それに応じた製品やサービスを提供する．

　競合志向：競合他社の強みと弱み，能力と戦略を十分に理解しようとすること．競合他社の動向を常に監視し，自社の戦略に反映させる．

　部門間調整：部門間の壁にとらわれず，組織全体の経営資源を最適に調整しようとすること．異なる部門が連携して協力し，組織全体として一貫したマーケティング戦略を実行する．

第2章　マーケティング組織と戦略

Learning Point
- ▶ 組織の種類と戦略の3つのレベルについて学習します．組織には企業，非営利組織などがあり，戦略は企業，事業，機能の3つのレベルで策定されます．
- ▶ 組織の存在意義について学びます．ミッションステートメントは組織の存在意義を示し，活動の指針となります．
- ▶ 組織の戦略的方向性の策定について学習します．このプロセスでは，組織のビジョンを基に外部環境や競合分析を踏まえて戦略的方向性を定めます．
- ▶ マーケティングマイオピアについて学びます．これは，短期的な売上や製品にとらわれず，顧客の本質的なニーズや市場の変化に目を向けることの重要性を指摘する概念です．
- ▶ マーケティング戦略の策定プロセスについて学びます．このプロセスは，「計画」「実行」「評価」という3つのステップから構成されており，それぞれのステップはマーケティング活動の成功に不可欠です．

Key Terms
マーケティング計画，マーケティング戦略，事業ポートフォリオ分析，マーケティングマイオピア，マーケティング戦略の策定プロセス

1　現代の組織

　ビジョナリーカンパニーとは，明確な基本理念と将来像をもち，自己変革やイノベーションを通じて長期的に成長を続ける企業である．このような企業を理解するためには，①組織にはどのような種類があり，それぞれがどのような特徴をもつのか，②各組織が採用する戦略とは何か，③これらの戦略が現代組織の3段階構造（例：企業レベル，事業レベル，機能レベル）とどのように関連しているのかを明確に把握することが重要である．

1）組織の種類

　組織は，共通のミッションを共有する人々で構成されている法的な集合体である．組織は，組織自体と顧客価値を創造する製品，サービス，アイデアといった提供物を開発し，顧客のニーズや欲求を満たすことを目指す．今日の「組織」は企業（営利組織）と非営利組織（NPOなど）に区分される．企業は，私的所

有の組織として生き残るうえで必要な利益を得るために顧客に便益を与える．利益とは，収益から経費を差し引いた金額であり，提供物のマーケティングを行う際に伴うリスクの対価である．

一方，非営利組織は営利組織と同様に顧客のために働くが，利益を目標としない．政府や地方自治体の行政機関は含まず，社会的な使命を達成するために自主的に活動している民間の組織を指す．非営利組織の目標は運営の効率性または顧客満足の向上であるが，活動を継続的に行うためにはコストを上回る十分な資金を確保しなければならない．環境保護に取り組む非営利組織は，非営利組織の典型的な例である．企業や非営利組織は，持続可能な発展を成し遂げるために努力している．

組織は，コンピュータ業界や自動車業界のように同類の提供物を開発し，それによって業界が構成される．その結果，競合他社に比べて魅力的かつ持続的な競争優位をもたらす価値（提供物）を創出し，優れた成果を収めるために戦略的な意思決定を行う．したがって，マーケティング戦略の基本は組織が競争している業界を明確に理解することである．

2）戦略とは何か

すべての組織は，提供物を作り出したりマーケティングを行ったりするために必要な人的，財務的，技術的およびその他の資源（リソース）を無限にもっているわけではない．あらゆる組織は，目標を達成するために努力を集中させて事業戦略を策定しなければならない．戦略の定義は，経営学およびマーケティングの研究者の間でたびたび論争の対象になってきたが，**本書における戦略とは，「目標を達成しつつ，同時に，独特な顧客経験を提供するために考案された長期的な組織活動の経路」と定義する．**すべての組織は，戦略的な方向性を定めなければならない．マーケティングは，目指すべき方向を決め，組織をそちらへと導く役割を果たす．

3）現代組織の構造

現代組織は非常に複雑であるが，一般的に3つのレベルで構成されている．各レベルの戦略は，マーケティングと強く関連している（16頁，図2-1）．

《企業レベル》企業レベルは最高管理者が組織全体のために全社的戦略を指示する組織である．最高管理者は，全社的な戦略を立案するために不可欠なさまざまな技術や経験をもつ取締役陣や上級管理者を意味する．社長または最高経営責

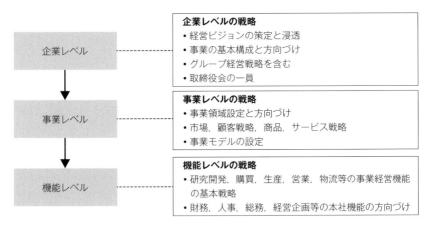

図2-1 組織の3つのレベル

任者（CEO）は，組織の最高位の管理者であり，通常は取締役陣の一員である．CEOは組織の日常的な運営から，組織の生存を決定する戦略的計画の立案に至るまで，すべての分野でリーダーシップと専門知識をもっていなければならない．近年，欧米では大手企業の多くが最高マーケティング責任者（Chief Marketing Officer：CMO）という役職を設けている．CMOは戦略的な思考力をもち，担当する役割が次第に大きくなっている．彼らには，さまざまな業界の経験や機能分野を統合できる管理能力，分析能力，直感的なマーケティングの洞察力が求められる．日本ではまだ馴染みの薄い役職であるが，2014年の経済産業省の調査によると，日本の時価総額上位300社においてCMOの役職を設けている企業の割合はわずか0.3％であった．2018年の研究では，上場企業の7.9％のみがCMOを設置していた．2024年現在，33.6％で増加傾向にあるが，まだ「定着している」とはいえない状況である．

《**事業レベル**》多様な市場で多くの製品を生産している企業は，複数の事業グループをもっている．各事業グループは，戦略事業部（Strategic Business Unit：SBU）と呼ばれ，「組織の部門，支社，または1つの事業体」として定義されている．それぞれのSBUは明確に定義された顧客グループに対して一連の提供物のマーケティングを行う．事業レベルでの管理者は，価値創造の機会を活用するために事業グループとしての明確な戦略方向を立案する．なお，このレベルは，2つ以上の事業を展開している企業に該当する．

《**機能レベル**》各SBUには，機能で区分された部門があり，それぞれの分野の専門家が組織価値を創造している．ここでの部門は，マーケティングや財務，生

産のように専門化された機能を意味する．機能別組織が示す戦略的な方向は，最も具体的な実行手段である．組織内には階層が存在し，経営者が定めた戦略的方向に従う．マーケティング部門の重要な役割は，組織と顧客のために価値を創造することに焦点を当てつつ，組織の外部環境を捉えることである．この役割は，顧客の声に耳を傾け，提供物を開発し，製造し，マーケティングプログラムを実行することによって遂行される．

《**機能横断的チーム**》上記3つのレベルとは異なり，特定の課題やプロジェクトを解決するために，企業内の複数の機能（部門や専門領域）からメンバーを集めて構成されるチームである．このアプローチは，通常の組織構造を超えて協力することで，効率的かつ効果的に目標を達成することを目的としている．特に，複雑化するビジネス環境や市場の変化に迅速に対応する手段として注目されている．この組織は，必要に応じてサプライヤー（供給業者）や顧客など，組織外部の人材を積極的に受け入れる柔軟性をもち，市場の変化に俊敏に対応するものである．

2 組織の戦略

ビジョナリー組織は，図2-2のように，①組織の存在意義を明示し（なぜ我々は存在するのか），②方向を定め（何をすべきか），③戦略を立てなければならない（どうしたらそれができるか）．これにより，組織は自己の目的と将来的な方向性（ビジョン）を具体的に示すことができる．

1）組織の存在意義

組織の存在意義は哲学的な存在理由である．ビジョンをもつ組織は，彼らの存

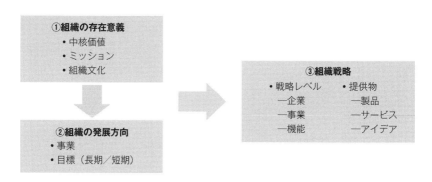

図2-2 ビジョナリー組織のあり方

在意義を中核価値，ミッション，組織文化に置いている．これらの存在意義は，組織構成員のやる気やインスピレーションを呼び起こすために用いられる．

《中核価値》組織の中核価値とは，組織の行動を導く，根本的かつ情熱的で継続的な原則である．全社的組織（取締役陣と上級管理者）が定義する中核価値は，企業の精神や理念をよく表しており，組織の利害関係者を刺激し，動機づけの役割を果たす．組織の利害関係者は，従業員や株主，供給業者（サプライヤー），流通業者，債権者，労働組合，政府，地域コミュニティ，顧客などから構成される．中核価値は永続的であり，経営方針の根幹をなすものであり，短期的な財務状況やマーケティング活動のために頻繁に変更されるものではない．組織の中核的価値は，組織構成員の間で共有され支持されてこそ実行可能である．

《ミッション》中核価値が理解された次に，組織はミッションを定義する．ミッションは，組織の顧客や市場，製品，技術を明示することにより，社会における組織の役割を定義する．これを文章化したものがミッションステートメントであり，ビジョンと区別なく使用される場合もある．ミッションステートメントは，簡潔で明瞭であり，意味深く，インスピレーションを与えるものでなければならず，長期的な視点をもつ必要がある．例えば，メドトロニック社は，心臓ペースメーカーや糖尿病，パーキンソン病および腰痛を治療するための電気刺激機器の分野で世界的な企業である．創業者アール・バッケン（Earl Bakken）が半世紀前にメドトロニックを創業した際に作成した以下のミッションステートメントは，今日も依然として有効である．「痛みを緩和し，健康を取り戻し，生命を延長するための器具や道具の研究，設計（デザイン），製作および販売において医工学的知識を適用することにより，人類の福祉に貢献する」．

このほか多くの企業や非営利組織のミッションステートメントにも，同様のインスピレーションと内容が表現されている．例えば，サウスウエスト航空のミッションステートメントは「熱い友情とプライドおよび企業精神をもって最高品質の顧客サービスを提供する」と述べている．また，ソフトバンクグループは「情報革命で人々の幸せに貢献し，世界の人々から最も必要とされる企業グループを目指す」という目標を掲げている．日本赤十字社は，「わたしたちは，苦しんでいる人を救いたいという思いを結集し，いかなる状況下でも，人間のいのちと健康，尊厳を守ります」と宣言している．

これらは，前述した通りの，良いミッションステートメントが備えるべき要件を適切に含んでいる．

《組織文化》組織は，すべての利害関係者とつながる必要がある．そのため，

企業レベルのマーケティング活動の重要な機能は，中核価値とミッションを利害関係者に伝えることである．メドトロニック本部の建物には，「立ち上がる人々」と題された壁画がある．新入社員には，一方の面に壁画，もう一方の面に企業のミッションステートメントが刻まれたメダルが贈られる．また，毎年12月の祝日には，患者たちを招待し，多くの従業員の前でメドトロニックの医療機器が彼らの生活をどのように変化させたかを語ってもらう．このようなイベントは，従業員と利害関係者にメドトロニックの組織文化についての明確なメッセージを伝える．組織文化は，組織のメンバーに学習され，共有される価値やアイデア，態度および行動の基準となる．

2）組織の発展方向

図2-2（17頁参照）に示しているように，企業は存在意義に基づいて，どのような事業を展開し，具体的な目的は何かという側面から発展方向を定める．

《事業》事業は，組織の提供物が属する業界や市場を広い範囲で明確に示すものである．事業を定義するためには，組織は自らと直接的な競争関係にある，類似の提供物を販売する他の組織を調べる必要がある．その後，組織は「何をするのか」そして「どのようなビジネスを行っているのか」という質問に答える必要がある．

「マーケティングマイオピア」（マイオピアとは，近視眼の意）という概念を提唱したセオドア・レビット（Theodore Levitt）は，20世紀の米国の鉄道会社が自らの事業領域（ドメイン）を「鉄道事業」と捉えたため，自動車や航空機等の台頭に対応できず衰退してしまったと主張している．本来は，事業ドメインを「輸送事業」と捉えるべきであったと述べている．マーケティングマイオピアから学べることは，自社の事業ドメインを狭く定義すべきではないということである．消費者ニーズの変化や競合他社の台頭，社会動向の大きな変化が生じている現代において，狭すぎる事業ドメインの設定は大きな環境変化に対応できず，ビジネスのチャンスを逃す危険性がある．レビットの「マーケティングマイオピア」は1960年に発表された論文であるが，環境変化の大きい現代においても多くの示唆を与えている．

次頁表2-1は，企業が狭い事業定義を見直し，顧客価値を重視した広い視点で再定義することで，マーケティングマイオピアを回避し，持続的成長を追求していることを示している．

また，レビットは想像力と大胆さの欠如から脱却することが必要であるとも述

表 2-1 事業定義の例

会社名	従来の定義	再定義
ディズニーランド	私たちは映画やテーマパーク事業を行っている．	私たちはエンターテインメント事業を行っている．
エクソンモービル	私たちは石油事業を行っている．	私たちはエネルギー事業を行っている．
メドトロニック	私たちは医療機器事業を行っている．	私たちは健康事業を行っている．

べている．彼は，組織が市場や顧客のニーズをより広く深く理解し，より創造的で大胆な戦略を採用することで，長期的な成功を確保できると強調している．先見の明があっても従来のしがらみから脱出することができず，既存のビジネスモデルや成功体験に固執することは，組織にとって大きな障害となる．企業は自らを継続的に再発明し，変化する市場環境に適応する能力をもつべきなのである．

ますます激化するグローバル競争や世界的な不況のため，多くの組織はビジネスモデル，すなわち顧客に価値を提供するための企業戦略を再考している．なかでも技術革新は，このようなビジネスモデルの変化において潤滑油のような役割を果たしている．

《目標》目標または目的は，達成されなければならない課業（タスク）のことを意味する．優れたマーケティング活動を展開するためには，単に社会環境を知るだけでなく，それに基づいて目標を明確に定めることが重要である．漠然と活動するのではなく，まず何を目指すのかを明らかにする必要がある．目標が決まれば，組織の活動を測定するための長期および短期の成果指標を立てることができる（17頁，図2-2）．

マーケティング目標には，売上，利益，市場シェア，品質，製品の認知度，顧客満足，従業員の福利厚生，社会的義務など，さまざまなものがある．これらはいずれも，製品やサービス，あるいは事業部門に課せられる当面の達成課題である．博物館や病院のような非営利組織も，企業同様に，顧客をできるだけ効率的に満足させるという目標を設定する．政府や地方自治体のような行政組織も，国民に奉仕するための目標を立てる．

そして目標には，「何を（課題）」「いつまでに（期間）」「どれくらい（水準）」達成するかが明確に示されていなくてはならない．これらのいずれかが欠けていると，後にマーケティング活動の結果を評価したり，修正したりすることが困難になる．

3) 組織の戦略

図 2-2（17 頁参照）のように，組織の存立意義は「なぜ」組織が存在するのかを示すものであり，組織の戦略的な方向は「何を」するかを示すものである．この 2 つが実際の結果につながるため，組織戦略はこれらを「どのように」行うかを模索する．

なお，組織戦略は，①組織内の戦略レベルと，②組織が顧客に提供する提供物によって異なってくる．例えば，全社的組織は意味のあるミッションステートメントを作成するために努めるが，機能別組織では営業担当者が明日の販売のためにどの顧客を訪問するかなどを決める．提供物によっても組織の戦略は異なる．Apple が iPhone を販売する際と，日本航空（JAL）が無形のサービスをマーケティングする際，また日本赤十字社が寄付を募るアイデアをマーケティングする際の戦略は，まったく異なる．

3 戦略的方向性の策定

組織は，戦略的方向を策定するために，次の 2 つの基本的な質問に答える必要がある．

1）今，我々はどこにいるのか

この質問は，組織が現在どこにいるのかを問うことであり，組織の中核能力，顧客，そして競争について質問することと同様である．

《コアコンピタンス》最高管理者は必ず次の自問をしなければならない．「我々は何が一番得意なのか」この自問に答えるためには，組織の中核能力を分析する必要がある．コアコンピタンスとは，他の組織との差別化を図るためのもので，顧客に価値を提供する特別な能力，すなわち熟練技能，技術，資源などを意味する．これらの組織能力を十分に活用することが肝要である．前述したメドトロニック社の能力は，「生命を脅かす医療需要に対応する世界レベルの技術力と訓練サービス」である．米国の経済週刊誌『ビジネスウィーク』はメドトロニック社のことを「医療品質標準の設定者」と呼んでいる．コアコンピタンスは競争上の優位性をもつために特別なものでなければならない．競争上の優位性とは，競争他社よりも優れた便益を提供するという強みを意味し，この強みは品質，時間，コスト，またはイノベーションから生まれる．

《顧客》米国最大級の上質カジュアルファッション通販ランズエンドは，顧客の経験や製品の品質へのコミットメントを「ギャランティード・ピリオド（いつ

でも品質保証)」というスローガンで表現している．同社のウェブサイトでは，保証が無条件であることを強調しており，「お届けした商品の品質にご満足いただけなかった場合，いつでも，いかなる理由でも交換・返品をお受けします」と述べている．この言葉を顧客にさらに明確にするために，上記のスローガンを作成したのである．同社の戦略は，満足の経験ができるように真の価値を顧客に提供することである．

《競争》今日のグローバル競争の特徴は，ライバル間の差が次第になくなっていることである．ランズエンドはカタログのアパレル小売業から出発した．しかし，現在では他のカタログのアパレル小売業者だけでなく，デパート，大型小売業者，そして専門店と競争している．有名なアパレルブランドであるリズクレイボーンはオリジナルのチェーン店を所有しており，その店舗内の衣類の中で一部だけがランズエンドの製品と直接競争している．こうした小売業者はすべてECサイト（通信販売）を運営しており，これは業界内での競争が増していることを意味する．

なお，競争相手は同業種だけではなく，異業種からも現れる可能性があることを肝に銘じるべきである．今日の市場では，技術の進展や消費者の行動パターンの変化により，異業種の企業が新たなビジネスモデルで市場に参入し，従来の市場の境界を曖昧にしている．例えば，IT企業がファッション業界に進出することで，ウェアラブルデバイスやスマートクロージングといった製品で直接的な競争を引き起こすことがある．このように，予期せぬ方向からの競争は，既存の事業戦略を大きく狂わせる可能性があり，それに適応する柔軟性と革新的な思考が求められる．

2）我々はどこに向かって行こうとするのか

この質問は，組織が現在どこにあるかを知ることで，経営者は企業の発展方向を定め，その方向に進むために最適な資源（リソース）配分が実現できるようにするものである．このような決定を下すのに役立つモデルが「ポートフォリオ分析」である．国際的に知られている経営コンサルティング会社のボストン・コンサルティング・グループ（BCG）によってBCG事業ポートフォリオモデルが考案された（図2-3）．このモデルの目的は，各戦略事業部（SBU）や製品の魅力度を定め，各事業部に投資する資金を決めることにある．自社が抱える事業を「市場成長率」と「相対的市場シェア」の高低に基づいて4つに分類する．

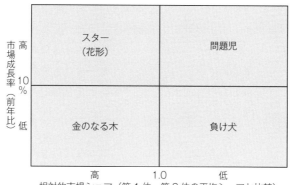

図 2-3　BCG 事業ポートフォリオマトリックス
［出所：Hedley（1977）p.10 に加筆修正］

　図の縦軸が示す市場成長率は，対象市場の規模が前年比 10％以上の成長を示していれば高い，前年比 10％未満の成長であれば低いと判断される．ただし，この 10％という基準は絶対的なものではない．横軸が示す相対的市場シェアの高低は，その市場のシェア第 1 位～第 3 位までの平均市場シェアとの比較で決定される．例えば，第 1 位の A 社の市場シェアが 30％，第 2 位の B 社が 28％，第 3 位の C 社が 12％である場合，上位 3 社の平均市場シェアは（30＋28＋12）÷3＝23.3％となる．このとき自社製品の市場シェアを 23.3 で割った値が 1 以上であれば相対的市場シェアが高い事業であり，1 未満であれば相対的市場シェアが低い事業となる．

　《金のなる木》 投資する資金よりも，はるかに多くの現金収入（キャッシュ）を生み出す事業部を指す．このような事業部は，低成長市場で高い相対市場シェアを占めており，組織全体のコストをカバーし，他の事業部への投資資金も作り出す．これらの事業はすでに安定して利益を生み出しているため，不必要な投資を避け，オペレーションを合理化して，利益を最大化するべきである．得られた利益は他の成長が見込まれる事業への再投資に活用する．

　《スター（花形）》 高成長市場で高い相対市場シェアを占めている事業部を指す．高成長に必要な資金として多くのキャッシュを必要とするが，うまく成長が止まれば，「金のなる木」になる可能性がある．成長が期待される事業部であるため，競争優位を維持するための投資が必要である．市場シェアの拡大と技術革新に焦点を当て，将来の「金のなる木」へと発展させるための基盤を固めるべきである．

《問題児》高成長市場で相対市場シェアが低い事業部を指す．市場シェアを上げるためには多額の資金が必要であり，維持するためにも多くの資金がかかる．市場成長率は高いものの，相対的市場シェアが低いためリスクが伴う．選択と集中が重要で，有望な事業には積極的に投資し，成長可能性の低い事業は見直しや撤退を検討すべきである．相対的市場シェアの拡大を目指して戦略的な投資を行うか，リソースの再配分を行う．

《負け犬》低成長市場で相対市場シェアも低い事業部を指す．事業を維持する資金を生み出すが，真の勝者にはなれない．戦略的な提携や他の事業部との相乗効果（シナジー）がない場合，事業から撤退すべきである．低成長で市場シェアも低い事業は，資源の浪費となり得るため，撤退や売却を検討するのが一般的である．しかし，他の事業部とのシナジーが見込める場合は，その潜在的価値を活用する方法を探ることもある．

組織の事業部は多くの場合，「問題児」から出発し，反時計回りで「スター（花形）」に進み，「金のなる木」になるが，最終的には「負け犬」になる．「問題児」から反時計回りで移動する理由は，市場成長率と相対的市場シェアの変動に基づく．初めに「問題児」とされる製品は，高成長市場に位置しながらも相対的市場シェアが低いが，適切な戦略と投資によって相対的市場シェアを増加させることが可能である．その結果，「問題児」は「スター（花形）」に移行し，さらに市場成長率の減少により「スター（花形）」から「金のなる木」へと変化する．市場の成長が停止または減退すると，「金のなる木」は「負け犬」になる．このプロセスは製品の市場での位置づけと戦略的な投資の結果を反映しており，企業に資源配分の方針を示すものである．組織は市場シェアに影響を及ぼすのに限界があるため，相対市場シェアを変化させるために努力するしかない．このため，経営者は各事業部の将来の役割を決定し，経営資源（資金，人材，設備など）を投入すべきか否かを決定しなければならない．

BCG事業ポートフォリオマトリックスの最大のメリットは，事業部を成長とシェアの軸上に位置づけることができ，それに基づいて今後どの事業部がキャッシュを生み出し，どの事業部に資金を投入すべきかを判断できる点である．一方，このモデルの限界は，必要な情報の収集が困難であり，競合他社のデータを事業ポートフォリオに含めて分析することが困難である点である．

4 マーケティング戦略の策定プロセス

1）マーケティングの計画段階の3つのステップ

《①環境分析》環境分析は，マーケティング計画段階の最初のステップである．環境分析のポイントは，企業や製品が最近どのようであったか，現在どのような状態にあるか，そしてマーケティング計画上，どこに向かっているかを分析することである．この分析には，企業の外部要因とそれに影響を及ぼす要因を詳細に調査することが含まれる．マーケティング対象の環境を分析するには，内部環境と外部環境を組み合わせて考慮する必要があり，このためには自社の環境を内部環境と外部環境に分けて分析する「SWOT分析」という枠組みが役立つ．SWOT分析とは，内部環境分析である強み（strengths）と弱み（weaknesses），外部環境分析である機会（opportunities），脅威（threats）の頭文字をとったものであり，事業環境の変化に対応した経営資源の最適化を図る経営戦略策定方法の1つである．また，SWOT分析は企業のマーケティングプログラムを立案する際の根拠となり，次の4つのカテゴリーを幅広く調査・分析することから始まる．ⓐ組織の属している業界の動向を調べる．ⓑ組織の競争相手を分析する．ⓒ組織そのもの（自社）について分析する．ⓓ組織の現在および潜在の顧客を分析する，である．

《②市場・製品の選択と目標設定》どの製品をどの消費者に提供するかを決めることは，効率的なマーケティングプログラム（後述③）を確立するうえで最も重要である．この決定は，一般的に市場細分化（セグメンテーション）に基づいて行われる．市場細分化は，見込み顧客を市場セグメントに分類するものである．このセグメントは，共通の欲求を有し，企業のマーケティング活動に同様な反応を示す．これにより，組織は努力を集中できる市場セグメント，すなわちターゲット市場を特定し，その市場向けの具体的なマーケティングプログラムを開発・展開することが可能である．例えば，前述したメドトロニック社の場合，経営者がインドや中国の医師たちと深い関係を築くことにより，アジアの潜在的な市場に参入することができた．彼らとの対話から，参入国において心臓ペースメーカーの最先端機能が絶対不可欠ではないことや，価格が高すぎると考えられていることが確認できたのだ．彼らは信頼性が高く，容易に取り付けられる手頃な価格のペースメーカーを望んでいた．この情報に基づき，アジア市場を狙った新製品「チャンピオンペースメーカー」を開発したのである．

目標設定とは，組織が達成しようとする具体的かつ測定可能なマーケティング

の目標を設定する過程全体を指す．この過程において，市場の需要，競争状況，自社の能力を踏まえたうえで，実現可能な目標を明確に定義することが求められる．例えば，メドトロニック社が新製品チャンピオンペースメーカーをアジア市場に発売する目標は，地域における医療技術の需要とアクセス拡大を考慮に入れたものである．また，トヨタ自動車が米国市場でハイブリッド車プリウスを発売する目標は，環境意識の高い消費者へのアプローチとブランドの環境問題に対する姿勢（コミットメント）を示す戦略の一環である．さらに，テスラ社が日本市場で電気自動車を発売する目標は，持続可能な交通手段への切り替えを推進することに加え，技術革新のリーダーとしての地位を確固たるものにすることを目指している．

《③マーケティングプログラム》マーケティング戦略の策定プロセスの「どのように」という側面から，マーケティングミックスと予算を決定する作業である．マーケティングミックスの各要素（4P：Product, Price, Place, Promotion，6〜7頁参照）が組み合わさった一貫したマーケティングプログラムを提供することが重要である．マーケティングプログラムを実行するためには，所要時間や資金を売上額の予測プロセスを通じて予測し，予算を立て，最高経営責任者の承認を得る必要がある．

例えば，メドトロニック社のチャンピオンペースメーカーの5年間のマーケティング計画は，以下のマーケティングミックス（4P）活動を含んでいる．「製品戦略」は，アジアの患者が必要とする仕様を満たすチャンピオンペースメーカーを提供することである．「価格戦略」は，アジア市場において手頃な価格帯である1,000米ドル以下を目指し，コストをコントロールしながら製造することである．「流通戦略」は，アジアで評判の良い医療機器企業を発掘し，彼らを訓練して心臓疾患専門の医師や病院を訪問させることである．「プロモーション戦略」は，アジア全域の心疾患および医療の展示会（コンベンション）に参加し，チャンピオンペースメーカーの特徴や使い方を正しく知らせることである．

2）マーケティングの実行段階

図2-4に示すように，企業は，マーケティング戦略の策定プロセスに長い時間と労力をかける．計画の次は，考案されたマーケティングプランを実行する段階となる（Implementation）．企業がマーケティングプランを実行に移さない場合，計画段階で注ぎ込んだ時間や努力は無駄になる．実行段階は4つの要素から構成されている．①資源の獲得，②マーケティング組織の設計，③スケジュールの作

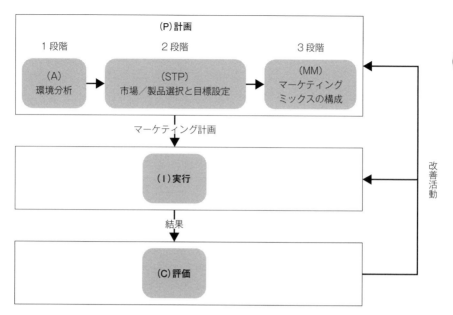

図2-4 マーケティング戦略の策定プロセス

成，④マーケティングプログラムの実行である．例として，コダックを取り上げることができる．

《資源獲得》コダックは2003年，デジタルカメラと印刷の新時代を迎え，フィルムのマーケティング担当者を再教育する果敢な計画を発表した．2009年までに戦略事業部をいくつか売却し，3億米ドル以上を調達する計画であった．その資金で高画質の動画を撮影し，ユーチューブ（YouTube）にアップロードできるZi6ポケットビデオカメラのような新製品の開発とマーケティングが行われた．

《マーケティング組織》マーケティングプログラムを適切に実行するためには，組織的な取組みが重要である．したがって，マーケティングプログラムの実行には，十分な能力とやる気をもった従業員が不可欠である．優秀な人材の採用，十分な教育（トレーニング）の提供，適切な職務の割り当て，必要に応じた判断の委譲が行われる．また，個々の従業員が高い能力とやる気をもっていても，部門間の連携を阻む組織文化が存在する場合，各人の能力は発揮されない．マーケティングプログラムを実行するためには，営業や生産などの部門が対立せず，柔軟に協力しあう組織文化が形成されていることが必要である．

《スケジュールの作成》マーケティングプランを実行するために，マーケティ

ング部門のメンバーは会議を重ねて，実行すべき課業（タスク）を洗い出し，各タスクに割り当てられた時間，担当職員および期限（デッドライン）を明確に決定する必要がある．ここには，各タスクの優先順位を設定し，資源の配分を計画する作業も含まれる．チームのメンバーは，自らに与えられた役割を果たすために全力を尽くす．彼らは定期的に進捗状況を報告し合い，計画に沿って進んでいるかを確認する．計画の調整が必要な場合は迅速に対応し，計画がスケジュール通りに進行するよう努力する．

《マーケティングプログラムの実施》マーケティングプランは，効率的な実行が伴わなければ成功しない．効果的な実行のためには，マーケティング戦略とマーケティング戦術の細部に至るまで注意を払う必要がある．マーケティング戦略はマーケティング目標を達成するための手段として，ターゲット市場とそれを攻略するマーケティングプログラムを含む．マーケティングプログラムを成功に導くためには，具体的な意思決定を数百回下す必要がある．これらの意思決定は，日常的なマーケティング戦術であり，効果的な広告コピーを考案したり，手頃な価格を決定したりする作業などが含まれる．

3）マーケティングの評価段階

戦略的マーケティングプロセスの最後の段階が評価（Control）である．評価段階では，マーケティング管理者が決定されたマーケティングプログラムがうまく実行されているかを確認し，必要に応じて調整する方策を模索する．マーケティングプログラムの結果を計画案の目標と照らし合わせることにより，活動を評価し，原因を探り，目標達成に至らなかった場合の差異（ギャップ）を埋めるための修正行動をとる．進むべき方向が決まっていても，予期せぬ変化の影響を受けるうちに，計画が次第にずれていくことがある．そこで，船長が舵を修正して正しい方向に戻すように，マーケティングの評価も修正が行われる．マーケティング活動を定期的に振り返ることにより，その方向性を正し，過去の経験から学びを得ることが可能となる．コダックは2003～2012年のマーケティングプランを策定する際，過去の収益データを基に未来の成長を予測したが，デジタル技術の影響を十分に考慮していなかったため，計画した成長目標と実際の成果との間に大きなギャップが生じた．2006年に1兆6,000億円，2012年には2兆4,000億円の収益を目標としていたが，2009年の実際の収益は約8,000億円に留まった．このギャップに対応するため，コダックは市場戦略の再評価と調整を行い，技術革新への適応と市場ニーズに合わせた新製品開発に移行する必要があることが明ら

かになった．この事例は，テクノロジーの進展の速さと市場環境の変化を予測することの難しさを示している．

Learning Review

❶ 自分の将来のキャリア（職業や仕事）を踏まえ，達成したい目標や果たすべき役割について明確に記したミッションステートメントを作成せよ．

❷ お気に入りのレストランのコアコンピタンスについて考察せよ．

❸ BCG 事業ポートフォリオマトリックスにおいて，製品が一般的に「問題児」から反時計回りで移動する理由を説明せよ．

❹ マーケティング戦略の策定プロセスにおける計画→実行→評価の各段階における主な活動を説明せよ．

❺ マーケティング戦略を策定する際には，計画段階で具体的な目標を設定し実行する．その後，評価段階でこれらの目標の達成度を確認することが重要である．マーケターの立場から，以下の2つのシナリオに対する対処法を考察せよ．
①当初の目標を達成できなかった場合，マーケターはどのように対処すべきか．
②当初の目標を超過した場合，マーケターはどのように対処すべきか．

> **Column**
>
> What is Entrepreneurial Marketing?
> ## 企業家的マーケティングとは何か？
>
> 　企業家的マーケティングとは，創造性と柔軟性を重視し，スタートアップ（創業間もない企業）や小規模企業が，リソースに制約がある中でも最大限の効果を追求するマーケティング戦略である．Apple はスタートアップではないものの，創業当初からの企業家的なアプローチを維持しており，その柔軟な対応力や顧客志向の姿勢は企業家的マーケティングの良いモデルとなっている．企業の規模を問わず，市場変化に迅速に対応し，顧客ニーズを的確に捉えることで競争力を維持・強化できる点が，企業家的マーケティングの真価である．以下，Apple における具体例を掘り下げる．
>
> 　・**柔軟性と適応力**：スマートフォン市場が急速に成長するなかで，Apple は定期的に新しい iPhone モデルをリリースし，消費者のニーズに応え続けている．また，Apple Watch や AirPods などの新製品ラインも積極的に展開し，ウェアラブルデバイス市場にも迅速に適応している．
>
> 　・**創造的な思考**：Apple は，そのシンプルで直感的なデザインで知られている．iPhone のタッチ・スクリーン・インターフェースや MacBook のトラックパッドなど，使いやすさを追求した製品設計は，他の企業にない創造的な思考の結果である．また，Apple Store の店舗デザインも顧客体験を重視し，ブランドイメージを強化している．
>
> 　・**顧客との密接な関係**：Apple は，Apple Store を通じて顧客との直接的な関係を構築している．ここでは製品のデモンストレーションや技術サポートが提供され，顧客は製品を体験しながら購入することができる．また，Apple ID を通じて顧客の利用状況を把握し，個別のニーズに応じたサービスを提供している．
>
> 　・**データ駆動の意思決定**：Apple は，製品開発やマーケティング戦略の決定において，膨大なデータを活用している．例えば，App Store（アップストア）のダウンロードデータやユーザーの利用状況を分析し，次の製品の開発に役立てている．また，マーケティングキャンペーンの効果をリアルタイムでモニタリングし，最適化を図っている．

第2部
マーケティング環境を理解する

▶第2部「マーケティング環境を理解する」では，企業が市場で成功するために不可欠な外部環境の分析と，それに基づいた戦略立案の基礎に焦点を当てています．第3章では，市場，社会，経済，技術，競争，法的環境が企業のマーケティング戦略に与える影響を解説し，これらの要因を適切に評価し，変化に柔軟に対応する重要性を述べています．

▶第4章では，消費者の購買行動と意思決定プロセスに焦点を当て，消費者の関与度や問題解決の種類，さらには心理的・社会文化的な要因が消費者行動にどのような影響を与えるかを深掘りしています．また，ターゲットとする顧客に向けた精度の高いマーケティング戦略を設計するための視点を提供し，消費者が購買意思決定する影響要因を探求しています．

▶第5章では，マーケティングリサーチの手法とその重要性について詳述し，消費者ニーズの把握や市場動向の予測に必要な技法を紹介しています．データ収集や分析方法を基に，企業が戦略的な意思決定を行うための具体的なプロセスを学び，マーケティング施策の効果的な実行を目指します．

▶全体を通じて，第2部では企業が市場環境を正確に分析し，消費者行動を深く理解し，マーケティングリサーチを活用することで，持続的な成長に向けた基盤を構築することを目的としています．

第3章 マーケティング環境

> **Learning Point**
> ▶ 企業を取り巻く環境要因（社会，経済，技術，競争，法的環境）について学び，これらが企業戦略にどのような影響を与えるかを理解します．
> ▶ 社会的特性が消費者行動にどう影響するかを学び，文化や価値観が購買決定にどのように作用するかを詳細に分析します．
> ▶ 景気や所得の変動が需要に与える影響を学び，マクロ経済の動向が消費者の支出パターンにどのように反映されるかを探求します．
> ▶ 技術革新が製品開発やマーケティング手法に与える影響を学び，デジタル技術やAIの進化がビジネスモデルにどのように統合されるかを調査します．
> ▶ 完全競争，独占的競争，寡占，独占の各市場構造を学び，それぞれの市場が価格設定や製品戦略にどのような影響を及ぼすかを理解します．
> ▶ 独占禁止法や不正競争防止法などの法規制を学び，これらが企業の運営にどのように影響するか，法的な枠組み内での戦略的意思決定について学びます．

> **Key Terms**
> 市場環境，社会環境，経済環境，技術環境，競争環境，法的環境，自主規制

1 市場環境と事業環境

　市場環境の変化は，ビジネスのチャンスや脅威となるため，適切に管理されなければならない．将来の市場環境の推移を確認し，解釈するため，企業は外部で起こる出来事や情報を絶えず獲得する必要がある．この要因は事業環境と呼ばれる．**事業環境の推移は通常，社会，経済，技術，競争，法的環境の5つの源泉から把握される．**これらの環境は，企業のマーケティング活動に多様な側面から影響を及ぼしている（表3-1）．

　事業環境の変化が将来のマーケティング活動にどのような影響を及ぼすのかを把握することは，環境探索を積極的に行う企業にとって重要な課題である．企業は，図3-1に示されている5つの環境要因の主な動向を分析することで，その影響を予測することができる．事業環境の動向分析は完璧ではないものの，環境への関心の増大，大規模な事業に対する政府の所有持分の増大，プライバシーや個人情報の収集への関心の増大などにつながる．このような市場環境の変化は消費者や顧客，企業，組織に影響を及ぼしている．

表 3-1 マーケティングに影響を及ぼす環境要因

要　因	マーケティングに影響を及ぼす要素の例
①社会環境	・SNS が主流のコミュニケーション手段として台頭 ・消費者は企業やブランドとの信頼関係をより重視 ・環境の影響と持続可能性への関心が高まる
②経済環境	・サービス経済への持続的な移行（従来の製品に付加価値としてサービス機能や体験が加わる） ・中国，インド，アフリカなどの市場が世界経済に与える影響が増大 ・政府による大企業や基幹産業の所有・管理が増加
③技術環境	・モバイルマーケティングへの関心が増加 ・通信産業のアナログからデジタルへの移行 ・生体模倣技術などの自然模倣技術が革新をもたらす ・生成 AI（人工知能）の台頭
④競争環境	・ビジネスプロセスや意思決定機能の外部委託（アウトソーシング）が進行 ・厳しい移民法により海外人材の確保が困難に ・市場や業界内での競争激化に伴い，SNS などで消費者生成コンテンツが急増
⑤法的環境	・プライバシーや個人情報保護への関心が高まる ・電子メールマーケティングに関する新しい規制 ・消費者信用関連の法改正への関心が高まる

［出所：コトラー，アームストロング（2003），p.116-146 を基に作成］

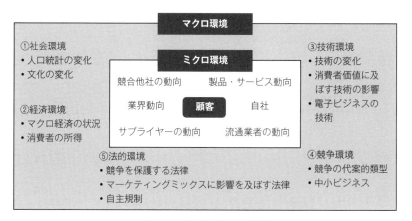

図 3-1　企業を取り巻く市場環境

2　社会環境

社会環境には人口統計学的な特性や文化的な価値観が含まれており，これらはマーケティング戦略に大きな影響を及ぼす可能性がある．

1）人口統計学的な特性

　人口統計学的な特性には，年齢，性別，人種，収入，職業などがある．世界人口については，国連などの国際機関が世界人口の動向をモニタリングしている．日本においては，総務省統計局が国内の人口に関する情報を提供している．2018年の世界人口は76億人であり，2050年には97億人に達すると予測されている．特にアフリカ，アジア，南米の発展途上国での人口増加が顕著である．インドは2050年に世界最多の人口になると見込まれており，約16億5,800万人に達すると予測されている．なお，中国は約13億6,400万人で2位になるとされている．

　年齢構造の変化も予測されており，60歳以上の人口が今後10年以内に3倍以上に増加し，2050年には約20億人に達する見込みである．国による違いはあるものの，特に先進国では高年齢層の増加が顕著である．国家間の平均所得格差は依然として大きいが，全体的な所得水準や生活水準は向上している．これらのグローバルな社会動向はマーケターに多くの示唆を与えている．インドや中国などでは市場規模が大きく，多くの製品で大規模な市場を形成している．一方で，先進国の高年齢層は貯蓄を減らし，健康や旅行などの製品・サービスに支出する傾向にある．そのため，発展途上国の経済成長は，起業家精神や製造業をはじめ，コミュニケーション技術の発展や流通ネットワークの整備といった分野の発展によって推進されている．

2）文化

　2つ目の社会環境要因は文化である．社会構成員が学習し共有する価値観やアイデア，態度などから構成されている．文化の多くの要素が消費者の購買パターンに影響を与えるため，国内外の文化的変化をモニタリングすることはマーケティング戦略にとって重要である．文化は価値観を含み，これらの価値観は年齢によって異なるが，性別間の差はほとんどない．例えば，米国では全年齢層が「家庭保護」と「正直さ」を最も重要な価値と見なし，若年層は「友情」を，20～30代は，「プライド」と「健康と身体鍛錬」を重視する．また，環境保全と経済発展の達成も重要な価値とされている．これはトヨタ自動車のハイブリッド車トヨタ・プリウスやゼネラル・エレクトリック（GE）のエネルギースマート照明器具の購入動機となっている．企業も消費者の価値観の変化を反映するためにビジネスモデルを変更している．ウォルマートはエネルギー消費を削減する野心的な目標を掲げ，再生可能エネルギーの使用と製品パッケージの削減を推進している．近年の調査では，世界中の消費者が，社会的責任を果たすブランドを好む

ことが明らかになっている．例として，ドイツの浄水器メーカーであるブリタは「ザ・フィール・グッド・フィルター」キャンペーンを通じて，消費者にプラスチックボトルの使用削減をうながしている．

3 経済環境

経済環境には，企業や家計を運営するために必要な費用を反映した所得，支出，資源が含まれる．ここでは，市場のマクロ的側面と消費者所得のミクロ的側面について考察する（図3-1，33頁参照）．

1）マクロ環境

マクロ環境とは，消費者や企業が感じる経済の好況や不況の程度である．好況時には価格が上昇し，それに伴い製品・サービスの生産や購入コストも増加する．価格の上昇が消費者の所得の上昇を上回る場合，購入可能な製品数は減少する．この関係は，米国の大学教育の授業料の上昇が顕著な例である1980年以降，公共政策や高等教育機関による授業料の急激な上昇が見られた．家計所得の上昇率150％以下に対し，授業料は440％以上引き上げられたため，大学への進学者が減少したのである．

一方，不況時は経済活動が低下し，企業の生産が減少，失業率が上昇し，国内消費が冷え込む．日本は1957～58年のなべ底不況，1964～65年の証券不況，1971年のニクソン不況，1983～87年の円高不況，1992～2002年の平成不況，2007年の世界金融不況といった複数の不況期を経験している．

2）ミクロ環境

ミクロ環境とは，企業が直接的に影響を及ぼすか，または影響を受ける業界内の環境を指す．この環境には，市場の規模，供給業者，競合他社，流通業者などがあり，なかでも特に，消費者の所得はマーケティングにおいて重要な要素である．製品の需要があっても，消費者の経済的能力が伴わなければ，その製品は市場での価値を失う．消費者の購買力は，総所得，可処分所得，裁量所得という3つの要素からなっている．

《総所得》総所得とは1人，1世帯，または1家族が1年間に得る合計金額である．1980年代の経済成長に伴い所得は増加したが，1990年代のバブル崩壊以降停滞し，1994年にピークを迎えた後，減少し，2000年代からは横ばいで推移している．こうした経済成長の鈍化により，雇用機会が減少し，賃金上昇も抑え

られている．このため，家計の所得が低迷し，経済全体の活性化が困難な状況につながっている．

《可処分所得》可処分所得は，総所得から税金を支払った残額のうち，衣住食や交通などの必需品に使われる所得である．税金の増減により，可処分所得は変動する．また，製品価格の急変によっても消費行動が調整される．例えば，近年のガソリン価格の急激な上昇は，消費者が他の支出を見直す要因となる．また，住宅価格の下落が購入を延期させることがある．不況時には，消費者の支出，負債，クレジットカードの使用が減少する傾向にある．

《裁量所得》裁量所得は，可処分所得から税金や必需品に対する支出を差し引いた残額である．これは，贅沢なクルーズ旅行やレジャースポーツ，レクリエーション，教育などに使われる所得である．可処分所得と裁量所得を区分するには，何が必需品で何が贅沢品かを明確にする必要がある．

4 技術環境

現代社会は，急激な技術の変化を迎えている．環境要因の4つ目の要素である技術環境は，応用科学や工学技術の研究から発生する発明や革新を意味する．これらによるニュートレンドは，既存の製品や企業を変革する可能性がある．

1）未来技術

技術の変化は研究開発の結果であり，その予測は困難である．しかし，画期的な新製品や新技術は，すでに市場に現れている．例えば，Googleはクラウドコンピューティングを活用したGoogle Appsを開発した．パワーキャストという新興企業は，無線電力を用いた屋外用の電球を生産している．マサチューセッツ工科大学（MIT）は，無線でテレビを視聴できる技術ワイトリシティを開発した．ナノテクノロジーは，サムソンのフラッシュメモリチップにも使用されており，iPod nanoの部品として知られている．

3Dテレビやオンライン会議サービス，パーソナライズされた音楽配信サービスは，従来の製品やサービスを代替する方向に進んでいる．さらに，人工知能（AI）の進展は，生産，販売，消費だけでなく，健康，医療，公共サービスなど広範囲にわたる分野に影響を及ぼし，人々の働き方やライフスタイルを変革しつつある．

2）顧客価値に及ぼす技術の影響

技術の進化は，マーケティングに顕著な影響を与えている．技術が進化し，多くの製品が似たような技術的特徴や性能をもつようになると，技術的な面だけでは製品を区別するのが困難になる．このため，顧客は製品を選ぶ際に，技術自体よりもサービスの質や企業との関係性などの他の要素に焦点を合わせる傾向が強まる．技術は新製品の開発を通じて，顧客に新しい価値を提供することができる．例えば，Amazon の電子書籍端末キンドル（Kindle）の新バージョンは，その透明度の高さ，1,500冊の書籍保存能力，読み上げ機能で注目を集めた．さらに，将来的に登場するかもしれない技術として，グルコースや酸素などの臨床情報を送信できる健康モニター，個別化がん治療を支援する AI 技術，そして高度な遠隔医療システムなどがある．これらの技術は，効率的でパーソナライズされた医療提供を目指して開発されている．

3）e-ビジネス戦略

技術革新は，情報とコミュニケーションを中心とするデジタル環境下の電子商取引市場の急激な成長からも見てとれる．電子商取引は，在庫管理，交換，広告，流通，支払いなど，電子コミュニケーションを用いた取引を指す．ネットワーク技術は，財務報告から日々の売上管理，従業員との情報共有，サプライヤー（供給業者）とのリアルタイムコミュニケーションに至るまで，多岐にわたるビジネスプロセスに利用されている．また，多くの企業がこうしたe-ビジネス戦略をサポートするためにインターネット技術を導入しており，イントラネットやエクストラネットなどがその一例である．イントラネットは企業内のプライベートネットワークとして機能し，エクストラネットは企業が外部の業者やパートナーと情報交換や取引をするために使われる．

5 競争環境

競争環境とは，市場のニーズを満たすために複数の企業が製品やサービスを提供し，競い合う状況を指す．市場には多様な競争形態が存在し，企業は有効なマーケティング戦略を策定するために，現在および将来の競争相手を常に識別し，分析する必要がある．

1）競争の種類

競争の種類には，完全競争，独占的競争，寡占，独占市場の4つがある．完全

競争は，多くの販売者が類似製品を提供する市場である．例えば，米や小麦などのコモディティ商品を取り扱う企業は，完全競争市場において，製品，価格，プロモーションなど，（流通，入手のしやすさを除く）マーケティング要素がほとんど影響を与えない状態で競争している．これらの商品は多くの企業によって提供されており，商品自体の違いはほとんどない．そのため，上記要素の差別化が市場に与える影響は限定的である．

　独占的競争は，市場に多数の売り手が存在するものの，ある程度の独占力をもちながら製品差別化などを図る市場である．例えば，コーヒーの価格が高騰すると，消費者はお茶に切り替えることがある．クーポンや値引きはこうした市場でよく使用されるマーケティング戦略である．

　寡占は，一般的に見られる市場構造で，少数の企業が業界の大部分をコントロールする．例えば，日本の携帯電話業界は，NTTドコモ，au，ソフトバンク，楽天モバイルによって占められている．この市場構造では，販売者が少数であるため，価格競争が発生すると，すべての関係業者の利益が急激に減少する．

　独占市場は，1つの企業が市場全体をコントロールする状態である．生活に不可欠な水道，電気，ケーブルサービスなどを供給する企業がこれに該当する．例えば，マイクロソフトのPCオペレーティングシステム市場での高いシェアは，独占の懸念を引き起こし，米国の司法省が複数の訴訟と裁判所命令を下している．また，欧州連合はマイクロソフトに対し罰金を科し，継続的に監視・調査を行っている．

2）ライバルとしての中小企業

　競争市場を見ると大企業が目立つことが多いが，実際には中小企業が大部分を占めている．日本の場合，全企業の99.7％に当たる421万社を中小企業が占め，従業員数や製造業の付加価値額もそれぞれ70％，50％以上を占めている．また，国の経済成長率と新規に設立される中小企業の活動は密接に関連している．経済が好調であると新しい事業が始まりやすくなり，それによってさらに経済が活性化するという好循環が生まれるのである．

6　法的規制環境

　どの組織も，マーケティングやその他のビジネス上の意思決定において，法律上の制約に強い影響を受けている．法的規制は政府や地方自治体による制約によって成立している．消費者保護法，独占禁止法，不正競争防止法などがあり，

競争を促進しつつも，公正な企業活動を保障するために設けられている．なお，消費者保護法は，不公正取引から消費者を保護し，生活の安全を保障するためのものである．

1）競争の保障

各国の競争法（独占禁止法など）は，それぞれの特有な経済構造や市場慣行を前提に，市場競争を保障することを目的として設計され，運用されている．競争は，消費者が市場でどの企業を支持するかを選択することで，結果的に企業の成功や失敗を左右する仕組みであり，消費者にとって望ましいものとされている．

日本の独占禁止法（正式には「私的独占の禁止及び公正取引の確保に関する法律」）の主な目的は，公正かつ自由な市場競争を促進し，事業者が自由に意思決定し，活動できる環境をつくることである．市場原理が適切に機能すれば，事業者は創造的な努力を通じて優れた製品を提供し，消費者は自分のニーズに合った商品を選ぶことができる．これにより，消費者の利益が保護されるとされている．また，この法律に補足されるかたちで，下請事業者を保護するための「下請法（正式には「下請代金支払遅延等防止法」）」も存在する．

また，不正競争防止法は，公正な競争と国際的な約束の履行を確保する目的で設けられている．この法律は，信用や知的財産などの保護を強化し，不正競争行為から権利を守るための措置を講じることで，国民経済の健全な発展に寄与することを目指している．

さまざまな法律は，4Pを代表とするマーケティングミックスの，製品，価格，流通，プロモーションに影響を与えている．企業の利益を守ったり，消費者を保護するために制定されており，企業と消費者の双方が同時に保護されている．

2）4P関連の法律

法律に則ったマーケティングミックス（4P：製品，価格，流通，プロモーション）は，企業活動の透明性を高め，消費者保護を強化し，市場内の公正な競争を促進するために重要な役割を果たしている．

特に「特許法」は，新技術や製品に対する独占利用を許可し，企業が研究開発に投資し続けることを可能にしている．この法律下で新しい半導体技術や独特のアニメキャラクターデザインなどが保護され，市場に新たな創造的な製品を供給することが可能である．シャープは新しい液晶ディスプレイ技術を開発し，特許法により保護を受けた．これより，シャープは他の企業による技術の模倣を防ぎ

つつ，独自の市場を築くことができた．

　価格に関しては，「価格カルテル禁止法」が市場における不公正な価格操作を防ぐための重要な役割を担っている．この法律は，消費者に公平な価格を保証し，健全な市場競争を促進することを目的としている．ある家電製品メーカーが不正な価格固定を行った事例があり，公正取引委員会がこれを発見し，摘発して罰金を科した．この措置により，その業界の価格競争が正常化され，消費者にとってより公平な市場環境が保たれた．

　流通における規制の例として，ある化粧品メーカーが取扱い業者に化粧品の再販売価格を強制的に維持させた事例が挙げられる．この行為は公正取引委員会によって問題視され，メーカーに対して価格設定方針の改善命令が下された．この措置により，製品の価格設定が市場の自由競争に委ねられ，消費者が適正な価格で製品を購入できる環境が促進された．

　プロモーションにおいても，消費者を誤解や欺瞞（ぎまん）から保護するために広告規制法が制定されている．不正または誤認を招く広告活動に対して厳格な制裁を科すことが可能で，消費者が信頼できる情報に基づいて意思決定を行うことを支援している．プロモーションの活動に関する規制も設けられており，特定の活動手法が公平な競争条件の下で行われるように規定している．

　これらの法律は，日本経済の健全な発展を支えるための重要な基盤となっている．企業はこれらの規制を理解し，遵守することで，より信頼性の高いビジネス環境を築くことが求められている．

3) 自主規制

　前述の通り，政府は多くの法律を制定している．これに対して，自主規制とは業界が自らをコントロールするために定めるものであり，政府による制約の代案として機能する．例えば，大規模テレビネットワークが子ども向けおもちゃのテレビ広告に自主的なガイドラインを設けているのは，社会全体に良好な影響を与えるためである．しかし，自主規制には会員企業の不服従や施行の難しさなどの問題がある．また，自主規制が過度に強い場合，不正競争防止法や独占禁止法に抵触するリスクもある．

　広告業界の自主規制団体は，日本広告審査機構（JARO）である．1974年に広告界（広告代理店，媒体社〈メディア企業〉，一般企業など）の総意により設立された．JAROの目的は企業と広告への信頼を高め，公正な企業活動を推進することにあり，一般消費企業からの広告・表示に関する問合せの受付処理，苦情の

審査を中心業務としている．また，他の自主規制機関，行政機関および消費者団体との連携，連絡会の実施，広報活動なども行っている．

米国では古くから商業改善協会（BBB）がJAROと類似の活動を遂行している．BBBには法的権限はないが，道徳的説得を通じて会員企業が基準に従うよう努力している．特に近年では，通信販売（EC）市場の拡大に伴い，インターネット消費者を保護するためにBBBオンラインという信頼保証プログラムを開発している．これに参加するためには，企業はBBBの会員として登録し，1年以上のビジネス経験をもっていることが条件となる．また，BBBのビジネス慣行コードを採用し，BBBの広告自主規制プログラムに参加することも必要である．さらに，消費者のクレームを解決する際には，BBBと協議することが求められる．

これらの活動を通じて，JAROとBBBはそれぞれの国で広告業界の信頼性を高め，公正な市場競争を維持するために重要な役割を果たしている．例えば，JAROは，ある飲料メーカーの広告が消費者に誤解を与える内容であったため，その広告に対して是正を求め，結果としてメーカーは広告内容を修正した．また，BBBは，通信販売の安全性を保証するため，企業のオンラインロゴマークを表示する前に厳格な審査を行っている．これにより，消費者保護と市場の透明性が確保され，企業活動の健全な発展が促進されている．

Learning Review

❶ 新技術は進歩し続け，既存の製品を代替している．AIをはじめとするデジタル技術が，以下の企業や施設にどのように影響を及ぼすことができるか提案せよ．
①キヤノンのデジタルカメラ，②日本航空（JAL），③国立新美術館
❷ 近年，ビール業界ではアサヒビールとキリンビールなどの大手企業が多くの小規模醸造所との競争に直面している．この変化を競争の種類に基づいて説明せよ．
❸ 人口統計学的特性（年齢，所得など）や文化（価値観，ライフスタイルなど）といった社会環境が，マーケティング戦略に与える影響を具体的に説明せよ．
❹ 競争を保障し，マーケティングミックス（製品，価格，流通，プロモーション）の各要素を規制する主要な法律について説明せよ．
❺ クルマ離れが進む20代若年層の消費者のために，既存の自動車に追加すべき技術的な特徴を分析せよ．また，それらの特徴が若年層に与える影響についても考察せよ．

> **Column**
>
> SDGs and Modern Marketing:
> How Sustainability Reshapes Corporate Strategy
>
> ## SDGs と現代のマーケティング：
> ## 持続可能性が企業戦略をどう再構築するか

マーケティング環境と SDGs（持続可能な開発目標）の影響について考えると，現代の企業がどのように持続可能性を取り入れているかが見えてくる．SDGs は，国連が定めた 17 の目標から成り，貧困の撲滅，環境保護，経済成長など多岐にわたる分野を包括している．これらの目標は，企業のマーケティング戦略に大きな影響を与えている．

SDGs の普及により，消費者はエシカル（倫理的）な製品やサービスを求めるようになっている．企業は環境に優しい素材を使用した製品やフェアトレード商品（公正な貿易を通じて生産・取引される商品）を提供し，**消費者の期待**に応えている．**企業の社会的責任（CSR）活動**も強調され，環境保護や社会貢献活動を通じてブランド価値を高め，消費者との信頼関係を強化している．また，**投資家の関心**も高まり，SDGs に取り組む企業は ESG（環境 Environment，社会 Social，企業統治 Governance）投資の観点から高く評価され，資金調達にも有利となる．

マーケティング戦略への影響も顕著である．SDGs に基づいた活動は企業の社会的価値を高め，消費者の共感を呼び起こす．持続可能な活動をアピールし，環境や社会に配慮した製品・サービスを提供することでブランドロイヤルティが向上する．**製品開発**にも SDGs の影響は見られ，技術革新を通じて持続可能な製品を市場に投入し，新たな顧客層を獲得している．例えば，再生可能エネルギーや環境に優しい素材を使用した製品が注目されている．**コミュニケーション**においても，企業は SNS や動画コンテンツを活用し，SDGs をテーマにしたマーケティングキャンペーンを展開している．

総じて，SDGs は企業が社会的責任を果たしつつ成長するためにも重要な枠組みである．マーケティング戦略に SDGs を組み込むことで，消費者からの支持を得て持続可能な成長を実現することができる．企業は具体的なアクションを通じて社会とともに歩む姿勢を示すことが求められ，これに対応することが，消費者，投資家，政府からの評価を高め，競争力を向上させる鍵にもなるのだ．

第4章　消費者購買行動

Learning Point
- 消費者が製品やサービスを購入する際に経る5段階（問題認識，情報探索，代替品評価，購買決定，購買後評価）を学びます．これにより，マーケティング戦略を消費者の購買意思決定プロセスに効果的に組み込む方法を理解します．
- 消費者の関与度と問題解決の形態について学びます．関与度が高い場合は，消費者は拡大的問題解決プロセスを通じて詳細な情報収集と評価を行い，より慎重な決定をします．一方，関与度が低い場合は，限定的または日常的な問題解決プロセスが用いられ，迅速な決定が行われることが一般的です．
- 動機，知覚，態度，学習といった心理的要因が消費者の購買行動にどのように影響を及ぼすかを学びます．これらの要因を理解することで，消費者のニーズと欲求に基づいたより効果的なマーケティングメッセージを作成することができます．
- 個人，準拠集団，家族，文化などの社会文化的要因が消費者行動にどのように影響を与えるかについて学びます．これらの要因は，消費者の価値観，態度，購買決定などに深く影響します．

Key Terms
消費者の購買意思決定プロセス，関与度，問題解決の形態，状況的影響要因，心理的影響要因，社会文化的影響要因

1　消費者の購買意思決定プロセスと経験

　購買行動の背後には，マーケット調査すべき重要な意思決定と消費者の経験が存在する．製品やサービスの購買意思決定において，購買者が経る過程を購買意思決定プロセスと呼ぶ．消費者の購買意思決定プロセスは，問題認識（ニーズ認知），情報探索（価値追求），代替品評価（価値評価），購買決定（価値購買），購買後評価（消費および使用価値）の5段階で構成されている．

1）問題認識

　この段階では，消費者が理想と現実の間に大きなギャップを感じている状態である．例えば，冷蔵庫に牛乳がないことに気づく，シャープペンシルの芯がなく

なった，スマートフォンが正常に動作しない，などの日常的な問題もこれに該当する．マーケティングにおいては，広告や販売員が競争製品の欠点を指摘することで，この認識をうながすことがある．また，例えば，新しいスマートフォンの広告が多機能性を強調することで，消費者の問題意識を刺激することも可能である．

2）情報探索

消費者は，問題認識後に情報探索を開始する．情報探索には2つのタイプがあり，1つ目の内部探索は，消費者が過去の経験や記憶から情報を得るプロセスで，日常的に購入する製品に適している．2つ目の外部情報探索は，新しい製品や情報が必要な場合に行われ，信頼できる友人（パーソナルソース）や専門の評価機関（パブリックソース），マーケターからの情報（広告やウェブサイトなどマーケター主導のソース）が主な情報源となる．外部情報の探索は，購入リスクが高い場合や過去の経験が不十分な場合に特に重要となる．

3）代替品評価

消費者は，情報探索を経て購買基準を設定し，それに適合するものを選定する．

代替品評価のプロセスで情報が不十分な場合，提供された情報を不適切と感じることもある．購買基準は，製品やサービスの主観的属性（例：社会的地位）や客観的属性（例：画質）を含み，消費者の選択に影響を与える．企業はこれらの基準を広告などで効果的に提示し，消費者に最大の価値を提供することを目指している．

例えば，スマートフォンの購入決定において代替品評価をする際には，価格が20,000円以下，画質やナビゲーションが優れている，バッテリー寿命が長い，デザインが良い，といった条件を重視し，それに見合うブランドやモデルを選定する．これらの条件に基づいて選びだされた製品群を考慮集合という．もし選ばれた製品群が基準を満たさない場合，新たな基準を加えて考慮集合を再構築することもある．

また，代替品評価には補償型評価と非補償型評価という方法もある．補償型評価とは，すべての属性を総合的に評価し，劣る部分を他の優れた基準で補う方法で，これを多属性態度モデルによる代替案の評価ともいう．一方，非補償型評価とは，1つの属性の評価が劣っていても他の属性で補わない方法で，これを

ヒューリスティクス（発見型手法）ともいう．これにはさらに，5つの方法がある．①連結型：すべての基準を満たす選択肢のみを選定する．②分離型：1つの十分条件を満たせば他の属性は無視して選定する．③辞書編纂型：最も重要な属性を最初に評価し，最良のものを選定する．④逐次消去型：重要な属性から順に評価し，基準を満たさない選択肢を排除する．⑤感情参照型：過去の経験に基づいて選定し，新たな情報探索を行わない．

4）購買決定

考慮集合に選択している代替品の評価を終えると，購入決定を行う準備が整う．この段階では，「誰から購入するか」と「いつ購入するか」が主な選択肢となる．例えば，スマートフォンの購入を考える際には，小売店を訪問したり，カタログや販売者のウェブサイトで他のブランドを調べたりする．どの販売者から購入するかは，販売条件，過去の購入経験，返品対応などに基づいて決定する．購入のタイミングは，ブランドのセール，プロモーションの有無，店舗の雰囲気，ショッピングの楽しさや便利さ，販売員の対応，時間的な制約，経済事情など，多くの要因に影響される．

5）購買後評価

購買後には，消費者が製品に対して満足することもあれば不満を感じることもある．不満な場合，マーケターは製品に欠陥があるのか，消費者の期待が過度だったのかを判断する必要がある．欠陥があれば製品の改善が必要であるし，期待が高すぎた場合は広告や販売員の誇張が原因かもしれない．

消費者が購買後に感じる心理的な不安や緊張を認知的不協和と呼び，これを緩和するために自己正当化の行動を取ることがある．例えば，他の選択肢の否定的な点を強調することで自らの選択を正当化しようとする．企業は，消費者が正しい選択をしたと感じるよう広告やサポートを提供して，この不協和を管理する．認知的不協和の一例として，ある消費者が高価なスマートフォンを購入した後，その選択について不安を感じる場合がある．購入後，彼はより安価な他のモデルも良い機能をもっていることを知り，自分の決定に疑問をもつようになる．この不安を解消するために，彼は自らが選んだスマートフォンの優れた点を再評価し，SNSでその利点を強調する投稿をすることで，自分の選択が正しかったと自己正当化しようとするのである．

2 消費者の関与と問題解決の形態

　消費者は購買意思決定プロセスの全段階を必ずしも経るわけではない．購買の重要性に応じて関与度が異なり，プロセスの一部を省略することもある．関与度が高い状況では，価格が高い製品，個人に重大な影響を与える製品，社会的イメージを反映する製品などの決定がこれに該当する．

　これに対して，石鹸や歯磨き粉など，関与度が低い製品では，ほとんど情報探索が行われない．購買意思決定においては，消費者は製品やサービスの多くの属性を考慮に入れ，意見を形成し，活動的に口コミを行う．また，消費者の関与度と製品知識に基づいて，問題解決のアプローチも異なる．表4-1に，消費者が直面する3つの問題解決形態の相違点を示し，以下，順に解説する．

表 4-1　関与度と問題解決の形態の比較

意思決定プロセスの要因	消費者関度		
	高		低
	拡大的問題解決	限定的問題解決	日常的問題解決
検討したブランドの数	多い	少ない	最低限
考慮した販売者の数	多い	適度	少ない
評価した製品属性の数	多い	適度	最低限
使用した外部情報の数	多い	少ない	なし
情報探索にかかった時間	多い	少ない	最低限

［出所：Howard & Sheth（1969）を基に作成］

1）関与度とマーケティング戦略

　消費者の関与度は，マーケティング戦略に重要な示唆を提供する．低関与な製品を販売する企業で，市場をリードしている場合，製品の品質維持に注意を払い，消費者が競争ブランドの代替品を選ばないように在庫を確保し，ブランド知識（認知度やイメージ）を強化するために反復的かつ継続的な広告メッセージの活用に集中する．一方，市場のチャレンジャー（市場シェア2位，3位の企業）は，消費者の購買習慣の変化や自社ブランドの試用購入をうながすために，無料サンプルやクーポン，リベート（購入後に一定額を払い戻す）などを活用し，消費者の考慮集合に自社ブランドが含まれるよう広告メッセージを重視する．

　高関与な製品に関しては，市場のリーダーは広告と人的販売活動を通じて消費者に詳細な製品情報を提供し，さらに，ウェブサイトでチャット機能やコミュニティ空間を設けることで相互作用をうながす．一方，チャレンジャーは高関与な

消費者の行動を変化させるチャンスとして，既存製品の属性との比較広告を利用し，競争製品の評価基準を新たに提示する．

2）問題解決の形態

《拡大的問題解決》 拡大的問題解決のアプローチでは，消費者は情報探索と代替品の評価に多くの時間を費やし，多くのブランドを検討する．これは自動車や音響システムなど高関与の購入時に典型的である．

《限定的問題解決》 限定的問題解決のアプローチでは，消費者は比較的少数のブランドを適度な属性の数で評価する．情報探索は部分的に自己実行されるか，代替品の評価に役立つ友人の意見に依存することが多い．飲み物や日用品の選択など，比較的手間をかけずに行う購買状況で見られる．

《日常的問題解決》 日常的問題解決のアプローチでは，消費者は外部の情報探索や代替品の評価にほとんど努力を示さない．これは，塩や牛乳など，関与が低い日用品の購買決定に特に典型的である．このプロセスは，手頃な価格で購入頻度が高い製品に適用される．

3　状況的影響要因

購入状況は，しばしば購買意思決定プロセスに影響を及ぼす．その要因としては，購買動機，社会環境，物理的環境，時間の影響，先行状態の5つが挙げられる．購買動機により，情報探索や代替品評価の方法が異なり，例えばプレゼント用の購入では社会的可視性（社会的にどのように見られるか）を意識することが重要となる．社会的環境としては，例えば同行者の存在は，購入する製品に大きな影響を与える．物理的環境としては，店内のインテリアや音楽，混雑度などの影響である．時間の影響では，日の特定の時間や空き時間が，食事の場所選びや注文する製品に影響する．最後に，消費者がその場面にもち込んだ，その時の気分（例：不安，楽しさ，興奮）や条件（例：疲労，手持ちの金額）といった先行状態の影響である．例えば，クレジットカード保持者は，現金やデビットカード使用者に比べて多くの商品を購入する傾向がある．図4-1に，消費者の購買意思決定プロセスに影響を及ぼすさまざまな要因を示した．

4　心理的影響要因

消費者の動機と個性，知覚，学習，信念および態度，ライフスタイルなど心理的な要因は，消費者の購買意思決定プロセスを解析し，マーケティング活動の方

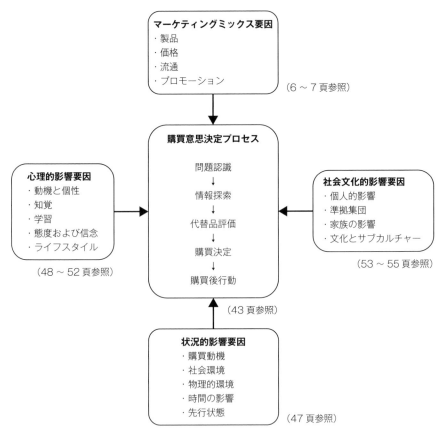

図4-1 消費者の購買意思決定プロセスに影響を及ぼす要因

向を示すうえで非常に有効である．

1）動機と個性

　動機と個性は密接に関連しており，特定の行動を取る理由や他の行動を取らない理由を説明するために用いられる．動機は，欲求を満たすための行動をうながす原動力である．マーケターは消費者の欲求を引き出し，活性化させるために努力を重ねている．人間の欲求は生理的なもの（空気，水，食物など）と，学習されたもの（プライド，達成感，愛情など）があり，これらの概念は階層的に組織されている．例えば，アブラハム・マズロー（Abraham Maslow）は人間の基本的な欲求を生理的欲求，安全欲求，社会的欲求，尊厳欲求，自己実現欲求の5段階

で理論化している.

　生理的欲求は，基本的な生存に関連し，食品など日用品の広告によく利用される．安全欲求は，保険や安全装置など，安全と保障を提供する製品の広告に反映される．社会的欲求は，結婚情報サービスや香水などが愛情や所属感の欲求を満たす製品に関与する．尊厳欲求は，プラチナカードや高級車などが達成感や地位を象徴する製品に対して重要である．自己実現欲求は，教育プログラムやキャリア関連など個人の潜在能力を最大限に引き出す製品やサービスに作用する．これらの心理的影響要因を理解することは，ターゲット市場に効果的にアプローチし，商品やサービスの魅力を最大化するために不可欠である．

　また，個性の理解も重要である．個人の一貫した行動や反応を示す特性であり，遺伝や幼少期の経験によって形成され，容易には変わらない．いわゆる個性理論は，外向性や追従性などの人の基本的な特性を理解することを目的としている．個性は人々がどのようにブランドや製品を選ぶかにも反映される．例えば，順応的な人は知名度の高いブランドを好み，攻撃的な人は高級ブランドを選んで自己の地位を示す傾向がある．

　また，個人が現実の自己像と理想の自己像の間で行動することにより，購買行動に顕著な影響を及ぼす．現実の自己像は，自らが現実にどのように認識されているかを示し，日常的な購買選択を行う．一方，理想の自己像は，自らをどのように見せたいか，または認識されたいかを表し，より高価かつステータスが高い製品やサービスに引き寄せられることが多い．このギャップを埋める努力が，特に高級ブランドや特定のライフスタイル商品の選択において明確に表れる．

2）知覚

　知覚は個人が情報を選択し，整理し，解釈するプロセスである．例えば，メルセデス・ベンツを見る際，人によってはそれを社会的成功の象徴と捉える一方で，誇示的だと感じる人もいる．この違いは選択的知覚の結果である．

　《選択的知覚》 選択的知覚では，人々は自身の既存の態度や信念に一致する情報に注意を払い，それと矛盾する情報を無視する．空腹時に見るマクドナルドの広告や，購入したばかりの製品の広告に特に注意を払うのは，選択的知覚の一部である．選択的知覚には，①露出，②理解，③記憶という現象が伴う．

　①選択的露出は，消費者が自分の興味や信念に基づいて情報に接する傾向があることを指す．例えば，スポーツファンは，自分が応援するチームの情報を積極的に追い，ライバルチームの成功に関するニュースは無視しがちである．②選択

的理解は，消費者が情報を既存の態度や信念と一致するように解釈することを意味する．トロ社（TORO）の除雪機スノーパブは，おもちゃような名前で，大量の雪を除去するための重労働とイメージが一致しないという指摘があったため，スノーマスターに変更したところ，販売数が増加した．③選択的記憶は，消費者が見聞きした情報をすべて記憶することが難しく，情報の一部のみを保持する現象である．例えば，家具店が顧客にパンフレットを提供するのは，展示場を離れた後でも情報を確認できるようにするためである．

他にも，サブリミナル知覚という現象がある．消費者が意識せずに微弱な刺激に反応するもので，科学的根拠によれば，その影響は限定的とされている．しかし，行動に影響を及ぼす可能性があるため，倫理的な問題が指摘される．特に，消費者の自由な意思決定を知らぬ間に操作し，意識的な同意なしに行動を誘導するおそれがある点が問題視されている．このような手法は透明性と公正性に反すると考えられる．そのため，サブリミナル知覚をねらう広告は，一部の国や地域で規制されている．

《知覚リスク》知覚リスクとは，製品やサービスの購入に際して消費者が感じる不安や懸念のことである．内容は消費者の特性により異なるが，例えば，製品が偽物でないか，故障しないか，品質が求める水準を満たしているかなどが考慮される（機能的リスク）．このほか，製品の使用が他人にどう思われるか（社会的リスク），投じたお金に対する価値の不安（経済的リスク），健康への影響（身体的リスク）などがある．知覚リスクの程度（高－中－低）によって，消費者の購買意思決定における情報収集方法や価格や品質に対する反応が変わる．リスクが高ければ，より多くの情報を求め，価格や品質に対して敏感になる傾向がある．逆にリスクが低ければ，情報収集は少なく，価格や品質に対する反応も穏やかになることが多い．

これらのリスクに対処するために，企業は品質認証シールの獲得，インフルエンサーなど影響力のある人物からの推奨の確保，無料サンプルの提供，多用途対応，保証や補償などの施策を通じて，顧客との信頼を築いている．

3）学習

消費者は，製品やサービスに関する情報を得る際に，どの情報源を利用すべきか，どのような基準で代替品を評価するか，といった一般的な購買意思決定の方法を学ぶ．この学習過程は，過去の繰り返しの経験や推論を通じて行われ，消費者の行動を形成する基本となる．

《**行動的学習**》行動的学習は，経験を通じて行動の結果を学び，振り返りや応用を通じて反応やスキルを形成するプロセスである．

このプロセスには衝動，手がかり，反応，強化という4つの段階がある．衝動は，行動をうながす欲求である．手がかりは，消費者が認識する刺激やシンボルである．反応は，衝動を満たすための行動であり，強化は，その行動の結果得られる補償である．例えば，空腹感（衝動）を感じているときに，道端の看板や広告を目にする（手がかり）ことで，その衝動が刺激される．そして，お店に入ってサンドイッチを購入する（反応）という行動につながり，実際に食べて味に満足すれば（強化），その満足感が次回以降の購買行動に影響を与える．

《**認知的学習**》認知的学習は，消費者に直接の経験がなくても思考や推論，心理，問題解決を通じて行われる学習である．消費者が異なるアイデアを関連づけたり，他人の行動を観察することで学んだことを利用して，例えば，「イブクイックは頭痛の治療薬です」と広告で繰り返し示すことで，ブランド（イブクイック）とアイデア（頭痛の治療）を関連づけ，消費者にその効果を認識させ，使用をうながしている．

《**ブランドロイヤルティ**》ブランドロイヤルティは，消費者が長期間にわたって1つのブランドに対してもち続けるポジティブな態度や愛着心，選好度をいう．この度合いが高ければ，継続的にその製品を購入する行動をとり，以前のポジティブな経験に基づく感情が強化される．例えば，消費者が一貫して同じブランドのシャンプーを使用し続け，ポジティブな結果を得ることでリスクを軽減し，時間を節約する．こうした行動は，ブランドロイヤルティにより形成された習慣といえる．

4）態度と信念

《**態度**》態度は，特定の対象に対して一貫して好意的あるいは非好意的に反応する先有傾向（既存の経験や信念が判断を左右すること）である．態度は，学習された価値観や信念に基づいて形成される．価値は，物質的な幸福や人道主義といった普遍的な価値や節約や野望，個人的な価値によって異なる．マーケターはこれらの価値に注目し，特に個人的価値に焦点を当てる．個人的価値は，特定の製品属性に対する重要度の認識によって態度に影響を与え，消費者が特定のブランドに好意的な態度をもつ可能性を高める．例えば，節約を重視する消費者は，燃料の経済性が高い自動車を好む傾向がある．

《**信念**》信念は，製品やブランドが特定の属性においてどのような成果を示し

ているかを評価する，消費者の主観である．これは個人的な経験，広告，口コミから形成される．製品やサービス，ブランドに対する（好意的または非好意的な）態度を形成する際，信念は，個人的な価値とともに重要な役割を果たす．

《態度変化》マーケターは，製品やブランドに対する消費者の態度を変えるために，3つのアプローチを用いる．1つ目は，ブランドのもつ属性水準に対する信念を変えるアプローチである．例えば，ヘルマン社は，マヨネーズの健康面に対する主婦層の懸念を軽減するため，競合他社より「オメガ3脂肪酸を多く含む」という事実を強調したキャンペーンを展開し，消費者の信頼を得た．2つ目は，知覚される属性の重要性を変えるアプローチである．ペプシコ社は缶に賞味期限を表記し，これまで重視されていなかったコーラの「鮮度」を重要な製品属性として消費者に認識させた．このプロモーションに2,500万米ドルを投じ，消費者アンケートで61％が賞味期限を重要視する結果を得た．3つ目は，製品に新たな属性を追加するアプローチである．コルゲートパーモリーブ社は，歯磨き粉コルゲートトータルに抗菌成分トリクロサンを追加し，1億米ドルを投入して大規模なマーケティングを展開した．これにより，25年ぶりに競合ブランドのクレスト社を抜き，市場をリードするブランドとなった．

5）ライフスタイル

ライフスタイルは，個人の時間と資源の使い方や，環境への価値観，自己と周囲の世界に対する見方が反映される．これらの要素を分析して，消費者のニーズと欲求を察し，製品やサービスの購入動機を明らかにするサイコグラフィックスというデータを利用する．このデータは心理学，ライフスタイル，人口統計情報を組み合わせており，マーケティング戦略の策定に有効である．

サイコグラフィックスを利用した事例として，スターバックス社のマーケティング戦略が挙げられる．スターバックス社は消費者のライフスタイルと価値観を分析して，店舗をコミュニティの一部として位置づける戦略を展開した．また同社は，顧客が重視する環境意識に応じてリサイクル可能な材料を使用し，エシカル（倫理的）なコーヒー豆の調達を推進することで，環境に配慮している顧客層を引きつけている．そしてこれにより，ブランドロイヤルティ（愛着心）や顧客満足度も向上させている．

5　社会文化的影響要因

1）個人的影響

オピニオンリーダーと口コミ活動へのアプローチは，消費者の購買決定に影響を与える個人的影響の1つである．オピニオンリーダーは特定の分野に深い知識と経験をもち，その意見は他人の製品選択に影響を及ぼす．自動車や娯楽，衣類，電気製品など多岐にわたる購買意思決定への影響が見られる．特に，新商品の市場浸透にはオピニオンリーダーの活用が重要である．例えば，オメガ社の時計は映画俳優のシンディ・クロフォード（Cindy Crawford）や水泳選手のマイケル・フェルプス（Michael Fred Phelps）をブランドアンバサダーとして起用し，その影響力を利用している．企業はオピニオンリーダーにアプローチすることで，製品の認知度を高め，消費者に製品を試してもらう機会を提供する．自動車メーカーが地域社会のリーダーや経営者を試乗会に招待し，製品を直接体験してもらうことも一例である．

口コミは，情報が人から人へと口伝される現象である．特に，信頼できる人からの情報が高く評価される．家族や友人からの推奨は特に信頼され，消費者の購買意思決定に大きく寄与する．企業はこの個人的影響力の強さを理解し，ポジティブな口コミをうながし，ネガティブな反応を防ぐための戦略を取り入れている．また，インターネットの進展により，ブログやSNSを通じた口コミも増加しており，企業は消費者の反応を追跡し分析するためにAIを搭載した専門ソフトウェアを活用している．例えば，新製品の販売前に消費者の関心を引き，コミュニケーションや話題の生成をうながすために，製品についての少量の情報を示すティザー広告を活用して興味や期待を喚起し，消費者の好奇心を刺激する戦略などがある．

2）準拠集団

準拠集団とは，個人が自己評価や基準を形成する際に参考にする社会的グループである．これらの集団は，消費者の情報収集，態度，望ましい行動様式などに影響を与える．特に，社会的なイベントに参加する際の服装選びなどにおいて顕著である．高価な品物の購入に影響が強い一方で，日用品の購入にはあまり影響しない．消費者が目にすることが多いブランドや商品の選択において，準拠集団は特に大きな影響力をもつ．

また，マーケティングでは，会員集団，願望集団，回避集団という3つの準拠

集団が特に重要視される．会員集団は，実際に個人が属する集団で，家族，社交クラブ，男女学生クラブ，などがある．マーケターがターゲットとして最も重視している．願望集団は，個人が所属を望む集団で，専門家集団などがこれにあたる．企業は広告に関連する有名人を起用してターゲット市場の願望を刺激する．回避集団は，個人が価値観の違いから距離を置きたがる集団で，これを避けることでブランドのポジティブなイメージだけを維持するマーケティング戦略もある．

3）家族の影響

《消費者の社会化》消費者の社会化は，消費者としての必要な技術や知識，態度を獲得するプロセスである．子どもたちは，大人と相互作用や自身の購買経験を通じて，どのように購買を行うかを学習する．研究によると，子どもたちは2歳ですでにブランドに対する選好を示し，早期に形成されたこれらの好みは長期にわたって持続することが示されている．この情報を基に，多くのおもちゃ会社はキッズマーケティングを積極的に展開している．

《家族ライフサイクル》家族ライフサイクルは，家族が形成段階から引退までに経験するさまざまなステージを通じて，消費者行動がどのように変化するかを示す概念である．若い独身者，子どものいない若い夫婦，子どものいる若い夫婦，片親世帯，子どものいる中年の夫婦，子どものいない中年夫婦，老年期の既婚者および独身者など，家族の各ライフステージで異なる消費傾向や好みが見られる．例えば，若い独身者は，ファッションや娯楽にお金を使うことが多い．共働きで子どもがいない夫婦は，高級家具や旅行にお金をかけ，より豊かな生活を楽しむ．子どものいる家庭は，子どものニーズに合わせた商品（例えば，おもちゃや教育関連）に投資する．老年期の夫婦や独身者は，健康や快適な生活のために医療サービスや旅行にお金を使う傾向がある．

《家族や世帯の意思決定》家族や世帯内の購買意思決定には，共同意思決定と配偶者主導の意思決定という2つがある．共同意思決定では，特に高価な商品やサービスの購入に関して夫婦が協力して決定を行う．これは，自動車や休暇，住宅，家電製品，医療サービスの購入時によく見られる．なお，夫婦の教育レベルが高いほど共同意思決定が行われる傾向にある．家族の意思決定では，情報収集者，影響力の行使者，購入意思決定者，購買者，利用者まで，メンバーごとに異なる役割がある．例えば，妻は夫の衣類購入に大きな影響を及ぼすことが多いため，男性衣類品の販売業者は女性雑誌に広告を多く掲載している．また，女性は

食料品の購買意思決定者であることが多いが，購入者は40%以上が男性というデータもある．また，共働き夫婦や片親世帯の増加により，10代の若者が家族の製品購入において重要な役割を担うようになっており，12歳未満の子どもも家族の購買決定に直接影響を与えることがある．このような動向を踏まえて，企業は10代向けのマーケティングに大きな予算を投じている．

他方，配偶者主導の意思決定では，どちらか主に決定を行う．一般的には妻が日用品や子ども関連商品に，夫が自動車や家の修理などの購入に大きな影響力をもつ傾向にある．

4）文化とサブカルチャー

文化とは，集団の構成員が共有する学習された価値観，アイデア，態度を指す．文化は階層的な構造をもち，国や地域ごとに異なり，アメリカ文化，ラテンアメリカ文化，日本文化などと区分される．主要文化（メインカルチャー）のほかに，独自の価値観やアイデアをもつサブカルチャーが存在し，例えば，米国にはヒスパニック系，アフリカ系，アジア系などのサブカルチャーがある．これらのサブカルチャーは米国の大きな消費者基盤を形成しており，市場への影響も大きい．

Learning Review

❶ スマートフォンの属性について検討せよ．どの属性が自分にとって最も重要か．どのような追加属性を考慮すべきか．そしてどのブランドをなぜ好むかについて述べよ．

❷ 潜在的な購買者が高画質テレビの購入に不安を感じていると仮定し，その不安を軽減するための戦略を提案せよ．

❸ 次の製品について，マズローの欲求5段階のうち，どの段階に最も結びつきが深いかを考え，その理由を説明せよ．また，複数の段階に関連すると考えられる場合は，それぞれを挙げて理由を述べよ．
①生命保険，②スマートフォン，③ハンバーガー，④高級腕時計
⑤オンライン教育プラットフォーム

❹ 家族ライフサイクルの各段階が，特定の消費行動や購買傾向にどのように影響するかを考え，次の製品やサービスがどの段階と最も関連が深いかを説明せよ．また，その理由を具体的に述べよ．
①高級ソファ，②学習机，③海外旅行ツアー，④健康食品

Column

The Consumer Buying Behavior Model in the Digital Age:
The AISAS Perspective
デジタル時代の消費者購買行動モデル：AISASの視点から

　デジタル時代における消費者の購買行動は，従来のモデルから大きく進化しており，AISASというモデルがその中心的な役割を果たしている．このモデルは，Attention（注意），Interest（関心），Search（検索），Action（行動），Share（共有）の5段階から構成される．
① **Attention（注意）**
インターネット広告やSNSを通じて消費者の注意を引く．この段階では，視覚的に訴えるデザインやキャッチーなメッセージが効果的である．
② **Interest（関心）**
注意を引いた後，消費者の関心を高めるために，製品の独自の価値や属性を伝える．この段階では，製品やブランドに特別な意味を持たせ，消費者の感情に訴えることで関心やブランド好意を高めるアプローチが求められる．
③ **Search（検索）**
消費者は，関心をもった製品やサービスについて，さらに詳細な情報を求めて検索を行う．この段階では，インターネット上で広告を上位に表示させるSEO対策や評判管理が重要となる．
④ **Action（行動）**
検索の結果に基づき，消費者は実際に購入行動に移る．この段階では，購入の簡便さや支払い方法の多様性，信頼性が重視される．
⑤ **Share（共有）**
購入後，消費者は製品やサービスについての感想をSNSや口コミサイトで共有する．これにより，他の消費者の購買行動に影響を与える．この段階は，企業にとってブランドの評価を高める絶好の機会である．
　AISASモデルは，デジタルメディアが消費者行動に与える影響を明確に示している．特に「⑤ shere」の段階は，口コミ効果を最大化し，ブランドの認知度や信頼性を高めるために重要である．企業は，このモデルを活用してターゲット層へのアプローチを最適化し，消費者の購買行動を効果的に誘導する戦略を立てることが求められている．

第5章　マーケティングリサーチ

Learning Point

▶ マーケティングリサーチの役割を学びます．マーケティングリサーチは，市場への参入や確立の機会を特定し，データに基づいて企業戦略を最適化するために必要です．

▶ マーケティングリサーチの手順を学びます．問題を特定し，適切なデータ収集と分析を通じて有効な結果を導き出すプロセスです．

▶ 2次データと1次データの使い方について学びます．2次データは，過去に集められた情報の再利用，1次データは，特定のリサーチ目的のため新たに収集されたものをいいます．

▶ 企業の売上を予測する3つのアプローチについて学びます．意思決定者の判断，ロストホース予測，エキスパートサーベイを用いて精度の高い売上予測を実施します．

Key Terms

マーケティングリサーチ，定量調査，定性調査，1次データ，2次データ，売上予測

1 マーケティングリサーチの役割

　マーケティングリサーチとは，マーケティングにおける課題や機会を明確化し，情報を体系的に収集・分析することで，企業の意思決定や具体的な行動を支援するプロセスである．使える情報が不完全であっても，マーケティング管理者はリスクを低減し，意思決定の品質を向上させるために，マーケティングリサーチを実施する．消費者の好みを理解し，適切な価格設定を行うなど，さまざまな課題に対処するために欠かせないものであるが，このプロセスは多くの挑戦を伴い，以下のような問いかけと向き合うこととなる．

　《新製品の市場受容》企業が市場に未発表の新製品を開発して発売した場合，消費者は，これまで見たことのない製品を実際に購入するだろうか？

　《デリケートな質問への正直な回答》消費者に個人的な衛生習慣について質問する場合，たとえ知っていても，本当にその情報を明かすだろうか？　個人的でデリケートな問いに正直に答えるだろうか？

　《購買意向と実際の購買行動の一致》消費者の実際の購買行動は，リサーチを

通じて明らかにされた関心や意図と一致するだろうか？　彼らは，購入すると言ったブランドを本当に選ぶだろうか？

　これらの問いかけは，マーケティングリサーチが単なるデータ収集以上の複雑な課題を抱えていることを明示している．以下では，リサーチの設計からデータ収集，分析，解釈に至るまでのプロセスを段階的に示し，企業戦略の意思決定をより効果的に行うための手順を解説する．

2　マーケティングリサーチの手順

　意思決定とは，2つまたはそれ以上の選択肢から行う意図的な選択である．日常生活の中で私たちは多くの選択を行っている．職場では，与えられた仕事を成功させるため，意思決定の過程において複数の選択肢から最適なものを選ぶ必要がある．学校では，さまざまな講義の選択肢から受講科目を選ぶ．消費者も同様に，さまざまなブランド（製品やサービス）の選択肢から1つを選ぶ．いかなる方程式でも正しい判断は保証されない．マーケティング管理者とリサーチャーは，構造化されたアプローチを利用して，複数の選択肢からより良い意思決定をするように努める．

　マーケティングリサーチは5段階で行われ，常に改善が試みられている（次頁図5-1）．ここで説明する5段階のうちどれかに偏ったとしても，5段階の情報すべてが，企業や個人の意思決定にとって重要な検討項目である．

1段階）課題定義

　マーケティング課題の明確な設定に際し，目標が広範囲に及ぶと，課題の定義が困難になり，過度に具体的な目標を設定すると，成果が限定されてしまう．このため，マーケターはマーケティング課題を正確に定義するのに時間をかける必要がある．この段階では，リサーチをする目的の明確化とマーケティングの実行可能性の確認が行われる．例えば，フィッシャープライス社のおもちゃデザイナーは，子どもたちの遊び方や学習効果，好みを調査するためにリサーチャーとともに情報収集を実施している．例えば，認可幼稚園の子どもたちを招待し，半透明ミラー（片面鏡）越しに子どもたちのおもちゃの遊び方を観察する．これにより，より良い製品を開発するのに役立つ情報を得ることができる．さらに問題を特定するための重要な要素が明らかになることを期待している．

　《調査目的の明確化》調査目的は，マーケティングの意思決定者がリサーチを通じて達成しようとする具体的かつ測定可能な目標である．例えば，フィッ

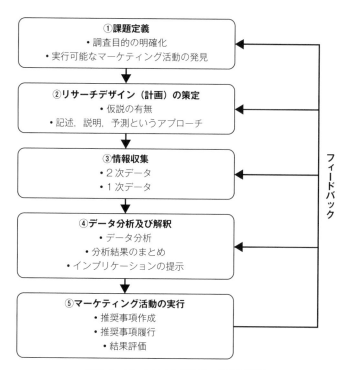

図 5-1　マーケティングリサーチの 5 段階

シャープライス社の場合,調査目的は既存の製品ラインを維持するか,新しいデザインの製品を市場に投入するかを決定することである.調査目的を設定する際には,マーケターは,そのリサーチがマーケティング活動にどのように直結するかを明確にしなければならない.

《マーケティングの実行可能性》マーケティングの意思決定者は,課題の解決策を評価するための具体的な成功測定基準を開発し,それに基づいてマーケティング活動を決定する.前述のフィッシャープライス社の場合,成功測定基準として,子どもたちが新旧 2 種類のデザインの電話機で遊ぶ時間を設定した.時間という基準に則って,どちらのデザインが子どもたちにより受け入れられるかが判断され,その結果に基づいて,次のマーケティング活動が決まった.

　➡成功測定基準：遊ぶ時間
　　既存のデザイン：子どもたちが既存のおもちゃで遊ぶ時間を計測する.
　　新しいデザイン：子どもたちが新しいデザインのおもちゃで遊ぶ時間を計測する.

➡結果から導かれる，実行可能なマーケティング活動
　既存のデザインを維持：新しいデザインの導入を見送る．
　新しいデザインの導入：既存のデザインを中止し，新しいデザインを市場に出す．

　マーケティングリサーチ後の実行は，得られた結果が他のマーケティング活動を引き起こすかどうかによっても判断される．もし，リサーチ結果がすべて同じ行動を引き起こすなら，そのリサーチは無意味であり，時間や費用の無駄である．フィッシャープライス社の場合は，リサーチの結果，子どもたちは新しいデザインに興味を示したため，これに基づいて新しいおもちゃのチャッターテレフォンを採用した．

2段階）リサーチデザイン（計画）の策定

　リサーチデザイン（計画）の策定における1つ目のポイントは，仮説の有無である．仮説は，特定の現象を統一的に説明するために設定された仮定のことであり，これを設ける場合を検証的リサーチという．仮説の正確さを検証し，事前の予測を確認するリサーチ方法である．例えば，「新しい広告は消費者のブランド認知を向上させる」と設定し，その効果を測定するために，広告を見たグループと見なかったグループのブランド認知度の比較を行うなどである．

　他方，仮説を設けない場合は，探索的リサーチという．データを収集し，観察から仮説を生成するために行われ，初期段階の理解や新たな洞察の発見に焦点を当てる．例えば，新市場への進出時に，消費者の好みや需要をまだ理解できていない場合，フォーカスグループ（グループインタビュー）を用いて消費者のニーズを探り，製品開発やマーケティング戦略の基礎情報の収集を行うなどである．

　2つ目のポイントは，記述，説明，予測という観点である．記述的リサーチは，調査対象の特徴や状況を記述するものであり，市場セグメント（ターゲット市場）の特性を明らかにしたり，その市場セグメントが十分な規模で存在するかを推定するものである．説明的リサーチとは，調査対象の構造や発生メカニズムを客観的に明らかにするものである．例えば，広告活動（原因）とブランドイメージ（結果）など，原因と結果の因果関係を知るための調査である．予測的リサーチは，売上予測や市場シェア予測など，調査対象についての予測を目的とするものである．

3段階) 情報収集

合理的なマーケティング意思決定のためには，適切な情報を収集することが重要である．この段階で使用する情報は，即時の意思決定に必要な既存の知識か，新たに多額の費用をかけて収集する膨大な情報かのどちらかである．

データは，大きく2次データと1次データに分けられる（表5-1）．2次データは，調査を行う前に既に記録されている事実と数値で，そのデータが内部組織からのものか外部組織からのものかによって，内部の2次データと外部の2次データに分類される．1次データとは，調査目的のために調査者が独自の手法で新たに収集した事実や数値を指し，観察データ，サーベイデータ，実験データなどがある．

《2次データの収集》内部2次データは，企業がすでにもっている情報から得られる．これには顧客からの要求や不満，生産ライン，地域別，顧客別，販売員別の売上詳細などが含まれる．これらのデータは，時間やコストの節約に貢献し，新しいマーケティングリサーチの基点として活用される．

外部2次データは，組織の外部から発表された情報源に基づいている．例えば，総務省統計局が公表するデータや消費財メーカーがスーパーマーケットや薬局など，さまざまなチャネルから収集した売上データ，広告代理店やリサーチ会社，業界団体からの情報などがある．マーケターは，これらのデータから消費者

表5-1　マーケティングデータの種類

データ 対象とするマーケティングの問題や課題と直接関連している事実や数値	2次データ すでに記録されている事実と数値	内部データ（社内） ・財政報告書，研究報告書，顧客問合せ，訪問販売報告書，顧客名簿など
		外部データ（社外） ・総務省の人口調査報告書，業界調査報告書，ビジネス学術誌，ネット情報など
	1次データ 新たに調査のため収集された事実と数値	観察データ ・機械的観察 ・人的観察 ・ニューロマーケティング
		サーベイ調査（質問法） ・アイデア創出や評価に用いられる
		その他のデータ源 ・ソーシャルネットワーク ・パネルと実験 ・ITとデータマイニング

のトレンドや特性を理解する.

2次データの主なメリットは，データがすでに収集されており，迅速にアクセスできる点である．また多くの場合，これらのデータは無料または低コストで利用することができる．例えば，日本統計局から提供されるデータは非常に詳細で，広範な情報にアクセス可能である．これを活用すれば，新たなリサーチにかかる時間とコストを大幅に削減することができる．

2次データの使用には，デメリットも存在する．特に5年や10年ごとに収集される統計データの場合，時代遅れで現在の状況に適さない可能性がある．また，使用するデータの定義やカテゴリーがプロジェクトの要件に合わないことがある．例えば，データの年齢区分や製品カテゴリーがプロジェクトのニーズと一致しない場合もある．これらのデータはもともと多様な目的で収集されたものであるため，必ずしも特定のプロジェクトに適しているとは限らないのである．

《1次データの収集：観察法》観察法を用いた1次データの収集は，マーケティングリサーチでの基本的なアプローチの1つである．この方法では，人々がどのように実際に行動しているかを直接観察することで，事実と数値を収集する．観察は，機械的観察，対人観察，ニューロマーケティングなど，さまざまな手法で実施されることがある．これにより，消費者の行動パターンや製品に対する自然な反応を把握することが可能となる．

・**機械的観察**：ビデオリサーチ社によるテレビの視聴率リサーチでは，ピープルメーターという機械を使用している．これは，日本全国の27地区，6,900世帯以上に設置されており，テレビやその他のデバイスに接続されている．調査協力者は，テレビ視聴時にリモコンボタンを押すことで，誰がいつどの番組を視聴したかのデータを記録する．この情報は毎晩，ビデオリサーチ社に転送される．このほか，視聴者が手動で記入するテレビダイアリーという方法もある．

・**対人観察**：直接的な消費者観察において，P&G社は主に女性消費者の洗濯，掃除，化粧をしている様子を観察し，同社は実際に消費者の歯磨き行動も洗面台で観察して記録する．この方法から，新しい歯ブラシオーラルBクロスアクションを開発した．この形態のリサーチを実施する人をミステリーショッパーと呼ぶ．

こうした民族誌学的な観察は，消費者の日常環境（自宅や自動車など）で製品を使用する時の行動や感性反応を観察するために，訓練された専門家が実施する．この観察法は柔軟性があり有益だが，観察者によって異なる結論が得られることもあり，信頼性が低下する場合がある．人々が何をするかを明らかにできるが，その理由は必ずしも明確ではない．これが，次に解説するニューロマーケ

ティングや，アンケート調査の方が重要とされる理由である．

・ニューロマーケティング：ニューロマーケティングは，消費者の意思決定を理解するために，神経科学の理論と手法を利用する方法である．消費者の脳活動を計測して，意思決定のプロセスを把握することを目的としている．従来の調査方法では消費者を十分に理解できないという認識，消費者行動の非合理性への疑問，そして脳活動計測の非侵襲(ひしんしゅうてき)的な技術の進展などにより，この調査法は注目されるに至った．

《1次データの収集：サーベイ調査（質問法）》消費者に質問し，その回答を記録することで情報を収集する方法である．アイデア創出方法と，アイデア評価方法に大別される．

・アイデア創出方法：アイデア創出方法には，個別面談，深層面談，グループ面談（フォーカスグループインタビュー，FGI）がある．個別面談では，リサーチャーが1人の参加者に直接質問し，追加の質問をすることでさらに深い情報を引き出すことができるが，費用が高くなりがちである．一方，深層面談は1対1で実施され，参加者の隠れた考えや感情を長時間に渡り，自然な流れで掘り下げる手法である．さらに，グループ面談では，6〜10人の参加者が非形式的な環境で集まり，司会者のもと，特定企業の製品と競合企業の製品に対する意見や使用経験，不満などについて議論することで，多角的な意見を引き出すことができる手法である．

・アイデア評価方法：アイデア評価方法では，消費者の過去，現在，未来のサンプルからデータを集めるために多様な調査手法を用いる．対面インタビュー，郵送，電話，ファックス，オンライン調査などがある．リサーチャーは，調査のコスト，情報の正確さ，情報収集の速度などを考慮して最適な手法を選択する．各手法には，リサーチの目的や対象とする消費者層によって異なるメリットがある．対面インタビューは，直接の対話により，より深い情報を掘り下げることが可能だが，コストがかかる．郵送調査は，特定の経験をもつ人からの回答が偏ることが多い．電話調査は，比較的柔軟性が高い一方で，回答者の不快感を招くこともある．ファックス調査は，利用者自体が限られる．オンライン調査は，低コストで迅速に大量のデータを収集できるメリットがあるが，スパムと認識されることがデメリットである．

サーベイ調査の基本は，回答者から明確な回答を得られるように，正確な質問項目を設けることである．表5-2に，現在および未来の消費者を対象に，ファミリーレストランに対する好意度を評価するためのアンケートを示した．アンケー

表5-2 アンケート調査の質問タイプ

1. 外食時にファミリーレストランを選ぶ主な理由は何ですか.
2. あなたは先月,ファミリーレストランで食事をしましたか.
   ☐はい　☐いいえ
3. 質問2で「はい」と答えた方への質問です.あなたはファミリーレストランにはどれくらいの頻度で行きますか.
   ☐週に1回　☐月に2～3回　☐月に1回以下
4. ファミリーレストランがご満足いただくために,次の項目はどの程度重要だと思いますか.各項目について,重要度をチェックしてください.

項目	とても重要	重要	若干重要	重要ではない	あまり重要ではない	全く重要ではない
料理の味	☐	☐	☐	☐	☐	☐
清潔さ	☐	☐	☐	☐	☐	☐
値段	☐	☐	☐	☐	☐	☐
メニューの豊富さ	☐	☐	☐	☐	☐	☐

5. ガストに関する質問です.以下の項目について,5つの選択肢の中から1つだけを選び,×印を付けてください.

項目	ガストについて感じる程度
料理の味	美味しい ＿＿ ＿＿ ＿＿ ＿＿ ＿＿ まずい
清潔さ	清潔だ ＿＿ ＿＿ ＿＿ ＿＿ ＿＿ 汚い
値段	安い ＿＿ ＿＿ ＿＿ ＿＿ ＿＿ 高い
メニューの豊富さ	多い ＿＿ ＿＿ ＿＿ ＿＿ ＿＿ 少ない

6. 以下の各文について,あなたがどの程度同意するかを示すために,1つの☐にチェックを入れてください.

項目	とても重要	重要	若干重要	重要ではない	全く重要ではない
大人はファミリーレストランに家族をよく連れて行く	☐	☐	☐	☐	☐
家族で外食をする場所について,子どもたちに選択権がある	☐	☐	☐	☐	☐

7. 外食の場所としてファミリーレストランを選ぶ際に,以下の情報源がどの程度重要かを教えてください.

情報源	とても重要	多少重要	全く重要ではない
テレビ	☐	☐	☐
新聞	☐	☐	☐
ラジオ	☐	☐	☐
屋外広告	☐	☐	☐
広告チラシ	☐	☐	☐

8. 次のファミリーレストランで,あなたはどのくらいの頻度で外食をしますか？
   (各項目にチェックを入れてください)

レストラン	週に1回以上	月に2,3回	月に1回以下
ガスト	☐	☐	☐
サイゼリヤ	☐	☐	☐
デニーズ	☐	☐	☐
バーミヤン	☐	☐	☐
びっくりドンキー	☐	☐	☐

9. あなたとご家族について質問します.
   1) あなたの性別を教えてください.　☐男性　☐女性
   2) あなたのご結婚状況について教えてください.　☐未婚　☐既婚　☐その他(死別,離婚など)
   3) 世帯に18歳以下のお子様は何人ですか.　☐0人　☐1人　☐2人　☐3人以上
   4) あなたの年齢を教えてください.　☐25歳未満　☐25-44歳　☐45歳以上
   5) 年間の個人収入または世帯の収入について教えてください.
      ☐200万円未満　☐200万円以上500万円未満　☐500万円以上700万円未満　☐700万円以上

[出所:コトラー,ケラー(2014),132ページを基に作成]

トは，消費者の感情や意見を正確に把握するために，特に注意深く作成する必要がある．

　表5-2の質問は，収集する情報の種類に応じてさまざまな形式を採用している．質問1は，回答者が自由に意見や行動を記述する自由回答質問である．このタイプの質問は，消費者の考えや製品に対する感覚を詳細に把握するのに有用である．質問2は，単純に「はい」「いいえ」で答える二分法で，迅速に情報を得るのに適している．質問5は意味差判別法（SD法）を用いた5点尺度で，反対の意味をもつ形容詞を両端に配置し，消費者の感情や意見の強さを評価する際に採用される．質問6はリッカート尺度を使用し，回答者がどの程度同意または反対するかを示すことで，消費者の意識の程度を測ることが可能である．「非常に同意する」から「まったく同意しない」までの5段階が典型的である．これらの質問形式は，消費者の評価や意見を多角的に収集し，マーケティング分析や商品開発に役立つデータを得るために効果的に設計されている．

　質問1〜8は，ファミリーレストランに対する好みや外食の頻度，特定のレストラン（ガストなど）での外食頻度，外食時の情報源を知るための質問である．これにより，外食に関する消費者の行動や意見を理解することができる．一方，質問9は個人または家族のデモグラフィック情報（性別，年齢，結婚状況，家庭収入など）を集めるためのもので，マーケティングのセグメンテーションやターゲティングに役立つ情報を得ることを目的とする．

　サーベイ調査においては，すべての回答者が簡単に理解できるような，正確かつ明瞭な質問を設けることが重要である．質問の表現が不明瞭な場合，同じ「はい」でも回答者によって意味が異なって解釈される可能性がある．例えば，「はい」と答えた2人の回答者のうち，1人は「1日に1回」と解釈し，もう1人は「月に1回または2回」と解釈することもある．質問が明確でないと，リサーチャーがデータを正しく集計することが困難になる．デジタル技術は対面インタビューやアンケートの伝統的な調査形式に革命をもたらした．現在では，回答者がショッピングセンター内の簡易売店に設置されたタッチパネルを使用して直接質問に答えることができる．さらに，完全自動化された電話調査では，自動音声で質問し，回答者はタッチトーンで回答を入力する．表5-3は設問票作成時に注意点とその改善例を示している．

　次に，1次データを得るためのその他のデータ源の1つである「実験」について説明する．実験とは，原因と結果の関係を検証するために，制御された状況下

表 5-3 設問票作成時の注意点と改善例

No.	注意点	改善の必要がある例	より良い例
1	誘導的な質問は避ける	多くの人がこの商品を素晴らしいと評価していますが、あなたはどう思いますか？	この商品についてのあなたの評価を教えてください．
2	曖昧な表現（例：定期的）は避ける	どれくらい定期的にこのサービスを利用していますか？	このサービスをどのくらいの頻度で利用していますか？（例：毎日，週に1回，月に1回）
3	回答が難しい設問を避ける	あなたが最後にこの商品を買ったのはいつですか？	直近1ヶ月以内にこの商品を購入しましたか？（はい／いいえ）
4	1つの設問で複数の内容を聞かない	この商品のデザインと使いやすさに満足していますか？	この商品のデザインに満足していますか？ この商品の使いやすさに満足していますか？
5	単純すぎる選択肢を避ける	この商品は好きですか？（はい／いいえ）	この商品をどう評価しますか？（1：とても良い〜5：非常に悪い） 自由回答を追加
6	選択肢の重複を避ける	あなたの年齢は？（20〜30歳，30〜40歳）	あなたの年齢は？（20〜29歳，30〜39歳）
7	プライバシーに配慮した設問を心掛ける	あなたの収入は具体的にいくらですか？	以下の収入帯の中から該当するものを選んでください．（例：200万円未満，200〜400万円，400万円以上）

で行われる方法である．その過程では，独立変数（原因）を操作し，それが従属変数（結果）にどのような変化を与えるかを観察する．マーケティングにおける独立変数は，製品の特性や価格，広告メッセージ，販売促進活動など，消費者行動をうながすマーケティングミックスの要素である．従属変数は，購買行動の変化（数量や金額の増減）である．例えば，食品会社が試験市場（テストマーケット）で製品販売を行うのも，マーケティングプログラムの効果を評価するためである．本節で解説した1次データは，問題の解決に直接関連するため，柔軟性が高く適用性に優れるという大きなメリットがある．主なデメリットとしては，2次データに比べて収集に費用がかかり，時間も多く必要となる点が挙げられる．

4段階）データ分析および解釈

ここでは，米国のトニーズピザの事例を用いて，具体的な分析などを説明する．過去4年間の低成長率が続いていたため，同社のマーケティング担当者は，その原因を特定し，成長率を向上させるための戦略を立てるために，コンサルタ

ントを雇った．具体的な依頼としては，トニーズピザの世帯別売上が少ないのか，または世帯が少量しか購入していないのか，そして過去4年間で売上が増加しなかった要因を特定し，問題の解決策を提示することを求めた．

コンサルタントによって発見された事実は，トニーズピザの世帯当たりの平均購買量が昨年と変わらなかったことと，売上停滞に関連する特定要因が明らかになったことである．これに基づいて，マーケティング担当者は次年度のマーケティングプログラムを策定し，実行に移した．具体的には，市場セグメントの拡大，製品改良と新製品の導入，販売促進と広告キャンペーンの強化，顧客エンゲージメントの向上である．これにより，売上増加を実現するための基盤が築かれた．

得られた結果は明確に提示しなければならず，提示されたデータが理解されやすい形式であることも重要である．マーケティング担当者は，行動する責任があるため，結果は次の行動の根拠となるものでなければならない．そのためには，グラフなども用いた視覚的な形式で結果をA4紙1ページ内にまとめるなど，わかりやすく示すことが求められる．

5段階）マーケティング活動の実行

マーケティングリサーチに効果をもたらすには，リサーチ結果と推奨事項の提示のみならず，必要なマーケティング活動を見つけ出し，実行し，結果を観察（モニター）することが求められる．

《推奨事項の作成》トニーズピザのマーケティング担当者は，明確な目標をもってマーケティングリサーチの結果に基づいた具体的な推奨事項を作成するために，リサーチメンバーと会議を行った．目標は，6〜12歳の子どもがいる世帯の市場での劣勢を挽回し，冷凍ピザの最も重要なターゲット市場でもあるこの市場で優位を確立することであった．推奨事項は次の通りである．1つ目は，6〜12歳の子どもをターゲットにした広告キャンペーンを展開すること．2つ目は，当該年齢層をターゲットとした月間別の広報カレンダーを作成すること．3つ目は，6〜12歳の子どもにアプローチするための特別なイベントを企画・実行すること，であった．

《推奨事項の履行》6〜12歳の子どもと家族に訴求する広告を開発するにあたり，広告リサーチを行った結果，子どもたちは面白くて親しみのあるキャラクターが登場する派手な広告を好むことが明らかになった．このリサーチ結果を基に広告代理店に依頼し，いくつかのサンプル広告を制作してもらった．さらに，最も興味を引く広告を見つけるために，3つの広告を選別して子どもたちにテス

トを行い，最良の広告1つを選択した．

《結果評価》結果評価は，効率的なマーケティング管理のために継続的に行う必要がある．この評価過程には2つの側面がある．1つ目は，意思決定そのものを評価することである．これは特定のマーケティング活動の必要性を決定するための市場モニタリングである．例えば，新しい広告が6〜12歳の子どもとその家族に訴求したかどうか，ターゲット市場での売上が増加したかどうかを確認することである．成功した場合，トニーズピザのマーケティング担当者は，よりインパクトがあり，より面白く，より親しみのあるキャラクターを登場させる次の広告を導入する必要が生じるかもしれない．

2つ目は，用いられた意思決定プロセスの評価である．詳細な推奨事項を開発するために用いられたマーケティングリサーチと分析は効果的であったか，欠陥はなかったか，今後の改善点はないかなど，トニーズピザのマーケティングチームは，定期的かつ継続的に市場をモニタリングする必要がある．これは今後のマーケティングリサーチ活動を行ううえでの教訓を得るための反復である．体系的なデータ分析が，いつも成功を保証するわけではないが，トニーズピザの事例から学べることは多い．

3 売上予測技法

売上の予測は，マーケティングリサーチにおける中核的な課題である．売上予測は，製品の生産計画に直結影響を及ぼす．売上予測とは，特定期間と条件のもとで，企業がマーケティングの取組みを通じて期待する製品の総売上を見積もることを指す．売上予測の技法には主に3つの方法がある．1つ目は，意思決定者の判断に基づく方法である．この方法では，企業の経営陣やマーケティング担当者が将来の売上を予測する．2つ目は，専門家調査（エキスパートサーベイ）がある．この方法では，業界の専門家に対してアンケートを行い，その回答を基に売上を推定する．3つ目は，過去の売上データを分析し，その傾向を基に将来の売上を予測する調査（ロストホース予測）である．これらの方法には，それぞれにメリットと限界があるため，適切な方法を選択することが重要である．以下，これらの方法について詳述する．

1) 意思決定者の判断

ほとんどの売上予測は，結局のところ，予測結果を基に行動を取るべき個々の意思決定者の判断に依存する．中間の過程を省略し，予測値を直接推定する方法

を直接予測という．このような判断は日常的に行われる．例えば，スーパーマーケットの店長が，週末に向けて牛乳の在庫量を決定する場面を考える．店長は通常，過去の販売データ，週末の天気予報，地域のイベントなどの情報を考慮に入れるが，最終的には自らの経験と直感によって，どれくらいの牛乳を発注するかを決める．この決定は，直接予測の典型的な例であり，中間の詳細な分析を省略して迅速な決定を可能にする．意思決定者の判断に基づく売上予測は，日常的な業務運営において情報を完全に分析する時間がない場合や，迅速な対応が求められる状況では特に有効な方法となる．

2）エキスパートサーベイ

来年度の売上がどの程度になるかを知るには，将来の売上に影響を与える可能性のある人々に問い合わせる方法がある．主な対象者は，将来の購買者と企業の営業スタッフである．

《購買意図予測調査》この方法では，将来的に製品を購買するかどうかを潜在的な顧客に尋ねる．買い手の数が限られている産業財（91頁参照）に特に有効である．例えば，ボーイング社の大型航空機の場合，世界中に数百社の航空会社が存在するため，これらの顧客を対象に新規で飛行機を発注する予定があるかどうかを確認するため，アンケートを実施し，航空機の売上を予測して生産計画を立てることができる．

《営業スタッフ調査》この方法では，次期の売上を推定するために，社内の営業スタッフに意見を求める．営業スタッフは顧客と直接接触し，顧客のニーズや好みを把握しているためである．ただし，営業スタッフが不確実な予測を行うこともある．特に，営業スタッフにノルマが課せられる場合，売上予測は過度に悲観的になりやすい一方，将来のボーナスが絡む場合は過大に評価される傾向がある．これを緩和するため，複数人の情報源からのデータを照合し，客観性を確保するための対策を講じる必要がある．

3）ロストホース予測

この売上予測方法では，予測対象の品目について，直近に得られたデータから出発し，影響を及ぼす可能性がある要素を列挙し，それぞれの要素がポジティブかネガティブの影響をもつのかを評価した後に，最終的な予測を行う．ロストホースとは，「失われた馬」を探す古典的な表現に由来している．予測者は馬を最後に目撃した場所に戻り，馬がどの方向に進むかを決定づける可能性のある要

素をすべて考慮に入れる．例えば，馬が喉が渇いていれば水場へ，空腹であれば飼料のある場所へ向かうと仮定する．これらの要因を基にして，最終的な行動地点を推測する．この方法は特に，不確定要素が多い状況や新製品の市場反応を予測する際に有効である．例えば，ある IT 企業が，新しいスマートウォッチを市場に導入する計画を立てている．この製品が健康意識の高い消費者をターゲットにした場合，最新の心拍数測定機能や睡眠追跡機能の搭載などが計画される．

《データの収集》製品開発チームは，類似の既存製品の売上データと市場の受け入れ度を分析する．

《ポジティブ要因の分析》新しいスマートウォッチが提供する独自の健康管理機能が評価される可能性がある．また，健康とフィットネスのトレンドが続いているため，この製品が市場で好評を得る可能性が高い．

《ネガティブ要因の分析》経済の不透明感や他の競合製品との競争が売上に悪影響を与える可能性がある．さらに，消費者が新技術に対して懐疑心を抱くかもしれない．

製品開発チームは，これらのポジティブな要因とネガティブな要因をバランス良く評価し，最終的に成功が見込まれる市場への販売戦略を立てる．例えば，健康意識の高い地域や特定のデモグラフィック（人口統計学的な指標）を優先的にターゲットにする，などである．

Learning Review

❶ 大学入試部長が，高校生向けの学校案内パンフレットを新規作成するために，高校 3 年生を対象に大学に対する認識を調査すると仮定しよう．高校 3 年生にとっての，電話インタビューとインターネット調査のメリットとデメリットを述べよ．

❷ 洗濯洗剤「アリエール」のブランド管理者は，クーポンや店内広告を実施し，売上に及ぼす影響を調べた．その結果，以下のような売上が確認された．
この結果から，どのような結論が導かれるか，何を推奨するべきか述べよ．

	クーポン配布前の週間売上	クーポン有効期限中の週間売上	その後の週間売上
店内広告なし	100 万円	144 万円	108 万円
店内の広告あり	100 万円	268 万円	203 万円

❸ ビデオリサーチ社は，特定の世帯に毎日の視聴記録をつけさせ，小規模市場で地方テレビ局の視聴率データを収集している．この方法が提供する情報の内容と，その限界について説明せよ．

❹ マーケティングリサーチャーが，1次データを好む理由と2次データを好む理由について，それぞれ説明せよ．

> **Column**
>
> Integration of Big Data and Marketing Research: New Era Insights
> ## ビッグデータとマーケティングリサーチの統合：新時代を洞察する

　マーケティングリサーチは，企業が市場の脈動を掴み，戦略を練るうえで不可欠である．この分野にビッグデータが導入されて以来，リサーチの方法論は劇的に変化した．ビッグデータは，単なる情報の集積に留まらず，分析を通じて未来の市場動向を予測し，より精密な顧客理解を実現する手段となっている．

　・**ビッグデータの可能性**：ビッグデータの最大の特徴は，規模と速さ，多様性である．日々生成される膨大なデータは，消費者の行動パターン，好み，意思決定プロセスをリアルタイムで捉えることを可能にする．この豊富なデータから，企業は顧客の未来のニーズを予測し，製品開発やマーケティング戦略をより効率的に調整することができる．

　・**リサーチ手法の進化**：従来のマーケティングリサーチがアンケート調査やフォーカスグループインタビューに依存していたのに対し，ビッグデータを利用したリサーチは，ソーシャルメディアの分析，EC サイトでの取引や行動データ，さらには IoT（モノのインターネット）デバイスからのフィードバックといった多様なデータを統合する．例えば，動画配信サービス会社の Netflix は，視聴者の行動データを分析して，ユーザーがどのようなコンテンツを好むかを把握し，パーソナライズされた推薦システムを構築している．このようなデータ・ドリブン・アプローチにより，消費者行動の本質的な理解が深まり，より具体的かつ個別化されたマーケティング戦略の策定が可能になる．

　・**予測分析の強化**：ビッグデータのもう 1 つの強みは，予測分析の能力である．機械学習アルゴリズムと組み合わせることで，過去のデータパターンから未来のトレンドを予測することができる．例えば，Amazon は購入履歴と閲覧データを用いて，次にどの商品を推薦すべきかを決定し，ユーザーに案内することにより売上を大幅に向上させている．

　ビッグデータは，マーケティングリサーチの方法論を再定義しており，企業にとって競争優位を維持するための鍵となっている．この新しい時代において，ビッグデータとマーケティングリサーチの統合は，単に技術を進化させるだけではなく，企業がどのように顧客と対話し，価値を提供するかという基本を問い直している．

第3部
マーケティング戦略を展開する

▶第3部「マーケティング戦略を展開する」では，企業が競争優位を確立し，顧客価値を最大化するための具体的な戦略と方法について解説しています．第6章では，セグメンテーション，ターゲティング，ポジショニング（STP）の重要性を強調し，市場を細分化したうえで最も効果的なターゲット市場を選定し，競合との差別化を図る方法を取り上げています．

▶第7章では，製品ライフサイクル（PLC）に応じたマーケティング施策を通じて，製品の寿命と利益を最大化する方法を紹介しています．第8章では，ブランドマネジメントの役割を解説し，ブランドアイデンティティとブランド資産（エクイティ）の構築が企業の長期的な成功に寄与することを示しています．第9章では，価格設定の方法と戦略を詳述し，第10章では，流通経路の設計とパートナーシップの管理について説明しています．第11章では，統合マーケティングコミュニケーション（IMC）の重要性を強調し，第12章では広告，販売促進，PR（広報）活動といったプロモーション戦略を扱い，顧客に対する企業の影響力を高める手法を解説しています．第13章では，人的販売とダイレクトマーケティングを通じて，対面での顧客対応による信頼関係を構築する方法について述べています．

▶第14章では，EC市場でのオムニチャネル戦略とデジタルデータの活用が競争力維持に不可欠であることを強調し，企業が消費者との多様な接点を効果的に管理するための方法を探っています．

第6章 セグメンテーション，ターゲティング，ポジショニング

Learning Point
- セグメンテーションとは何か，セグメンテーションがなぜ重要であり，どのような状況で特に有効であるかについて学びます．
- 市場を効果的に細分化し，ターゲット市場を設定する過程を詳しく学びます．市場の潜在的ニーズを特定し，それに基づいてセグメントを形成・評価する手順も含みます．
- ターゲット市場を特定した後，その市場に最適なマーケティング活動をどのように計画し実行するかについて学習します．
- 製品を市場内でどのようにポジショニングし，競合と差別化するかについて学びます．さらに，ポジショニングマップを使用して，製品の市場内位置を視覚的に分析する方法についても詳しく学習します．

Key Terms
市場セグメンテーション，市場セグメント，製品差別化，市場-製品グリッド，製品ポジショニング，リポジショニング，ポジショニングマップ

1 なぜ市場を細分化するのか

　企業は，潜在的な購買者グループのニーズと欲求に効果的に対応するため，市場を複数のグループ（セグメント）に分類する．この戦略を通じて，売上高と利益率の向上を目指す．なお，非営利団体も同様に，顧客の欲求をより効果的に満たすために市場セグメンテーションを行い，組織の目標達成を図っている．

1) セグメンテーションとは何か

　人々は互いに異なるニーズと欲求をもっているが，市場セグメンテーションとは，潜在顧客を以下2つの基準で，複数のグループに分類するものである．①共通の欲求をもっている集団と，②企業のマーケティング活動に同様の反応を示すと思われる集団である．市場セグメントは，ある程度ニーズが類似した人々のかたまりである．

　多様な市場セグメントが存在するため，企業は製品の差別化戦略を展開することが可能である．製品差別化戦略とは，企業が自社製品を品質や機能のような物質的な特徴だけでなく，イメージのような抽象的な特徴によっても，競合他社の

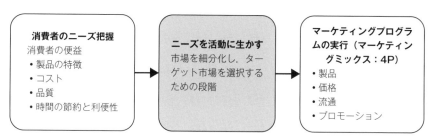

図6-1 市場セグメントの選択過程

製品と異なるものであると消費者に認識させ，選好させることである．

図6-1が示すように，市場を細分化し，市場をターゲットとする特定のセグメントを選択する過程は，顧客のさまざまな欲求と組織のマーケティングプログラムをつなぐ役割を果たしている．この過程には明確な理解と戦略的思考が必要である．**効果的なセグメンテーションには，次の2つの要素が必要である．1つ目は，市場セグメントが意味のあるグループで構成されていることである．**グループは，特定のニーズや行動パターンを共有していることが期待される．2つ目は，**具体的なマーケティングミックス活動を計画する能力である．これには，ターゲット市場の特性を考慮した製品開発，適切な価格設定，効果的な流通チャネルの選択，そして魅力的なプロモーション戦略も含まれる．**

人々や組織は，購買活動を通じて追求する欲求や便益の類似性によって市場セグメントに分類される．したがって，市場セグメントは，企業が展開する具体的なマーケティング活動と密接に関連する．これには，製品の機能だけでなく，消費者のライフスタイルや価値観に訴えるブランディング戦略や，価格，流通，プロモーションのような他のマーケティングミックスもすべて含まれる．企業は，これらの戦略を適切に統合・管理し，さらに継続的な市場調査を行い市場動向と消費者のニーズを敏感に察知することが求められる．

2）市場セグメンテーションを行うタイミングと方法

企業は，売上高と利益，投資収益率を増加させようとする際，市場をセグメントする努力とコストを払う．しかし，セグメンテーションにかかるコストが売上額を上回る場合はこれを行うべきではない．セグメンテーションには3つの戦略がある．1つ目は，単一製品を複数の市場セグメントに向けて販売する戦略である．この方法は，製品の汎用性を活かしつつ，異なる顧客ニーズに対してマーケティングメッセージを変えることに焦点を当てる．2つ目は，複数の製品を複数

の市場セグメントに販売する戦略である．これにより，企業はさまざまな顧客層により特化した製品を提供することができる．3つ目は，単一の市場セグメントに特化する戦略である．これにより，特定のニッチ市場に集中し，高い専門性とカスタマイズを追求することができる．

《①単一製品と複数の市場セグメント》企業が単一製品とサービスを生産し，それらを複数の市場セグメントに発売する際，各市場セグメントに販売するための追加製品をそれぞれ開発して生産する追加費用を避けたいと考える．できるだけこのコストを避けるには，新しい流通チャネルや独立したプロモーション活動にコストを割くべきである．

単一製品を複数の市場セグメントに出荷する例として，雑誌や書籍があげられる．『ハリー・ポッター』シリーズの驚異的な成功は，J.K. ローリング（J. K. Rowling）の卓越した文章力と，全世界の幼児，青少年，成人向け市場セグメントに対応した出版社の創造的なマーケティング戦略によって達成された．2018 年には，『ハリー・ポッター』シリーズが 73 の言語で発行部数 5 億冊を突破した．米国では，『ハリー・ポッター』が子ども向け小説部門だけでなく，『ニューヨーク・タイムズ』が選ぶ成人小説部門のベストセラーでもたびたび 1 位を獲得している．また，『ハリー・ポッター』シリーズでは，1 つの雑誌に別のカバーを付けたり，1 つの書籍で異なる広告を掲示することで販売戦略を多様化させていた．この手法には一定のコストがかかるものの，市場を年齢別や地域別に細分化し，それぞれの市場セグメントに対応した異なる本を生産する場合と比べると，コストが安価といえる．

《②複数の製品と複数の市場セグメント》トヨタ自動車の高級セダンや SUV（スポーツ用多目的車），プリウスのようなさまざまな製品系列は，それぞれ異なる顧客をターゲット市場とする．これは複数の製品を複数の市場セグメントに販売する戦略である．異なる車種を生産することは 1 台の車を生産するよりもコストがかかるが，顧客の欲求をより満足させ，品質の低下や価格の上昇を招くことなく全体の売上と収益向上につながっている．

マーケティングの専門家らは「ティファニー・ウォルマートの戦略」とも呼ばれる二重構造のマーケティング戦略の有効性を強調する．多くの企業は基本的に同じ製品に若干の修正を加えて，高価格な市場セグメントと低価格な市場セグメントに製品を提供している．例えば，ギャップ社のチェーン店バナナ・リパブリックではジーンズを 6,000 円で売っているのに対し，他の衣類チェーン店であるオールドネイビーでは若干異なるジーンズを 2,500 円で販売している．

《③単一市場セグメント》この 100 年間で，生産技術が発展し，経済やマーケティング規模が拡充した．大量生産製品の価格が購買可能なレベルに下がり，ほとんどの顧客は自分の好みに固執せずに，標準化された製品を妥協して購買するようになった．しかし，インターネット注文の出現と生産方式の高度化，柔軟なマーケティングによって，マスカスタマイゼーションが可能になってきた．これは，個別顧客の好みに応じた製品またはサービスを，それぞれまとめて大量に生産することを意味する．

マスカスタマイゼーションとは，大量生産の生産性を維持しつつ，顧客のニーズに合わせた製品やサービスを提供する生産方式であり，注文が入った時に製品を生産する受注生産（カスタマイゼーション）を超える手段である．例えば，Apple は，製品への加工を減らした受注生産システムを採用している（4 分以内に組み立てることができる基本的ないくつかのモデルに生産ラインを限定した）．このように，受注生産システムは顧客に迅速な宅配サービスを提供するが，顧客の選択可能な属性の数が制限されるため，マスカスタマイゼーションには及ばないのである．

《セグメンテーションのバランス》製品の差別化とセグメンテーション戦略を成功させるための鍵は，顧客の欲求を満たしつつ組織のシナジー（相乗効果）を最大化する理想的なバランスを見つけることである．組織のシナジーは，マーケティングや生産部門間の効率的な統合により，部門間協力を通じて顧客価値を向上させることで達成される．この「顧客価値の向上」は，製品バリエーションの増加，既存製品の品質向上，流通網の最適化による顧客アプローチの改善など，多岐に渡るかたちで試みられる．したがって，企業のマーケティング戦略が成功しているかどうかの究極の基準は，これらのシナジー効果が実際に顧客に有益な影響を与えているかどうかである，といえる．

企業は，製品の差別化とセグメンテーション戦略により収益と利益を向上させる必要がある．ただし，顧客価値を向上させるために新製品を開発し，流通網を拡張することは，セグメンテーションのバランスを脅かす深刻な問題を提起する．新製品や新しい流通網が，既存の製品や旧来の流通網から売上や顧客を奪っていないかどうかは，特に注視する必要がある．この現象はカニバリゼーション（共食い）と呼ばれる．

市場セグメント間の境界が不明瞭になった一例として，主力店舗のアンテイラーとその姉妹ブランドのアンテイラーロフトの間で競争が発生したことがある．アンテイラーは洗練された上品な女性をターゲットにしており，アンテイ

ラーロフトは流行のカジュアルな中低価格の洋服をオフィスで着たい女性をターゲットにしている．アンテイラーロフトの年間売上額がアンテイラーの売上を超えるようになり，双方が顧客獲得のために厳しい競争を繰り広げた結果，100以上のアンテイラーとアンテイラーロフトの店舗が閉店した．

2 市場セグメンテーションとターゲティング

　図6-2は，市場セグメンテーションを行う際の5つの段階を示している．市場セグメンテーションには，綿密な分析と合理的な判断が求められる．この過程は，科学的手法と技術的アプローチを必要とし，それによって正確な市場の理解と効果的なターゲット市場の選定を可能とする．

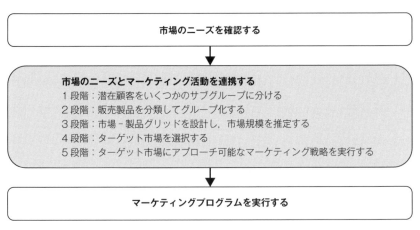

図6-2　市場セグメンテーションの5段階

　例えば，ファストフードレストランのウェンディーズの1店舗を買収したばかりであると仮定しよう．この店舗は，大都市の，昼間と夜間の講義がある大学近くに位置しており，ハンバーガー，チキン，サンドイッチ，サラダ，フライドポテト，フロスティデザートなどのメニューを提供している．メニューとインテリアに一定の制限があるが，営業時間の設定と地域広告の計画は自由に行うことができる．では，この状況で市場セグメンテーションはどのように行うべきであろうか．市場を細分化して，ターゲット市場を選択するための5段階を適用してみよう．

第1段階) 潜在顧客をいくつかのグループに分ける

　市場を細分化することが常に良いわけではない．潜在顧客を重要な市場セグメントに分類するには，「市場をセグメントすることに価値があるか」，そして「セグメンテーションが可能であるか」，といった質問に答えるために，いくつかの具体的な基準を満たさなければならない．質問に「はい」と答えた場合，市場セグメントを明確にするための具体的な変数を探すこととなる．

　まず，セグメンテーションを有するための4つの基準は以下である．

　1つ目は，セグメントの規模や顧客の反応が測定可能ということである．市場のポテンシャル（潜在力）を評価し，マーケティング活動の成果を定量的に把握することができる．例えば，eコマースデータを使用して，特定の製品に対する顧客の購買頻度や反応を分析することがこれに該当する．

　2つ目は，到達可能性である．セグメント内の顧客に製品やサービスを効率的に届けることと，効果的なコミュニケーションを行うことが求められる．地域に密着した広告キャンペーンや特定の顧客層に合わせた直接メーリングリストがその例である．

　3つ目は，利益確保可能性である．各セグメントからの収益性が高いことが重要で，高価格帯の製品を富裕層に販売するなど，ターゲットのセグメントが支払い能力をもっていることを確認するべきである．例えば，高級車メーカーが裕福な顧客セグメントに焦点を当てる戦略は，この例である．

　4つ目は，実行可能性である．提案されたマーケティング戦略が実行可能できることが必須である．製品の供給能力，プロモーションの実施可能性，販売後のサポート体制などが含まれる．新しい技術製品を市場に導入する際に，技術サポートと顧客教育の体制を整えることがその一例である．

　4つの基準を適切に組み合わせることで，企業はセグメンテーションを通じて市場内での競争優位を確立し，持続可能な成長戦略を形成することができる．

　消費財（日用品）市場を細分化するためのセグメンテーション変数としては，次のようなものがある．①潜在顧客が住んでいる場所や働いている場所（地域的変数）．これには地域や都市の規模も含む．②潜在顧客の客観的な身体的属性（性別，人種），測定可能な属性（年齢，収入），その他の属性（出身地域，職業）に基づく人口統計学変数．③潜在顧客の主観的な心理的または感情的な属性（個性），熱望（ライフスタイル），欲求に基づいた心理的変数．④購買場所，求める便益，買物頻度，商品を購入する理由など，顧客の行動や属性に基づいた行動的変数．これらの変数を適切に理解し活用した例を以下に紹介する．

《①地理的変数（例：地域的な嗜好）》キャンベルスープが提供する缶詰ナチョのチーズソースは，温めてナチョチップスにかけて食べる．米国東部の人々にとっては辛すぎる一方，西部および南西部の人々には適度な辛さであることが判明している．このため，テキサス州とカリフォルニア州の工場では，他の地域よりも辛い製品を生産している．

《②人口統計学変数（例：世帯の規模）》日本と米国では，世帯の半数以上が1～2人で構成されている．キャンベルはこの市場セグメントに向けて，1～2人分のテイクアウト食品を提供している．

《③心理的変数（例：ライフスタイル）》ビデオリサーチ社によるライフスタイルのセグメンテーションは，「似た者同士」という概念に基づいている．似たようなライフスタイルをもつ人々が同じような興味に基づき，類似の製品を購入する傾向がある．これはマーケターにとって非常に重要である．

《④行動的変数（例：製品の特徴と利用率）》製品の特性が顧客にとってどれほど重要かを理解することは，市場細分化において重要である．例えば，マイクロフリッジ社は，大学寮の学生のニーズに応え，電子レンジ，冷蔵庫，冷凍庫，電気充電装置が一体となった製品を市場に投入した．

第2段階）販売製品を分類してグループ化する

前述したウェンディーズが提供する商品は，単なるハンバーガー，フライドポテト，フロスティといった個別製品に留まらない．マーケティングの目標を達成するためには，これらの個別製品を組み合わせたセットメニューが不可欠である．このような製品の分類のグループ化は，顧客に対して選択の幅を広げ，異なるニーズに応えるために重要である．

デイヴ・トーマス（Dave Thomas）が1969年にウェンディーズを創立した際に，提供したのは「ホット＆ジューシー」なハンバーガー，フライドポテト，ソフトドリンク，フロスティの4つの基本製品だけであった．しかし，ファストフード市場の競争が激化するなかで，ウェンディーズは新製品と革新的なサービスの提供を開始した．新製品には，サラダ，低トランス脂肪酸チキンのサンドイッチ，朝食用のプレス型サンドイッチなどである．また，e-payによるクレジットカード決済やドライブスルーといったサービスを導入して，顧客の利便性を向上させた．これらの取組みは，ウェンディーズが市場で成功を収めるために不可欠であり，商品の多様化とサービスの革新がいかに重要かを示している．

第 3 段階）市場－製品グリッドを設定し，市場規模を推定する

　市場－製品グリッド（market-product grid）の設定と，市場規模の推定方法について説明する．市場－製品グリッドは，潜在顧客の市場セグメントを企業の製品やマーケティング活動に関連づけるための分析方法である．なお，製品グリッドとは，特定の製品が対象とする市場セグメントごとの推定市場規模を表している．

　市場－製品グリッドの開発は，市場と製品を明確に確認し，表示する作業からはじまる．表 6-1（83 頁参照）の示すように，例えば，市場セグメントを「学生」と「非学生」の 2 つに分け，さらにこれらを下位市場セグメントに分ける．なお，製品の方は，実際に顧客が楽しむ「食事」として定義する．

　次に，市場－製品グリッドの各欄，つまり特定の市場セグメントと製品の組合せごとに市場規模を推定する．ウェンディーズの場合，学生セグメントと非学生セグメントで売上額を推定する．市場規模の推定は，表 6-1 に示す通り，大きな市場(3) ～市場なし(0) までの範囲で行う．これは公式の市場調査を行う時間や予算が少ない場合に採用される簡単な推測であり，ターゲット市場の選択や提供する製品グループの決定に役立つ．

第 4 段階）ターゲット市場を選択する

　市場セグメンテーションの第 4 段階であるターゲティングは，複数の市場から自社製品やサービスに最適なターゲット市場を選択するプロセスである．この段階では，企業は市場セグメントの選定に細心の注意を払う必要がある．市場セグメントを狭く選択しすぎると，必要な売上や利益を獲得できないリスクがある．一方で，市場セグメントを広く選択しすぎると，マーケティング活動が希釈され，追加コストが増加し，売上と利益の目標を超えてしまうことが起こり得る．

　《**ターゲット市場を選択する基準**》ターゲット市場を選択する基準は 2 つある．1 つ目は，全体市場をさまざまなセグメントに細分化する際に用いられ，地理的，人口統計的，心理的，行動的変数が考慮される．2 つ目はこれらのセグメントから最終的にターゲット市場を選択する際に使用され，ブランドのポジショニング，市場の競争状況，利益可能性が評価される．先述のウェンディーズが，ターゲット市場を選定する際に用いた基準は，市場規模，期待成長率，競争状況，コスト，目標と資源の共存可能性の 5 つである．

　1 つ目は，市場規模である．市場セグメントの推定規模は，その市場セグメントが攻略する価値があるかどうかを決定する．表 6-1 を見ると，食事の提供があ

る寮に住む学生の朝食市場は存在しない(0)ため,ここへのマーケティング努力は必要ない.

2つ目は,期待成長率である.現時点で小規模な市場セグメントであっても,将来的に急成長する可能性がある.ウェンディーズのドライブスルー注文の平均処理時間はファストフード業界の中で最も短く,マクドナルドよりも 16.7 秒速い.この速さと利便性は,夜間通学の成人教育プログラムに出席する学生にとって重要かもしれない.

3つ目は,競争状況である.市場セグメントにおける競争が少ないほど,そのセグメントはより魅力的となる.例えば,大学寮が「週末の食事提供なし」という新しい方針を発表した場合,この市場セグメントは周辺のレストランにとって魅力的な機会となるだろう.競争が少なければ,その市場セグメントの需要を満たすためのサービスを提供することで,より大きな利益を得ることが可能である.さらに,ウェンディーズはマクドナルドに対抗するために,クレジットカード決済が可能な e-pay サービスを新たに導入した.競争が少ない市場を見極め,そのニーズに応じたサービスを提供することは,市場をリードする戦略となる.

4つ目は,市場セグメントに到達するためのコストである.企業がマーケティング活動でアプローチしにくい市場セグメントは,高いコストがかかるため諦めることも必要である.例えば,特定の地域に住む非学生が少数である場合,新聞広告や他の媒体を通じての広告戦略もコスト効率が悪い.そのセグメントを攻略するために多額の広告予算を費やす必要はないだろう.投資の見返りが期待できない場合は,その市場セグメントに対するマーケティング活動を見直すべきである.

5つ目は,組織の目標と資源の共存可能性である.例えば,ウェンディーズが,朝食用の調理用具を整えておらず,さらにキッチン設備への追加投資も行わない方針である場合,朝食市場セグメントへのアプローチは避けるべきである.マーケティング意思決定では,特定の市場セグメントがもつ魅力度は適用する基準によって大きく変わることがある.このような場合に,戦略的目標と利用可能な資源(リソース)との共存可能性が考慮される.この整合性を確認することで,無駄なリソースの投資を避け,より効率的なマーケティング戦略を展開することができる.

《**市場セグメントの選択**》マーケティング管理者は,特定の市場セグメントに合わせたマーケティング努力を注ぎ込むために,上記5つの基準を利用する.表 6-1 に沿って説明すると,例えば,朝食の製品グループについて2つの理由から

表6-1 市場 - 製品グリッド

市場セグメント	製品：食事				
	朝食	昼食	午後の間食	夕食	夜間の間食
学生					
寮	0	1	3	0	3
アパート	1	3	3	1	1
昼間通学生	0	3	2	1	0
夜間通学生	0	0	1	3	2
非学生					
教職員	0	3	1	1	0
地域に住む人々	0	1	2	2	1
地域で働く人々	1	3	0		0

注：3＝大きな市場，2＝中間レベルの市場，1＝小さな市場，0＝市場なし

手を引くと仮定しよう．1つ目の理由は，市場が共存できないことである．そして2つ目の理由は，目標と利用可能な資源が共存できなことである．競争状況と市場セグメントにアプローチするためのコストを考慮して，非学生市場セグメントではなく，学生市場セグメントに注力すべきである．選択すべきは，表の中で網掛けの表示をした市場セグメントである．

第5段階）マーケティング戦略の実行

以下では，市場セグメントを攻略するためのウェンディーズの広告活動について解説する（表6-2，84頁参照）．

《昼間通学生》昼間通学生向けの戦略として，バスの車内や駐車場の車のフロントガラスに広告やチラシの配置などがある．これらの広告とチラシは，市場 - 製品グリッドで特定された学生市場セグメント全体に対し，昼食，午後の間食，夕食，夜食などすべての食事を掲示するものである．さらに，スマホアプリを介して，これらの食事時間帯に関連するプッシュ通知や特別オファーを送信し，学生たちのエンゲージメントを高める．

《午後の間食》午後の間食の時間帯には，「秋学期間，午後2～4時半までに全品目10％割引」というプロモーションを行う．この広告は，市場 - 製品グリッドの縦の列に位置する4つの学生市場セグメントすべてに対して1食の食事を広告する．アプリを通じてこの割引情報を提供し，特定の時間帯に購入をうながすためのリマインダー機能を活用する．

表 6-2 大学生向けの広告活動

市場セグメント	製品：食事			
	昼食	午後の間食	夕食	夜間の間食
寮に住む学生	1	3	0	3
アパートに住む学生	3	3	1	1
昼間通学生	3	2	1	0
夜間通学生	0	1	3	2

3＝大きな市場，2＝中間レベルの市場，1＝小さな市場，0＝市場なし

- バス広告
- 駐車している車のワイパーに挟むかたちでチラシを配る
- アプリを通じてプッシュ通知や特別オファーを送信

秋学期間に午後2時〜4時半の間全食品目10%割引
- アプリを通じて割引情報を提供，リマインダー機能を活用

夜間に駐車している車のワイパーには，「午後5〜8時までのドライブスルーの顧客に無料でMサイズのポテトクーポンを提供する」という広告を挟む
- アプリ内でクーポン提供

《夜間通学生のための夕食》最も注力すべきキャンペーンは，夜間通学生向けの夕食プロモーションである．この広告は夜間通学生という特定の市場セグメントに焦点を当て，1食の食事をプロモーションする．このキャンペーンは，顧客がドライブスルーを利用して午後5〜8時の間に注文する際に，無料でMサイズのポテトを提供するクーポンを車のフロントガラスに挟むという方法で実行された．さらに，アプリを通じて特別プロモーションの通知を送り，クーポンをアプリ内で直接提供することで，顧客の参加をうながすことが可能となる．

　広告活動の効果に応じて，活動を繰り返す，変更する，あるいは中止する．成功を見極めたうえで新たな市場セグメントに焦点を当てたキャンペーンを立ち上げることもできる．この柔軟なアプローチが，マーケティング活動の効率と効果を最大化するために不可欠である．ウェンディーズの広告活動は，マーケティングプログラム全体の一部にすぎないが，特定の戦略が成功した場合には，それを拡大することも考慮される．

　特に，ウェンディーズが夜間の顧客に注力した戦略は大きな成功を収めた．多くの顧客が深夜0時やそれ以降もドライブスルーの窓口が開いていることを望んでおり，このニーズに応えることで顧客満足度を高めることができたのである．競合他社との差別化が，特定の時間帯における売上の増加につながった．この例からも，適切な市場セグメント戦略と時間や場所を絞ったターゲット戦略が，マーケティング全体の成功に大きく貢献することがわかる．

3 ポジショニング

　ポジショニングは，新製品を市場に導入する際の重要な意思決定要因であり，潜在顧客が新製品を競合他社の製品と比較してどのように認識するかという視点と関連している．ポジショニングとは，ターゲットとされる市場セグメントにおいて，製品やサービス，またはブランドが顧客の心に独特で明快なコンセプトとして位置づけられるように努めることである．製品やサービスのコンセプト（方針：誰に，何を，どんな強みで，どのように）を明確に定義し，その独自性を顧客の心に深く刻みつけることを目指す．

　顧客の心にある認識を理解することで，マーケティング管理者はその位置を意図的に変更する試みを行うことができる．このとき，競合製品との比較を通じて，消費者の心の中で占めている自社製品の位置（重要な属性）を変化させるリポジショニングが求められる．リポジショニングは，市場のニーズや競合状況の変化に応じて製品の認識を更新し，より望ましい市場ポジションを確立するための手段である．ポジショニングには，市場に新製品を導入する際にマーケティング管理者が用いる2つの主要なアプローチがある．

1）ポジショニングの2つのアプローチ

　1つ目のアプローチは，直接競合ポジショニングであり，これは同じターゲット市場内で類似した製品属性をもつ競合他社と直接対峙する戦略である．例えば，トヨタレンタリースはオリックスレンタカー，日産カーレンタルソリューション，ニッポンレンタカーサービスといった企業と直接競争している．この戦略では，既存の企業との比較を通じて，自社製品の優位性を訴えることになる．

　2つ目のアプローチは，差別化ポジショニングであり，ブランドを消費者の心に独自の位置づけをすることで，緩やかな競争の中で特定のニッチ市場を切り開く戦略である．例えば，海外のマクドナルドは，1991～1996年にかけて低脂肪の「マクリーン・デラックス」ハンバーガーを発売した．当時，健康を意識したハンバーガーは市場になく，健康志向の市場セグメントをターゲットに設定することで，ウェンディーズやバーガーキングとの直接競争を回避した．このように，差別化ポジショニングは製品やブランドの独自性を強調し，競合とは異なる価値提案を顧客に提供することで市場での独自の地位を築くためのアプローチである．

2）ポジショニングレポートの作成

　ポジショニングレポートはマーケティング管理者が，市場での製品の位置づけを計画し，文書化するものである．マーケティング部門だけでなく，研究開発部門や広告代理店などのマーケティング部門外の利害関係者（ステークホルダー）にも共有される．これにより，製品の一貫した理解と扱いが保証され，異なる部門間でのコミュニケーションが効率的に行われる．例として，北米市場におけるボルボ社のポジショニングレポートがある．

　「心配なく運転を楽しむことを望む高い水準を求める米国のファミリー向けに，ボルボは安全性と信頼性を最優先にした高品質で高価な車を提供する」

　このレポートでは，安全性と信頼性を最大の売りとする高価格帯の車を提供し，心配なく運転を楽しむことを望む高い水準を求める米国ファミリーをターゲットに設定している．この明確なポジショニングに基づき，ボルボの広告戦略は「安定性」と「信頼性」を核として展開されており，これが北米市場におけるマーケティング戦略の核心である．

　ポジショニングレポートにより，製品のブランドイメージや市場戦略が一貫して維持され，関連する全部門に対して明確なガイダンスを提供することができる．これにより，全部門が協力して1つの共通目標に向かって努力する環境が整うのである．

3）製品ポジショニング

　製品やブランドを効果的にポジショニングするためには，潜在顧客の心にどのように認知されているかを理解することが重要である．この過程は4段階である．①製品やブランドの重要な属性を特定する．②ターゲット顧客がこれらの属性に基づいて競争製品やブランドをどのように評価しているかを調査する．③自社の製品やブランドが顧客の心の中でどの位置にあるかを探し出す．④必要に応じて製品やブランドを顧客の心の中でリポジショニングする．

　このような情報を基にポジショニングマップを作成する（図6-3）．ポジショニングマップは，消費者の心の中での製品やブランドの位置を視覚化したものである．これを用いることで，マーケティング管理者は消費者が自社製品やブランドや競合製品をどのように見ているかを把握し，市場戦略を練る際の洞察を得ることができる．また，製品開発やマーケティング戦略の精緻化にも役立つ．

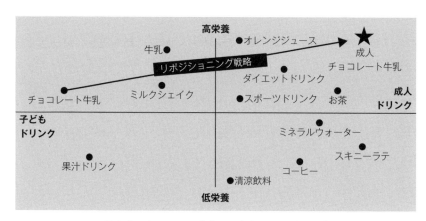

図6-3 チョコレート牛乳のリポジショニングマップ

4）リポジショニング

一時期，米国の乳製品メーカーは売上を増加させるため，成人市場でチョコレート牛乳をリポジショニングする決定を下した．この戦略は，チョコレート牛乳が子ども向けの飲み物から大人も楽しめる飲み物へと認識を変えることである．以下の4段階を通じて，どのようにリポジショニングしたか見てみよう．

①成人向け飲料の重要な属性を突き止めた．マーケティングリサーチを通して，成人が飲料を評価する際に重視する主要な属性が「低栄養 対 高栄養」と「子どもドリンク 対 成人ドリンク」であることが明らかになった．

②成人が，さまざまな競合飲料をどのように認識しているかを明らかにした．この段階では，成人によるさまざまな飲料の評価データを集め，2軸のグラフに位置づけた．図6-3に示したように，縦軸を「栄養（低栄養から高栄養）」とし，横軸を「ターゲット（子どもから成人）」で設定する．このグラフによって，各ドリンクがどのように見られているかが視覚的に理解できた．

③成人がチョコレート牛乳をどのように認識しているかを明らかにした．図6-3にあるように，成人はチョコレート牛乳に栄養があるとは見なさず，子どもドリンクとして捉えていることが明らかとなった．これがリポジショニングの必要性を浮き彫りにした．

④チョコレート牛乳を，成人が注目する製品にリポジショニングした．成人がチョコレート牛乳を，健康的で，成人向けのドリンクとして見るようにイメージを変える戦略を展開した．これには，製品の成分を改良することや，マーケティングキャンペーンを通じて成人が日常的に利用するシーンを提案することも含ま

れていた．

　この製品を成人向けの「★」の位置に配置し，特に女性消費者に対するアプローチを強化した．チョコレート牛乳が女性の生活習慣病の予防に寄与する重要なカルシウムを提供し，同カロリーの清涼飲料に比べて満腹感を長く保つ高い栄養価があることも積極的に強調したのである．これにより，成人女性を中心に製品の魅力を伝え，健康意識の高い消費者層の関心を引きつけることができた．チョコレート牛乳の売上は劇的に増加し，その大部分は成人の消費によるものであった．さらに製品のパッケージデザインを自動車のカップホルダーにぴったり収まるよう変更したことも一因である．移動中でも手軽に飲める利便性を提供し，日常的な使用シーンを想定したマーケティングによって，顧客層の拡大を促進したのである．

Learning Review

❶ 市場細分化とターゲット市場選定における5つのステップについて，図6-2（78頁）を参考に説明せよ．

❷ 以下の消費財市場（日用品）をセグメンテーションする際に使用される変数（例：年齢，性別，ライフスタイル，地域，使用目的など）について説明せよ．
①芝刈り機，②夕食用の冷凍食品，③朝食用のシリアル，④清涼飲料

❸ ファストフードレストランの収益増加を目指し，表6-2（84頁）を参照して，以下のターゲットに対する広告戦略を検討せよ．
①寮に住む学生，②夕食，③夜間通学者向けの夜食

❹ 図6-3（87頁）のポジショニングマップ上に，以下のドリンクを配置し，その理由を説明せよ．
①カプチーノ，②ビール，③豆乳

Column

Sustainability-Centered Positioning: The Power of Green Marketing
持続可能性を軸にしたポジショニング：グリーンマーケティングの力

　近年，環境への配慮がグローバルな課題として高まっている．企業の持続可能性（サステナビリティ）への取組みは，単なる倫理的責任から，競争力を高める戦略的要素へと進化している．本コラムでは，サステナビリティを中心に据えたポジショニングが，企業にとってどのような価値を生み出し，消費者との深い関係を築く可能性があるかを探る．

　気候変動，資源の枯渇，生物多様性の喪失といった問題は，消費者の購買行動に顕著な影響を与えている．多くの消費者は，製品を選ぶ際に，環境への影響を重視するようになり，企業に対しても環境保護に配慮した製品の提供を求めている．この変化は，企業がマーケティング戦略を再考し，サステナビリティを製品ポジショニングの核とするきっかけとなっている．以下，サステナビリティに基づくポジショニングのメリットを3つあげる．

　・ブランド信頼の向上：エコフレンドリーな製品やプロセスを前面に出すことで，企業は消費者の信頼を得やすくなる．透明性をもって環境保護活動を展開することは，ブランドの誠実さを強調し，消費者との関係を深める効果がある．

　・新しい市場セグメントの開拓：環境に配慮した製品は，特に若年層や高学歴層を中心に支持されている．これらのセグメントはしばしば消費トレンドをリードするため，早期にアプローチすることは，市場での優位性を確保することにつながる．

　・規制への適応：世界各国で環境規制が強化されるなか，サステナビリティを組み込んだポジショニングは，これらの法的要求に対応する準備があることを意味する．先手を打つことで，規制変更時のリスクを軽減することができる．特に注目すべきは，リサイクル素材を用いた製品ラインを展開するファッションブランドや，持続可能な農法を支持する食品会社である．これらの企業は，製品の品質やデザインだけでなく，製品がもつ「環境への配慮」という付加価値で競争している．サステナビリティはもはや一過性のトレンドではない．ビジネス戦略として取り入れ，効果的にポジショニングすることで，企業は市場での持続可能な成功を築くことができるのである．

第7章 製品・サービスのマネジメント

Learning Point

- ▶ 製品とサービスに関する用語と，基本的な定義，その区別について学びます．
- ▶ 消費財，産業財，サービスの分類方法について学びます．正確な分類は，適切なマーケティング戦略を立てるための基盤となります．
- ▶ サービスの4つの特性とサービスマーケティングの8Pについて学びます．サービス提供効果を高めるため，無形性，不均一性，非分離性，消滅性という特性を理解し，それらを克服するための具体的な手段を学ぶことが重要です．
- ▶ 製品ライフサイクル（PLC）について学びます．製品の市場導入から衰退に至るまでの各段階に適切な戦略を用います．
- ▶ 製品ライフサイクルマネジメント（PLM）について学びます．製品の全ライフサイクルを管理し，効率と市場寿命を最大化することを目指します．

Key Terms

消費財，産業財，最寄品，買回品，専門品，非探索品，製品アイテム，製品ライン，製品ミックス，製品ライフサイクル（PLC）

1 製品，サービスとは何か

マーケティングの中核の1つに，購買者の欲求を満たす製品やサービスを開発することがある．以下，マーケティングにおける製品，サービス，アイデアについて詳しく説明する．

1) 製品，サービス，アイデア

製品は，消費者の五感を通して認知できる有形の属性をもつ．例えば，AppleのiPadはタッチ操作（触覚）のみならず，インターネットで調べ物をしたり，音楽を聞いたりすることも可能である．また，配達の速さや保証など無形の属性もある．有形製品は，非耐久財と耐久財に分類される．非耐久財は食品や燃料のように1回または数回のみ利用される製品である．耐久財は家電製品，自動車，携帯電話のように継続的に使用可能な製品である．この分類はマーケティング活動の方向性を提示する．例えば，ロッテのキシリトールガムのような低コストな非耐久財は，消費者向けの広告に依存することが多い．他方，自動車のような高

コストの耐久財は，人的販売に注力することが多い．

　サービスとは，企業が顧客の欲求を満たすために，お金や他に価値のあるものをと引き換えに提供する無形の活動や便益である．経済産業省の「サービス生産性レポート（2022年3月）」によると，サービス産業（広義）は日本の国内総生産の7割以上を占める．例えば，弁護士の相談料，銭湯の入浴料，遊園地や博物館の入場料，バスや電車などの運賃，大学の授業料などはすべてサービス商品である．

　マーケティングにおけるアイデアとは，人々を何らかの行動に駆り立てるものである．発明や人々を投票所に向かわせる工夫などに類似している．

　本書では，有形製品のみならず，無形のサービスやアイデアも製品に含む．

2）製品の分類

　マーケティングで広く使われる2つの製品カテゴリーは消費財と産業財であり，利用者の形態により分かれる．消費財は最終消費者が購買する製品であり，産業財は製品の製造に必要な製品で，企業や組織が購入者である．製品によっては，消費財と産業財の両方に該当する場合もある．例えば，ブリヂストンのタイヤは，個人消費者向けにも法人向けにも販売される．各カテゴリーはそれぞれ異なるマーケティング活動を必要とする．消費財としては小売業者を通じて，または直接ウェブサイトを通じて購入される．産業財としては，ブリヂストンの営業スタッフがトヨタ自動車や本田技研工業などの企業の購買担当者に直接アプローチし，大量購買に対して割引を提案することがある．

　《消費財》消費財には，以下の4つのタイプがある．最寄品とは，消費者がショッピングの際，ほとんど努力を払わずに頻繁に購入する製品である．買回品とは，消費者が価格，品質，スタイルなどの基準に基づいて比較検討を行ったうえで購入する製品である．専門品とは，消費者が購入のために特別な努力を惜しまない製品である．非探索品とは，消費者にあまり知られていない，または知られていても当初は興味を示されない製品である．

　また，消費財のタイプは，①消費者が意思決定に注ぐ努力，②購買決定を行ううえで利用される属性，③購買頻度の3つの観点からも違いが見られる．

　表7-1（92頁参照）に，消費財のタイプ別にマーケティングミックスの活動，ブランドロイヤルティ（愛着心）の程度，ショッピング時の努力の差異を示した．なお，消費財の分類は個人によって異なる場合がある．例えば，ある女性がカメラを買回品と見なし，ブランドを決定する前に複数の店舗を訪れることがあ

表 7-1 消費財の分類

比較基準	最寄品	買回品	専門品	非探索品
製品	歯磨き粉,石鹸	カメラ,テレビ,書類バック,航空券	メルセデス・ベンツ,ロレックス時計,心臓手術	葬式保険,類義語辞典
価格	比較的低価格	高い	非常に高い	それぞれ異なる
流通	広範囲で多い店舗	多くの選択的店舗	非常に制限的	たまに制限的
プロモーション	価格,有用性,認知度が重要視される	競合他社からの差別化が重要視される	ブランドの独自性と社会的地位が中心となる	認知度が必須
ブランドロイヤルティ	ブランドは認知するが,代替品も認める	特定ブランドを好むが,代替品を受け入れる	代替品を受け入れないほどの高いブランドロイヤルティ	代替品を受け入れる
購買行動	頻繁な購買:買い物に消費する時間と努力が少ない	稀な購買:比較買い物時間が相当必要	稀な購買:広範囲な検索プロセスと意思決定時間が必要	非常に稀な購買:若干の比較を行う買い物

[出所:コトラー,アームストロング(2003),p.351 を基に作成]

る.他方,彼女の友人はカメラを専門品と見なし,特にニコンの製品だけに特別な愛着をもつこともある.

《**産業財**》産業財の主な特徴は,売上が消費財の販売に起因することである.例えば,トヨタ自動車に対する消費者の需要が増加すると,塗料噴霧装置の需要も増加することがある.産業財には部分品と支援品がある.部分品は最終製品の一部になる製品であり,自動車のエンジンやドアなどの部品である.また,穀物や木材のような原材料や鉄鋼,鉄線,革など加工された材料も部分品に含まれる.支援品は他の財やサービスの生産に役立つ製品であり,建物のような設備,工具やオフィス備品のような補助装備,文具類や紙クリップのような消耗品,メンテナンスや法的支援などの産業サービスなどがこれにあたる.

3) 製品(サービス)ライン,製品アイテム,製品ミックス

《**製品(サービス)ラインとアイテム**》製品ラインは製品の機能や利用者,価格帯,販路などで類似性の高い製品のグループを指す.例えば,ナイキの製品ラインには靴と衣類が含まれる.また,世界的に名高いメイヨークリニックのサービスラインには,入院患者向けと外来患者向けがある.

各製品（サービス）ラインにはそれぞれのマーケティング戦略がある．製品ラインを構成する各々の製品を製品アイテムという．独自のブランド，サイズ，価格をもつ特定の製品である．例えば，ハミングという洗濯柔軟剤も挙げられる．これはさまざまなサイズ（容量）で提供され，各サイズには独立した在庫管理コードが与えられている．このコードは，注文や在庫管理のための固有の識別番号である．

《製品ミックス》製品ミックスとは，企業が提供するすべての製品アイテムの集合である．製品ラインの数を「製品ミックスの幅」といい，製品ライン内のアイテム数を「製品ラインの深さ」という．また，それぞれの製品ラインに含まれるアイテムの合計，つまり企業が提供する全てのアイテム数を「製品ミックスの長さ」という．製品ミックスの幅が増えたり，製品ラインが深くなったりすると，製品ミックスは長くなる．製品ライン間の関連性の深さは「製品ミックスの整合性」と表現される．利用者層が大きく異なるか，販売経路がまったく異なる製品ラインが多い場合，製品ミックスの整合性は低くなる．

4）サービスの分類

サービスは，提供者が①人や設備，②企業や非営利団体，③政府機関であるかによって分かれる．それぞれに対して，企業は異なるマーケティングミックスを採用する．

《①人または設備によるサービス提供》表7-2（94頁参照）に，さまざまな企業によるサービス提供を示した．人に基づく専門家サービスには，例えば，広告代理店や医師によるサービスがあり，これらの質は提供者の能力に大きく依存する．一方，設備に基づくサービスでは，例えば，事前予約をすることで，消費者は空港で自動化された搭乗手続きを行ったり，映画館でスタッフとのコミュニケーションなしに映画を視聴することができる．従業員と消費者の直接接触が少ないため，品質の一貫性に大きな差が生じにくい．

《②企業や非営利団体によるサービス提供》企業は生き残るのために利益を追求する一方で，非営利団体は顧客満足度と効率性を追求する．このため，サービスの種類によってマーケティング活動も異なる．近年では，日本赤十字社などの非営利団体がコミュニケーションを改善し，困難に直面している人々により一層役立つためのマーケティングを積極的に行っている．

《③政府機関によるサービス提供》政府や地方自治体は広範なサービスを提供している．これらの機関も企業で採用されている多様なマーケティング方法を取

表 7-2 提供者の特徴によるサービスの分類

サービス	人に基づく（人間の身体に向けられるサービス）	非熟練労働者	・芝生の管理 ・警備員 ・清掃員
		熟練労働者	・家電修理 ・配管工事 ・ケータリングサービス
		専門家	・経営コンサルタント ・広告代理店 ・弁護士，会計士，医師
	設備に基づく（財あるいは他の物的所有物に向けられるサービス）	自動化（セルフサービス）	・ATM ・オンライン仲介業 ・自動販売機 ・自動洗車場
		相対的に非熟練オペレーターによる操作	・映画館 ・ドライクリーニング ・タクシー
		熟練オペレーターによる操作	・電力供給者 ・航空会社 ・統計処理

[出所：Tomas, Dan R.E.(1978), p.161 を基に作成]

り入れている．例として，米国の郵便事業庁が展開した「イージー・カム，イージー・ゴー（Easy Come, Easy Go）」キャンペーンは，ユナイテッド・パーセル・サービス（UPS），フェデックス，ディーエイチエル（DHL）などのグローバル宅配事業者と効率的に競争するために導入された．

5) サービスの特性

サービスと有形製品とを区別する 4 つの要素がある．「サービスの 4I」と呼ばれ，①無形性（intangibility），②不均一性（inconsistency），③非分離性（inseparability），④消滅性（inventory）を指す．

《①無形性》①サービスは物体ではなく行為であり，有形物のように見たり，触ったり，味わうことができない．このため，有形の製品と比べると，顧客は実際にサービスを体験するまで完全に把握したり評価することが難しい．例えば，「旅行」というサービスにおいて，パンフレットや店員のアドバイスにより購入前にある程度のイメージを得ることができるが，実際に旅行を経験するまで，そのサービスの質を真に評価することはできない．

この問題に対処するため，ホテル業界では顧客の口コミや写真，ビデオツアーなどの具体的な証拠を提供し，サービスの視覚的な理解を助けている．また，物理的な要素を取り入れることで，強いブランドイメージを構築している．例えば，高級ホテルではロゴ入りのアメニティや洗練されたインテリアを通じてサービスの品質を伝え，飲食店では従業員の制服や清潔な店舗デザインを通じて顧客に信頼感を与えている．さらに，体験としてのサービス提供を工夫することで，無形性を補完している．

《②不均一性》サービスが常に同じ品質で提供されることが困難な特性を，不均一性という．サービスは提供する人によって品質が決定され，各個人の能力やその日のパフォーマンスによっても異なることがある．このため，不均一性は有形製品よりも顕著な問題となる．例えば，ソフトバンクの野球チームがある日は素晴らしい打撃とピッチング能力を発揮する一方で，翌日には15点を失うこともある．

不均一性の問題に対処するため，ホテル業界では標準化，従業員トレーニング，顧客フィードバックの活用，ロールプレイングやシミュレーショントレーニング，従業員満足度の向上に焦点を当てた取組みが行われている．これらの対策により，ホテルはどの従業員がサービスを提供しても一定の品質を保つことができ，顧客に一貫した高品質の体験を提供している．

《③非分離性》サービスの生産と消費が同時に同じ場所で行われるという特性を，非分離性という．サービスの提供は時間と空間に依存し，分離することはない．この制約は，提供できるサービスの量に限界をもたらす．例えば，大学における教育サービスの提供は，物理的な空間（教室）と利用者（学生），提供者（教師）が同時に存在している必要がある．非分離性に対処する戦略として，例えばサービスプロバイダーのように，1度に多数の顧客に効率的に対応する工夫などがある．大規模な空間を確保することや，予約制を導入して人数制限を設けることなども挙げられる．また，サービスを記録・保存することで，提供したサービスの詳細を追跡し，改善のためのデータとして利用する．さらに，信頼できる担当者を育成し，質の高いサービスを維持することも重要である．

ホテルのレストランでは，予約制の導入やスペースの拡張・再配置，柔軟な座席プランの提供，ピーク時間帯のサービス調整，およびデジタルメニューでの注文などテクノロジーの活用が行われている．顧客の流れを管理し，サービスの質を向上させるように努めている．

《④消滅性》サービスが提供と同時に消費され，在庫として蓄えることができ

ない特性を消滅性という．サービスの需要は季節，週，1日の中での時間帯によっても大きく変動する．例えば，多くのスキーリフトは夏季には利用されない．航空機の離陸後や映画の上映中売れ残った座席も将来のために保持することは不可能である．この消滅性は，需要が安定している時は問題ないが，需要が激しく変動する場合には多くの問題を生む．

　ホテル業界では，これに対処するため，収益管理システムを導入して需要変動を予測し，予約システムを柔軟化して客室の最大利用率を確保する．また，ターゲットマーケティングで特定の顧客セグメントに焦点を当て，祝祭日や学校の休みに合わせたイベントや特別パッケージを提供し，需要を刺激する．さらに，ポイント制度や特典などの顧客ロイヤルティプログラムを強化することで，リピーターを増やす戦略を採用している．これらの取組みにより，未使用のサービスが収益機会を逃すリスクを最小限に抑えている．

6) サービスマーケティングの8P

　サービスマーケティングの8Pは，従来のマーケティングミックスである4P（製品，価格，流通，プロモーション）に，サービス業特有の要素（人，プロセス，物的証拠，生産性と品質）を加えたフレームワークである．この8つの要素は，サービス提供の効率化と顧客満足度の向上を図る基盤として機能する．以下に，それぞれの要素を簡潔に説明する．

　①製品は，提供されるサービスそのものや内容を指し，顧客のニーズを満たすために設計される要素である．例えば，レストランでは料理の質やメニューの多様性などである．②価格は，サービスを反映した価格設定を指し，コスト，競争，需要などを総合的に考慮して決定される．適切な価格設定は，顧客満足度や収益性に直接影響を与える．③流通は，サービスが提供される場所やチャネルを指し，顧客がサービスにアクセスする利便性を左右する．例えば，EC（通販）サイトを利用することで，時間や場所に制約されずにサービスを提供できる．④プロモーションは，サービスの認知を高め，顧客に価値を伝えるための広報・広告活動を指す．効果的なプロモーションは，サービスに対する信頼感を醸成し，購買意欲を喚起する役割を果たす．

　また，⑤人（People）は，サービスを提供する従業員や，顧客との接触における質を指す．従業員のスキルや態度は，顧客満足度に直接的な影響を及ぼす重要な要素である．⑥プロセス（Process）は，サービス提供の流れや手順を指し，顧客がスムーズで快適な体験を得られるかどうかを左右する．効率的で整ったプロ

セスは，顧客の満足度を高めるだけでなく，サービス全体の信頼性を向上させる．⑦物的証拠 (Physical evidence) は，サービスの質を示す目に見える要素であり，無形のサービスに信頼感を与える役割を果たす．例えば，店舗の内装やスタッフの制服などである．最後に，⑧生産性と品質 (Productivity & Quality) は，効率的な運営を維持しつつ，一貫して高品質のサービスを提供することを指す．この要素は，顧客満足度を高めるとともに，運営コストの削減にも寄与する．

これらの8つの要素を効果的に活用するポイントは，顧客視点でニーズに応える設計をすること，各要素を組み合わせて相乗効果を生み出すこと，サービスの無形性を補う信頼感を確保すること，である．

7) 有形製品とサービスの連続体

図7-1は，多くの企業が有形製品またはサービスのどちらか一方にのみ基盤を置くことはないことを示している．例えば，デル社はコンピュータメーカーでありながら，サービス企業でもある．同社はコンピュータやプリンタなどのさまざまな有形製品を製造しているが，ほとんどの従業員はシステム統合部門，ネットワーク部門，相談部門，製品サポート部門などのサービス部門で働いている．

企業は有形（の製品が優勢）から無形（のサービスが優勢）の製品に至るまで多種多様な製品を展開しておりこれを，「有形製品とサービスの連続体」と呼ぶ．例えば，塩，清涼飲料水，洗剤は有形性が優勢な製品であり，教育，看護，劇場は無形性が優勢なサービス活動である．ファストフード店は半分が有形製品（食品）であり，半分が無形のサービス（丁寧さ，清潔，スピード，利便性）を提供しているといえる．

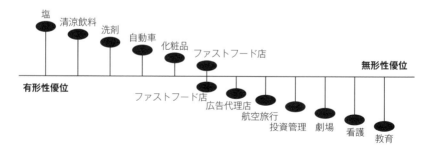

図7-1 有形製品とサービスの連続体
[出所：Shostack (1977), p.77を基に作成]

2　製品ライフサイクル

　製品は，人間と同様にライフサイクルをもっている．製品ライフサイクル (Product life cycle：PLC) は，新製品が市場で経る①導入期，②成長期，③成熟期，④衰退期の過程をいう．

1) PLC の特徴

　《①導入期》製品が計画されたターゲット市場に出荷されて始まる．この期間中，販売はゆっくりと増加するが，利益は最低レベルに留まる．この段階のマーケティング目標は，消費者に製品を試してもらい，製品の認知度を高めることにある．例えば，Google は，翻訳プログラムの開発に数年と膨大な資金を投じた．このため，導入期は利益が出ないことが一般的である．

　《②成長期》販売量が急激に増加し，競争相手が現れ始める段階である．競合他社の増加による消費者の関心の高まりと市場の活性化，さらに攻撃的な価格政策の影響で，成長期に利益は最高点に達する．この段階で広告戦略は転換され，選択的需要を強調し，市場シェアを高めるために自社製品の利点を競合他社の製品と比較するかたちでアピールする．成長期の製品販売は，新しい顧客が製品を初めて購入し利用するとともに，製品を利用して満足したリピーター顧客の割合が増加するにつれて加速度的に成長する．

　《③成熟期》総産業の売上額や製品群の売上が鈍化する段階である．また，市場から去り始める競合他社もでる．この時期，製品を購買しようとする消費者の大部分は，製品を繰り返し購入するか，購入後に廃棄した経験をもつ．多くの販売者間の激しい価格競争のため，利益は減少する．そのため，追加的な製品差別化を試みて市場シェアを維持し，新たな購買者を見つけることが求められる．また，プロモーションの効率を高め，流通を改善し，マーケティングの総費用を抑制することも重要である．

　《④衰退期》販売量や売上が減少する段階である．この期間の製品は，経営および財務資源を過度に消費する傾向がある．そのため，企業は衰退戦略または収穫戦略のいずれかを選択する．撤退戦略は，製品の市場からの完全撤退や製品ラインからの除外などで行われる最も極端な戦略である．ただし，衰退期にも製品を利用する消費者が残っているため，製品の撤退を簡単に決めてはならない．一方，収穫戦略は，製品を市場に維持しつつ，マーケティングコストを削減することを目指す．製品は提供が続けられるが，販売員が販売活動に時間を割り当てる

ことや広告費用を支出することはない．この戦略の主な目的は，消費者の要求を持続的に満たすことである．

ソニーのプレイステーション 2（PS2）は，市場で長期にわたり成功を収めた後，衰退期を迎えた．後継機であるプレイステーション 3（PS3）の登場に伴い，ソニーは PS2 の市場縮小を余儀なくされ，収穫戦略を採用した．PS2 の製造を段階的に減らしつつ，特定市場での販売を継続し，マーケティングコストを削減しながら既存の顧客のニーズに応えた．これにより，ソニーは新旧製品間のスムーズな移行を進めるとともに，ブランドイメージと顧客基盤の維持に成功したのである．

2）PLC を決める 3 つの要素

PLC は，期間，製品タイプ，消費者が製品を採用する割合，によって決まる．

《**期間**》製品が経過する時間に明確な定めがないが，一般的に消費財は産業財よりもライフサイクルが短い．例えば，ポテトチップスなどの消費財食品は，導入期から成熟期まで約 18 ヶ月を要することが多い．一方で，大型機械や設備のような産業財は，場合によっては数十年を要することもある．このように，消費財と産業財では製品ライフサイクルの長さが異なり，それぞれの特性に応じた管理が求められる．近年，メディアや技術の発展によって，新製品の開発サイクルが短縮されていることから，新製品の市場導入のタイミングにも一層の注意を払う必要がある．

《**製品タイプ**》次頁図 7-2 に PLC 曲線を示した．これは一般的な製品ライフサイクルを表している．これらの図は，①高学習製品，②低学習製品，③ファッション製品，④ファッド製品（流行製品）の 4 つの製品タイプによる PLC 曲線を示している．異なる製品タイプにはそれぞれ異なるライフサイクル曲線がある．

①**高学習製品**：高学習製品は，消費者の教育が大いに必要であり，長い導入期を要する．例えば，1980 年代の消費者は，パソコンを使用して得られるメリットを学習する必要があり，従来の作業を新しい方法で実行するための教育が求められた．

②**低学習製品**：低学習製品は，消費者が学習する必要がほとんどないため，市場に迅速に導入し，購入特典を容易に理解してもらうことができる．このような製品は容易に競合他社にコピーされるため，先発企業は流通網を迅速に拡張する戦略を採用し，競合他社の市場参入を阻む．また，需要を満たす生産能力の確保

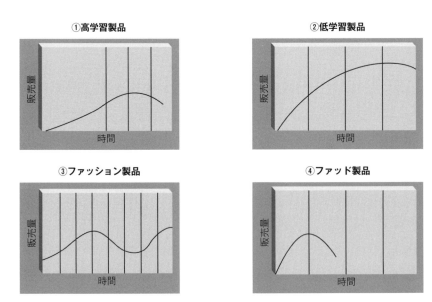

図 7-2　製品タイプ別の PLC 曲線
[出所：コトラー・ケラー（2014），p.404 を基に作成]

も重要である．

③**ファッション製品**：ファッション製品は時間の経過に伴い変化するものであり，特に衣類製品において，その変遷が頻繁に観察される．これらの製品は，市場に導入され，やがて衰退し，その後再び流行することがある．衣類においてライフサイクルの長さは数ヶ月から数十年に及ぶことがある．例えば，女性の靴下類（ストッキング，タイツも含む）は，「靴下を履かない方がおしゃれだ」という一時的な流行により販売が数年間減少し，業界に悪影響を与えた．

④**ファッド製品**：ファッドとは，一時的な流行を意味する．ファッド製品は，導入期がほぼ存在せず，急激な成長を遂げた後に急速に衰退する．製品としては稀であり，短いライフサイクルをもつ．例えば，2017 年頃に爆発的な人気を誇った玩具「ハンドスピナー」，2019 年に若者を中心にブームとなった「タピオカドリンク」，さらには 2021 年に話題を集めたイタリア発祥の菓子パン「マリトッツォ」も，一時的な流行を見せたファッド製品の代表例である．

《消費者が製品を採用する割合》PLC は，消費者の購買タイプによっても異なる．すべての消費者が導入期に突然製品を購買するわけではなく，成長期や成熟期に，ほとんどの売上が発生する．これは PLC 曲線の形に表れており，「イノベーションの普及」により製品が広まっていく過程である．

表7-3 新製品を選択するタイミングによる消費者の分類

分類	特徴	人数構成比
市場開拓者 （イノベーター）	・冒険心に満ちている ・教育水準が高い ・多様な情報源を保有している	2.5%
初期採用者	・他の消費層に対する影響力が大きい ・オピニオンリーダーであり，平均よりも教育水準が高い ・流行に敏感で，自ら情報収集し，判断する	13.5%
前期多数採用者	・比較的慎重派 ・平均よりも早く新しいものを取り入れる ・非公式な社会的ネットワークをもっている	34.0%
後期多数採用者	・比較的に猜疑心が強い ・平均よりも低い社会的地位 ・周囲の大多数が試した後で選択をする	34.0%
遅滞者	・最も保守的な人 ・知人と友人が情報源としての役割を果たす ・流行や世の中の動向に対する関心が薄い	16.0%

［出所：ロジャーズ（1990），p.356を基に作成］

　製品に早く惹かれる人もいれば，友人やオピニオンリーダーが製品を使用しているのを見てから購入する消費者もいる．表7-3には，新製品を選択するタイミングと消費者を5つのカテゴリーに分類した内容が示されている．製品が成功するためには，まず市場開拓者（イノベーター）と初期採用者に購入される必要がある．例えば，新薬を開発した製薬会社が，信頼される病院や内科医に新薬を使用してもらうことなどがある．市場開拓者と初期採用者が新製品を受け入れると，前期多数採用者，後期多数採用者，遅滞者へと移行していく．これをエヴェリット・ロジャーズ（Everett Rogers）の「イノベーションの普及」という．

3 製品ライフサイクルマネジメント

1) ブランドマネージャーの役割

　ブランドマネージャーは，自社の密接に関連している複数の製品やブランドに対するマーケティング活動を管理する．P&G社が1928年に導入したブランドマネージャー制度は，ゼネラル・ミルズやペプシコなどの消費財企業のみならず，インテルやヒューレット・パッカードなどの産業財企業にも採用されている．ブランドマネージャーは既存の製品をPLCに沿って継続的に管理し，新製品の開発にも関わることがある．また，年間マーケティング計画内の製品ラインに対し

てマーケティングプログラムを開発・実行したり，広告内容（キャッチコピーなど）と掲示媒体を選択したり，パッケージデザインの開発にも関わったりする．

2）製品変更

　製品変更は，消費者にとっての製品の価値を向上させ，販売量や売上を増大するために，製品の品質，性能，デザインなどの特徴を変化させる戦略である．例えば，ナノテクノロジーにより可能となったシワおよびシミ防止機能をもつ衣類は，衣類業界に革命をもたらし，カジュアルパンツやシャツ，ブラウスの販売増加を促進した．また，新しい特徴やパッケージ，香りなど製品の特徴を変更し，改善された製品であることを消費者に伝える．例として，P&G 社は従来のパンテーンシャンプーにビタミンを追加して改良し，大規模な広告とプロモーションキャンペーンを展開して再発売した．その結果，1940 年代に初めて発売されたパンテーンは，1,000 以上の競争ブランドが存在する現在の市場で，最も売れているシャンプーとなった．

3）市場変更

　企業は，市場変更という戦略によっても，新規顧客を見つけたり，既存顧客の製品使用量を増やしたり，新しい使用状況を創出することを目指す．

　《新規顧客探し》農産物業界では，若い新規顧客を誘致するためのマーケティングリサーチの結果，プルーンを種抜き・乾燥させドライフルーツとして販売する活動を行った．またバイク業界では，ハーレーダビッドソンが女性がバイクに乗ることを奨励するためにマーケティングプログラムを調整し，女性の潜在顧客数を 2 倍に増やした．

　《製品使用量の増加》クノールはコーンクリームカップスープを消費者が頻繁に消費するようなプロモーション活動を行った．スープの消費量が冬季に増加し，夏季に減少することに着目し，寒い季節のみに適した食品でないことを認識させるために，暖かい季節に広告を増やしている．

　《新しい使用状況の創出》カジュアルパンツ市場のリーダーであるドッカーズの戦略は，既存の製品の新しい使用状況を見つけることであった．もともとはすべての状況で使用可能な 1 つのパンツ製品を計画していたが，現在はさまざまな場合に対応するために，異なるスタイルのパンツ製品を展開している．作業用，週末の普段着用，ビジネス用，ゴルフ用などがあり，それぞれのプロモーション活動を行っている．

4）リポジショニング

　企業は，販売を強化するために製品や製品ラインを調整する．顧客に理解されているイメージやコンセプトを新たなものに置き換えることをリポジショニングといい，競合他社の製品と比較して，消費者の記憶の中でのポジションを変更する作業である．マーケティング要素を変更することで，製品をリポジショニングすることが可能である．以下，リポジショニングを試みる理由を4つ述べる．

　①競合他社が確立したポジションが販売と市場シェアに負の影響を与えるため．例えば，ニューバランスは，ファッション性や専門的なスポーツのイメージに依存するナイキやアディダスと競合することを避け，フィット感，耐久性，快適性に焦点を合わせることでリポジショニングに成功した．

　②新たな市場へ参入するため．例えば，ユニリーバがイギリスでアイスティーを発売した際，営業成績が振るわなかった．イギリスの消費者がそれを出がらしのお茶だと誤解し，飲むべきではないと考えたためである．同社はアイスティーをお茶ではなく，炭酸飲料に対抗する冷たい清涼飲料としてリポジショニングするために炭酸を加えた．その結果，販売は改善された．

　また，ジョンソン・エンド・ジョンソンは，アスピリンを効果的にリポジショニングした．かつては子ども用の解熱鎮静剤と見なされていたが，現在では心臓病や脳卒中のリスクを軽減する低強度の大人用の薬として認知されている．

　③新たなトレンドに対応するため．消費者の変化するトレンドは製品のリポジショニングにつながる．世界的な健康ブームやダイエットへの関心の高まりがその好例である．これにより，現在ほとんどの食品および飲料会社が，低脂肪，低カロリーの製品を提供している．

　④消費者に提供する価値を変更するため．主に，製品の価値を高める転換と，価値を低める転換がある．

　高価値への転換は，追加の機能や高品質の材料を用いて，製品に価値を加えるものである．ミシュランやブリヂストンは，空気が完全に抜けた後も時速55マイル（約90km）で50マイル（約80km）走行可能なランフラットのタイヤを発売し，高価値転換を実行した．また，大型小売店が有名デザイナーの衣類コーナーを加えることも，高価値転換を試みている例である．

　低価値への転換は，製品の機能数，品質，または価格を下げるものである．例えば，航空会社は座席数を増やして足を伸ばせるスペースを減らし，おやつサービスも縮小した．また，食品メーカーがお菓子のパッケージサイズを変えずに内容量を削減して価格を維持（または値上げ）するダウンサイジング（容量の小型

化）することも低価値転換といえる．

Learning Review

❶ 製品は，消費財か産業財に分類される．以下の製品はどちらに分類するか説明せよ．
①ジョンソンのベビー用シャンプー，②日立製作所の2段変速ドリル，③アーク溶接機

❷ ホテル業界で働いていると仮定し，サービスの4つの特性による課題を克服するために，サービスマーケティングの8Pを活用して具体的な対策を説明せよ．

❸ 以下に提示された製品は，PLCの各段階に属する製品である．これらに対して，どのようなマーケティング戦略を提案するか述べよ．
①キヤノンのデジタルカメラ→成長期
② AppleのiPadタブレットPC→導入期
③手動の缶切り→衰退期

❹ 企業が意図的に製品寿命を短くしているという意見をしばしば耳にする．これを戦略として捉えるべきか述べよ．

❺ 日立製作所のブランドマネージャーは，ゴミ圧縮機の家庭における普及レベルを検討した．製品が導入されてから20年以上が経過しているにもかかわらず，この製品を所有している家庭は比較的少ない．この低い普及率を引き起こしている要因について説明せよ．

Column

Service-Dominant Logic: A New Perspective on Economic Theory
サービス・ドミナント・ロジック：経済理論の新たな視点

　サービス・ドミナント・ロジック（SDL）は，ビジネスとマーケティングの世界に新たな視点を提供する理論である．この理論は，商品中心のビジネスモデルからサービス中心のアプローチへと，企業の価値創造過程の見直しをうながしている．SDL は，すべての経済活動をサービスの提供と捉え，製品はそのサービスを提供する手段に過ぎないと位置づける．価値は，企業が独自に生み出すものではなく，顧客との相互作用を通じて共創されるのである．

　SDL は，2004 年にステファン・ヴァーゴ（Stephen Vargo）とロバート・F.ラッシュ（Robert F. Lusch）によって提唱されて以降，多くの学者や実務家から支持を受けている．企業は，顧客とともに価値を創造するためのプラットフォームを提供する必要がある．

　SDL の影響は，サービス業だけでなく製造業にも及んでいる．自動車業界では，トヨタ自動車の KINTO サブスクリプションサービスがその例である．通常の自動車の購入やリースと異なり，顧客は月額定額料金で利用することができる．料金プランには保険，整備，タイヤ交換といった，通常は別途費用が発生するサービスが含まれている．これにより，顧客は購入やリース時によくある初期費用や，保守にかかる想定外の支出から解放され，より気軽に自動車を利用できるようになる．

　さらに，トヨタ自動車は KINTO を通じて，自動車を単なる移動手段としてだけでなく，顧客のニーズやライフスタイルに合わせた柔軟なサービスを提供している．例えば，好きな車種を選ぶ自由や，利用期間を自由に設定できるオプションなどのカスタマイズが可能である．これにより，顧客は自動車がもたらす価値をより深く感じることができる．

　サブスクリプションサービスは，顧客との関係を長期にわたって持続させることが可能であり，顧客満足度の向上やロイヤルティの強化に寄与している．また，顧客からのフィードバックを直接受け取ることができるため，サービスの改善や新たなニーズの発見につながることも期待される．トヨタ自動車はこの一連の活動により，顧客とともに新たな価値を創造するという SDL の理念を具体化したのである．

第8章　ブランドのマネジメント

> **Learning Point**
> - ブランディングの重要性について学びます．ブランディングとは，市場で製品を区別し，強いイメージを構築し，消費者に認知される過程をいいます．
> - ブランドに名前をつける際の基準を学びます．効果的なブランドネームは独自性があり，記憶に残りやすく，発音しやすいという特徴をもっています．
> - 顧客視点のブランドエクイティ（資産）について学びます．ブランドエクイティは，認知，意味，反応，関係の４つの段階を通じて形成されます．
> - 多様なブランディング戦略について学びます．マルチ・プロダクト・ブランディングなどにより，異なる市場のニーズに応えるとともに，ブランドのグローバルな一貫性を確立します．
>
> **Key Terms**
> ブランディング，ブランドアイデンティティ，ブランドエクイティ，マルチ・プロダクト・ブランディング，マルチブランディング，プライベートブランディング

現代のマーケティングは，製品やサービスそのものではなく，「ブランド」という単位で展開されることが多い．例えば，ソニーは家庭用ゲーム機器を「プレイステーション（PS）」というブランドで，Apple はスマートフォンを iPhone というブランドで市場に提供している．当初のブランディングは製品やサービスに名前（ネーム）をつけて明確にし，競合他社と区別する戦略を指す．ブランディングには，名前のほか，言語的表現，デザイン，シンボルマーク，またはそれらを組み合わせる．ブランドネームは，製品やサービスを特定し区分するための要素（デザイン，音，形，色など）を表現する．消費者も企業のブランディング活動によって便益を受ける．例えば，競合他社の製品を容易に識別でき，購買効率が向上する．また，信頼できるブランドにはロイヤルティ（ポジティブな態度，愛着心）をもち，満足できないブランドは避ける傾向にある．

1　ブランドアイデンティティとブランドエクイティ

しっかりと構築されたブランドは，個性（パーソナリティ）という人間のような特性を帯びる．ブランドパーソナリティには，伝統性，ロマンチックさ，野性味，流行感，反抗性などが含まれる．消費者は，ブランドイメージが自己イメー

ジと一致する場合，それを選ぶ傾向がある．マーケター（マーケティング管理者）は，特定のユーザー（消費者）や使用状況を描写し，特定の感情や気持ちを伝える広告を通じてブランドに個性を付与する．例えば，コカ・コーラは「アメリカ的で実用的」，ペプシコーラは「若くて楽しい」という個性を表現している．一方，ハーレーダビッドソンは「男らしさ，反抗，断固とした個人主義」をブランドとして表現している．

　ブランドネームの重要性は，ブランドエクイティ（資産）という概念で示される．ブランドエクイティとは，ブランドが消費者や市場に対してもつ無形の価値の総体であり，認知度，独自のイメージ，知覚される品質，顧客の忠誠心などによって構成される．ブランドネームが製品の機能的な便益を超えた価値をもつことを示す．この価値には，2つのメリットがある．1つ目は，競争上の優位性である．例えば，「サンキスト」は高品質の果物を，「ディズニー」は安心安全な子ども向け娯楽の象徴として認識されている．2つ目は，消費者がより高い価格を支払う意向をもちやすいということである．機能的なメリットが同じであっても，他のブランドより余分に対価を払ってもよいと考える（価格プレミアムという）．ジレットのカミソリ，ボスのオーディオシステム，ルイ・ヴィトンのバッグは，それぞれがもつブランドエクイティにより，高価格帯が設定され維持されている．

　ブランドエクイティは偶然に生成されるものではなく，強力なマーケティングプログラムを通じて意図的に生成される．消費者のブランドに対する有利で独特な連想と経験を形成し，記憶の中に位置づける．消費者は長期に渡ってブランドについて学習することでブランドエクイティを育成する．これは，以下，4段階を経て実現される（次頁図8-1参照）．長期に渡る取組みを要し，ブランドが市場において確固たる地位を築くために不可欠な戦略である．

第1段階）ブランド認知

　まず，消費者の記憶の中に製品カテゴリーや欲求と結びついたブランドの連想を生み出し，ブランドアイデンティティを確立することが求められる．消費者が特定の製品カテゴリーを思い浮かべたときに，自動的にそのブランドを連想するような強い関連を築くことを目指す．つまり，ブランドが認知されること，他のブランドと識別されること，思い出されること，である．例えば，「ポカリスエット」はスポーツドリンク，「クリネックス」は美容ティッシュの製品カテゴリーで，消費者に強く印象づけることに成功している．明確なブランドアイデン

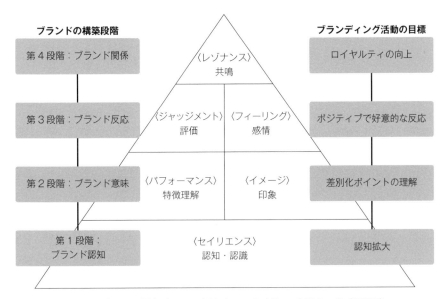

図8-1　ケラーの顧客ベースのブランド・エクイティ・ピラミッド（CBBE）
[出所：Keller（1998），p.76 を基に作成]

ティティを通じて，消費者の心に深く根づいているのである．

第2段階）ブランド意味

マーケターは消費者の記憶の中に根づくブランドの意味をしっかりと確立しなければならない．ブランドの意味は2つある．1つ目は，機能や性能で，品質や耐久性も含まれる．2つ目は，より抽象的なイメージで，ブランドがもつ感情的価値や社会的地位などである．ブランド特有の価値と差別化要因を明確にし，消費者に伝える．

例えば，ナイキは，継続的な製品開発と改善によって高品質で革新的なスポーツウェアを提供し続け，機能的なブランドの意味を確立している．さらに，ハイパフォーマンスな運動成果と関連づけられるような，統合マーケティングコミュニケーション（IMC）プログラムを展開することでイメージを強化し，抽象的なブランド意味も確立した．このような戦略によって，ナイキは消費者の心に明確で魅力的なブランド意味を構築し，市場での揺るぎない地位を保持している．

第3段階）ブランド反応

ブランドアイデンティティとその意味に対し，適切な消費者の反応を引き出し

たい．この段階では，消費者がブランドに対してどのように感じ，どう評価するかを，思考と感情の側面から捉える．思考面では，品質，信頼性，卓越性が他のブランドと比較され，感情面は，喜びや満足などポジティブな反応を捉える．ブリヂストンは自社のタイヤについて，消費者からこれらの反応を効果的に引き出している．消費者はブリヂストンを信頼できる高品質なブランドとして評価し，安全性と快適性を提供することでポジティブな感情をもち続けている．このように，効果的なコミュニケーションと経験を通じて，ブランドに対する思考的な評価と感情（情緒）的な結びつきを育成することができる．

第4段階）ブランド関係

この段階は，ブランド構築の過程で最も挑戦的な部分であり，消費者とブランド間の強力で活気あふれるロイヤルティの高い関係を築くことを目指す．心理的な深い絆（エンゲージメント）は，ブランドとの一体感のようなものである．

例えば，Apple は製品のイノベーションと優れた顧客サービスを通じて，消費者との強い関係を構築している．Apple 製品の顧客は，ブランドのデザインや機能に深い愛着をもち，新製品の発売日には世界中で行列ができるほどである．また，Amazon は，顧客中心のサービスとイノベーションによって，顧客との強い関係を築いている．便利な購買体験と迅速な配送や，プライム会員制度を通じて顧客とのエンゲージメントを一層深めている．

第4段階で達成される消費者との強い関係は，単なる取引き以上のものであり，価値を創造している．

2 ブランドネームの選択

ブランドネームは，市場で成功するか否かに大きく影響する．良い名を選ぶことは容易ではなく，多くのコストと努力が必要である．以下，効果的なブランドネームを選択するための主な5つの要点を示す．

1）製品の主要なメリットが効果的に伝わる

ブランドネームは，消費者が製品の機能や利益を直感的に理解するのに役立ち，購買意欲を高める効果がある．例えば，アキュトロン（Accutron）は，accurate（正確さ）と tron（家電機器）を組み合わせて，時計の精度と技術的な特性を表現している．イージーオフ（Easy Off）のオーブンクリーナー，ガラスプラス（Glass Plus）のガラス用洗剤，クリングフリー（Cling-Free）の静電気防止剤，

シボレーボルト（Chevy Volt）の電気自動車，タイディボル（Ty-D-Bol）のトイレ用洗浄剤も，それぞれの製品のメリットを明確に伝える名前である．

2）覚えやすく，独特で，ポジティブである

覚えやすさはシンプルで発音しやすいブランドネームから生じ，独特さは市場内での差別化を図り，ポジティブな印象は肯定的な響きによって顧客の購買意欲を刺激するものである．自動車業界では，記憶に残りやすくポジティブな印象を与えるブランドネームが，他社だけでなく自社によっても模倣されることが多い．例えば，フォード・モーターがマスタング（野生馬）を使用したところ，すぐにピント（シマウマ），コルト（子馬），ブロンコ（米西部の野生馬）といった類似のブランドネームが登場した．また，フォードのサンダーバードに触発され，フェニックス，イーグル，サンバード，ファイアバードといった類似ブランドネームの製品が発売された．

3）企業やブランドイメージに適合している

例えば，シャープという名前は，先進的なイメージでオーディオとビデオ機器に適している．一方で，バファリンやエキセドリンといった鎮痛剤は，科学的な響きが製品に適合している．また，エブリデイやダイハードといった乾電池のブランドネームは，信頼性と持続性という品質を表し，消費者のニーズに適っている．

4）法律や規制に抵触していない

例えば，AppleがiPhoneという名前を採用した際，実はシスコシステムズ社がすでに商標を保有していた．商標権侵害訴訟につながる可能性があったが，両社はライセンス契約により和解に至った．ブランドネームを選択する際には，既存の商標を調査し，法的な問題が発生しないよう注意する必要がある．他方，規制に抵触する例としては，特定の国や地域で敏感とされる用語や表現をブランドネームに使用することが挙げられる．このような場合，ブランドのイメージに悪影響を与える可能性がある．

加えて，インターネットの普及により，ブランドネームと一致するウェブサイトのURLを確保する必要が高まっている．例えば，特定の人気ブランドネームをもつドメイン（文字列）は，すでに他社によって取得されていることが多く，これによりブランドがオンラインでの存在感（プレゼンス）を確立しにくく困難

になることがある．新しいブランドネームの選択にあたっては，利用可能なドメインの確認も重要である．

5）シンプルかつ感性的である

ブランドネームは，シンプルであることで覚えやすさを確保すると同時に，感性的であることで消費者の心に深く刻まれる存在となるべきである．感性的なブランドネームは，消費者にポジティブな感情を呼び起こし，ブランドへの親近感を醸成する力をもつ．特にグローバル市場では，異文化間での誤解を避けつつ，普遍的にポジティブな響きをもつことが重要である．例えば，石油企業名のエクソン（Exxon）は発音しやすく，どの言語や文化圏でも特に悪いイメージを与えない造語であり，これにより世界的に一貫したブランドイメージを維持している．一方，炭酸飲料のセブンアップ（7Up）の場合は感性的な側面での配慮が不足していた．「セブンアップ」という名前は，上海の方言で「飲んで死ぬ」という意味をもち，ネガティブな感情を引き起こしたことで売上に苦戦した．ブランドがグローバル市場で成功を収めるためには，文化的なニュアンスを十分に考慮し，消費者にポジティブな感情を与える感性的なブランドネームの選択が不可欠である．

3 ブランディング戦略

企業はさまざまなブランド戦略を活用する．例えば，①マルチ・プロダクト・ブランド戦略，②マルチブランディング戦略，③プライベートブランディング戦略，④混合型ブランディング戦略などがある（次頁図8-2参照）．各戦略を特定の目的や市場ニーズに応じて選択し，企業の目標達成を目指す．

1）マルチ・プロダクト・ブランディング戦略

この戦略では，企業は製品カテゴリーの全製品に同一のブランドネームを使用することがある．これには企業ブランディングとファミリーブランディングがある．前者は，ヴァージン，マイクロソフト，ゼネラルエレクトリック社（GE），サムスン，ソニーなどの企業名をそのままブランド名として使用するケースを指す．一方，後者の例として花王の「ビオレ」が挙げられる．花王は多様な製品ラインに渡って同一のブランドネームを使用し，一貫したイメージと信頼性を消費者に提供している．

この戦略は，ブランドエクイティが作用して，特定の製品ブランドに良い経験

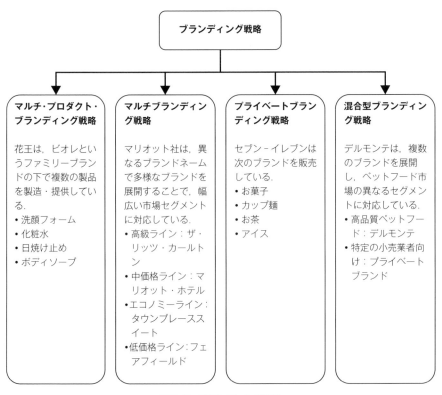

図8-2 ブランディング戦略

をもつ消費者が同一のブランドネームの他の製品ブランドにも好意的なイメージをもつこともある．また，既存のブランドネームを使用して新しい市場セグメントに進出することもできる．これをライン拡張という．例えば，キャンベルは，この戦略を適用し，一般的なスープ，家庭料理用スープ，具が大きいスープなど100種類以上を製造販売している．この戦略は，ブランドの認知度を高め，広告やプロモーションにかかるコストが節約できるため，多くの企業に採用されている．ただし，ライン拡張のリスクとして，拡張製品の売上が企業内の他品目を損なうこともある．競争ブランドの売上を奪ったり，新規顧客を獲得して追加の売上を発生させたりした際，製品ラインの拡張が最もよく機能しているといえる．

また，既存のブランドネームで他の製品カテゴリーに参入し，ブランドを拡張する方法もある．これをカテゴリー拡張という．例えば，キンバリークラークはハギーズというファミリーブランドネームを利用して，新生児や幼児用の衛生用

品市場の全製品ラインでブランド拡張に成功している．また，本田技研工業（通称，ホンダ）は自動車やバイク，モーターやエンジンで知られるブランドネームであるため，除雪車，芝刈り機，船舶エンジン，スノーモービルへとブランドを拡張した．

しかし，カテゴリー拡張にはリスクも伴う．同一のブランドネームを複数の製品カテゴリーで使用すると，ブランドの意味が希薄化することがある．特に，ブランドが本来もっていた特徴的なイメージや価値が，一貫性を保てなくなると，消費者が混乱し，ブランドに対する信頼や親近感が損なわれる．例えば，歯磨き粉や洗濯洗剤，ガム，猫の消臭剤，芳香剤，発汗抑制剤などを展開する米国の「アーム＆ハンマー」ブランドに，こうした現象が見られると主張する専門家も少なくない．

2）マルチブランディング戦略

マルチブランディング戦略では，製品カテゴリーごとに異なるブランドネームを使用する．これは特に，各ブランドが異なる市場セグメントを対象とし，各顧客ニーズに対応する際に効果的である．例えば，P&G は，肌へのやさしさに着目する消費者向けにキャメイ石鹸を，抗菌機能および体臭除去を求める消費者向けにセーフガード石鹸を開発し販売している．

また，工具メーカーのブラック＆デッカーは家庭用 DIY 向けにはブラック＆デッカー名で製品を展開し，専門業者向けにはデウォルトというブランドネームを使用している．ウォルト・ディズニーも，大人向けの映画にはミラマックスとタッチストーン・ピクチャーズ，子ども向けの映画ではディズニーのブランドネームを使用している．

また，マリオット・インターナショナルは 30 以上のホテルブランドをもち，なかでもザ・リッツ・カールトンは高級施設を高価格で提供している．マリオットホテルやルネッサンスホテルは中価格から高価格帯の宿泊施設を提供し，より広範な顧客層を対象としている．さらに，ビジネス利用向けのコートヤード・バイ・マリオットや長期滞在型のタウンプレーススイートは経済性を求める顧客に魅力的であり，フェアフィールド・バイ・マリオットは低予算の旅行者向けに設備やアメニティを削減した宿泊施設を提供している．異なる価格帯とニーズに応じた複数のブランドを戦略的に展開し，幅広い市場セグメントをカバーしているのである．

ただしこの戦略は，マルチ・プロダクト・ブランディング戦略と比較して，広

告やプロモーションのコストが高くなりがちである．新ブランドは独自のブランドイメージを築く必要があり，既存のブランドからの直接的な便益を受けることができない．他方，この戦略のメリットは，各ブランドが独立して市場セグメントに適応し，失敗しても他に影響を及ぼすリスクを軽減できる点である．例えばユニリーバでは，マルチブランディング戦略の複雑さとコストがメリットを上回ると判断し，2000 年に「パス・トゥ・グロース（Path to Growth）」という方針によりブランド数を 1,600 から 400 に削減した．この過程では，非効率なブランドを市場から撤退させたり，他社に売却したりした．これにより，運営の簡素化と資源（リソース）の効率的な再配置が可能となり，コアブランドの強化とグローバル市場での競争力の向上が図られた．マルチブランディング戦略が，企業の長期的な成長と収益性の向上に寄与した好例といえる．

3）プライベートブランディング戦略

　プライベートブランディング戦略とは，メーカーが製品を生産し，卸売業者または小売業者が自社のブランドネームで販売する形態である．プライベートレイブリングや再販売者ブランディングとも呼ばれる．コストコ，ウォルマート，イオンモールなどの大型小売店が自社ブランドとして製品を店頭販売しているような例である．同様に，セブン－イレブンなどのコンビニエンスストアも独自ブランドとして製品を提供している．メーカーと販売者双方に高い利益があるため，多用される戦略である．消費者にとっても，品質と価格のバランスが取れたプライベートブランド製品は魅力的で，全国スーパーマーケット協会の『2024 年スーパーマーケット年次統計調査』によると，プライベートブランドを取り扱っている小売業者の割合は 2024 年の調査で全体の 81.9％に達し，ここ数年増加傾向が続いている．企業分類別に見ると，大規模店舗中心型の企業では 93.4％と，他の企業と比べてその割合が高いことがわかる．プライベートブランドは一般的に，大手メーカー品よりも店頭価格が 1～3 割ほど安く設定されており，価格に敏感な消費者層に広く支持されている．

4）混合型ブランディング戦略

　混合型ブランディング戦略は，メーカーが自社ブランドと小売業者向けのブランドの両方を市場に提供することをいう．この戦略は，メーカーブランドの市場セグメントとプライベートブランドの市場セグメントが重ならない場合に特に効果的である．例えば，米国のエリザベスアーデンは高級化粧品とスキンケア製品

を提供するメーカーである．「エリザベスアーデン」のブランドネームでデパートや専門店で自社製品を販売しているが，一方で，より広範囲の顧客層をターゲットにするために大型小売店のウォルマートでスキンシンプルというプライベートブランドを展開している．「スキンシンプル」は，エリザベスアーデンの専門知識を活かしつつ，価格設定や製品構成をウォルマートの顧客基盤に合わせている．この戦略により，エリザベスアーデンは高級市場と大量販売市場の両方で存在感を示し，企業全体の売上とブランドの視認性（ブランド同士の判別のしやすさ）を向上させている．

　また，デルモンテ・フーズは，食品を生産販売する大手企業であり，2006年からペットフード市場にも積極的に参入している．自社のブランドネームで高品質なペットフードを提供する一方で，特定の小売業者向けにプライベートブランドも生産している．これにより，デルモンテは異なる企業のブランドネームで異なる価格帯の製品を提供し，ペットフードのさまざまな市場セグメントを効果的にカバーしている．こうした柔軟なアプローチは，企業がブランドポートフォリオ（複数のブランドを体系的に管理するための資料）を多様化する手助けとなっている．

Learning Review

❶ 現代のマーケティングにおけるブランディングの重要性を具体的に説明せよ．
❷ ケラーの顧客ベースのブランドエクイティモデル（CBBEモデル，108頁参照）における4段階の構成要素を挙げ，それぞれの内容を簡潔に説明せよ．
❸ フェラーリ社は，長年にわたり高価で贅沢な自動車メーカーとして広く知られている．しかし，近年では市場拡大を目指し，若者向けの中間価格市場への参入を計画している．同社がこの参入において「マルチブランディング戦略」を採用していると仮定し，この戦略を採用する理由について，そのメリットとデメリットを考慮しながら，自らの意見を述べよ．
❹ ブランドネームを選択する際に考慮すべき5つの要点を説明せよ．各要点がブランドの成功にどのように寄与するかについても述べよ．

> **Column**

Brand Activism: How Corporate Social Actions Shape the Future
ブランドアクティビズム：
企業の社会的行動が未来をどうかたちづくるか

　ブランドアクティビズムとは，企業が社会的または政治的な問題に対して正式に立場を表明し，積極的な行動をとるマーケティング戦略である．このアプローチは，企業が製品やサービスを提供するだけでなく，価値を提供するという社会的な影響力をもつ存在であることを示している．ブランドアクティビズムが単なるマーケティング戦略を超え，真に有意義な社会的変化を推進するためには，誠実さと継続性のあるコミットメントが求められる．

　・**背景**：現代の消費者は，自分たちの購買活動が何を支持することになるのかを常に意識している．特にミレニアル世代やZ世代は倫理的な消費を重視しており，社会正義，環境保護，人権など，特定の価値観を反映した製品やサービスを選ぶ傾向にある．これに応えるかたちで，多くの企業が社会的な議題に声を上げるようになっている．

　・**事例**：ナイキは，2020年の東京オリンピックで，トランスジェンダーのアスリートであるクリス・モージャー（Chris Mosier）を起用した広告キャンペーンを展開した．このキャンペーンは，スポーツの世界における包摂性（インクルージョン）と平等の重要性を強調し，性の多様性に対する支持を示した．2024年，Googleは米国における「ロー対ウェイド」判決（1973年に米国最高裁判所が女性の中絶権を認めた歴史的な判決）による広範な反響を受け，中絶クリニックを訪れる人々の位置情報記録を削除すると決定した．この決定は，特にデリケートな状況にいる利用者のプライバシーを守るという企業の社会的責任を示すものであり，意識の高まりを示している．

　・**リスクとリターン**：ブランドアクティビズムにはリスクも伴う．公共の議論に参加することは分裂を招く可能性があり，一部の顧客を疎外することになるかもしれない．しかし，成功した場合，企業はその信念に基づいて顧客との深いエンゲージメント（絆）とロイヤルティ（愛着心）を築くことができる．社会的な変化を促進することで，その企業は業界内でのリーダーシップを確立し，新しい市場セグメントを開拓することができるかもしれない．

第9章　価格のマネジメント

> **Learning Point**
> - 製品やサービスの価値がどのように価格に反映され，企業の利益や消費者の購買意欲にいかに影響するかを学びます．
> - 適正な価格を設定するために，需要志向型，コスト志向型，利益志向型，競争志向型のアプローチを理解します．
> - 企業が設定する目標利益，市場シェア，売上目標などの具体的な価格設定の目標について学びます．
> - 価格を変更する際の要因を学びます．法的規制，競合他社の価格，消費者の反応などが影響を及ぼします．
> - 最終価格を設定する3ステップを学びます．まず大まかな価格レベルを選択し，次に定価または見積価格を決定し，最後にそれらを調整します．
>
> **Key Terms**
> 価格，目標価格，価格制約要因，利益方程式，最終価格

1　価格の意味と重要性

製品やサービスに対して支払われる価格は複数ある．例えば，大学教育を受けるためには授業料を支払い，住まいを借りている場合は家賃を支払う．銀行から融資を受ける際には利息を，自動車を所有するためには保険料を，洋服を購入する際や散髪をする際には料金を支払う．一方，医師は患者に診療費を請求し，社会団体では会員に会費を課し，航空会社は乗客に運賃を求める．

1）価格とは何か

価格は，特定の製品やサービスの所有または使用のための対価として交換されるお金やその他の報酬を意味する．製品やサービスを獲得するために，お金の代わりに他の製品やサービスを提供することを物々交換という．ほとんどの製品とサービスはお金と交換されるが，支払う価格が常に定価（メーカーが定めた販売価格）や見積価格（製品やサービスにかかる費用の概算）と一致するわけではない．実際の取引において，価格を下げたり上げたりする調整が行われるためである．割引（ディスカウント），販売報奨金（アロウワンス），利益還元（リベー

ト）などは支払い価格を下げ，手数料や賦課金などは支払い価格を上げる調整の例である．

こうした価格調整は，インターネットでの価格比較を通して最安価の製品を求める消費者のニーズに応えて，より複雑に発展している．興味深いことに，消費者は，表示価格が高いものより，手数料がかかっても表示価格が低いものを好む．このため，販売者は表示価格を上げずに，実質的に高い代金を支払わせる手法をとっている．その典型は，表示価格に含まれていない付加費用を上乗せして請求することである．例えば，航空券の価格には，基本運賃に加えて，燃油サーチャージや空港使用料などの追加料金がかかっている．また，ホテルの宿泊料金も，リゾートフィー（サービスへの対価）や客室の清掃料が追加されることがある．消費者に一見安価な価格を提示しながら，実際の支払い価格を引き上げているのである．

2)「価値」の指標としての価格

消費者にとっての価格は，品質や耐久性などの便益や価値を評価する基準である．ここでいう価値とは，消費者が知覚する便益と，価格の比率であり，次の方程式が成り立つ．

$$価値 = \frac{知覚便益}{価格}$$

これは，一定の価格レベルで知覚された便益が増加するほど，価値も増加することを表している．例えば，レギュラーサイズのピザの価格が1,000円だとして，同じ価格でより大きなピザが買えるなら，後者のピザの方がその価値が高いと感じるだろう．反対に，従来の価格で，知覚する便益が減少するほどに，その製品やサービスの価値も減少する．

また，価格が製品の総合的な品質に対する消費者の知覚に影響を及ぼし，結果的に価値を決定することもある．家庭用家具の購買者へのアンケート調査で，84％の回答者が「価格が高いほど，品質も高い」という意見に同意した．価格が高いほど，消費者はそれを高級家具として認識するといえる．

価値には準拠価値という概念もある．これは，さまざまな製品のコストと便益を比較する際の基準である．例えば，消費者が新しいスマートフォンを購入する際，異なるブランドやモデルの機能と価格を比較する．この過程において消費者は，どの製品が最も支払い価格に対する効率（コストパフォーマンス）が良いかを判断する．高品質で多機能なスマートフォンが手頃な価格で提供されている場

合，その製品は高い価値をもつと認識される．この判断基準を，準拠価値という．

3) 価格とマーケティングミックス

価格は，企業の利益に直接的な影響を及ぼす．利益は次の方程式で表される．

$$利益 = 総収益 - 総費用$$
$$= (単位価格 \times 販売量) - (固定費 + 変動費)$$

単位価格とは，販売価格ではなく，1kg当たりなど計量単位当たりの価格をいう．これの上昇や下落は，総収益を変化させ，利益も変化させる．価格の変化が需要の変化をもたらし，販売量にも影響を及ぼすため，価格と利益の関係は複雑である．販売量が変わると，生産効率も変わり，原価（総費用．つまり固定費＋変動費）も変わる．つまり，価格は，総収益と総費用の両方を変化させるため，これの設定は経営者が直面する最も重要かつ難しい意思決定の1つといえる．

マーケティングミックスの4Pの他の要素（製品，流通，プロモーション）とも価格は密接に関連している．例えば，新製品の価格設定は，その製品の市場ポジショニングやターゲット市場を反映する必要がある．また，高価格帯の製品は高級感のある販売チャネルやプロモーションが適しており，低価格帯の製品はコストパフォーマンスの良い流通とプロモーションが求められる．

2 価格設定の4つのアプローチ

価格設定の方法には，①需要志向型アプローチ，②コスト志向型アプローチ，③利益志向型アプローチ，④競争志向型アプローチがある（表9-1）．

表9-1 価格設定の4つの方法

アプローチ	方法
①需要志向型	初期高価格，浸透価格，名声価格，端数価格，ターゲット価格，バンドル価格，収益管理価格
②コスト志向型	基準マージン率価格，原価加算価格
③利益志向型	目標利益価格，目標売上高利益率価格，目標投資収益率価格
④競争志向型	慣習価格，市場価格，損失先導価格

1) 需要志向型アプローチ

需要志向型アプローチでは，まず，価格レベルを設定する際に，原価，利益，

競争などの要素よりも顧客の趣味嗜好などのニーズを深く考慮する．

《初期高価格》革新的な新製品を導入する企業は，その製品を本当に求めている顧客が支払うような最高レベルの価格を設定することができる．このような顧客は，新製品が既存の製品よりもはるかに優れていて自分の欲求を満たすことができるという点に注目するため，価格に対しては敏感に反応しない．このような傾向の顧客が購入した後には，価格に敏感な市場セグメントの顧客を誘致するために価格を下げる．初期高価格を可能にする条件は，以下の通りである．

製品の発売初期にもかかわらず，高価格で購入する顧客が十分に存在し，利益を確保できる．高価格設定による高利益を狙う競争者が発生しない．後に価格を下げることで，販売量を増やし，原価を削減することができる．高価格であることを顧客が高品質の証と捉える，などである．

また，新製品が特許や知的財産権によって保護されたり，新製品の独特な特徴が消費者によって正確に理解され，価値あるものと評価されたりした際にも，初期高価格が成立する．

《浸透価格》浸透価格とは，大衆市場に早期にアプローチするために新製品の初期販売価格を低く設定することをいう．浸透価格が有利な状況は，初期高価格を支持する条件の反対だと考えるとよい．多くの消費者が価格に対して敏感に反応する市場セグメントにおいて，初期の価格レベルを明らかに下げれば，競合他社が参入する可能性も低くなる．販売量が増加すれば，単位生産コストとマーケティングコストも相対的に減少し，全体的な利益が増加する．なお，浸透価格を採用している企業は，初期段階に喪失した利益を挽回するまでは低価格を維持したり，価格をさらに下げて顧客基盤を拡大し，新たな需要を創出することもできる．

《名声価格》価格が下がると消費者の購買可能性が高まる傾向がある．しかし，反対の現象が現れることもある．特に，消費者が価格を品質の指標として認識する場合，一定レベル以下に価格が下がると，品質が落ちたものと解釈して購入を避ける．このような品質や威信に敏感な消費者の関心を集めて購入を誘引するために意図的に高く設定された価格を名声価格という．

《端数価格》ジレット社のフュージョンのカミソリシステムの小売価格は1,185円であり，スギ薬局のガラスマジックリン洗剤は割引価格が648円である．どうして単純に1,200円や650円にしないのだろうか．その理由は，販売価格を数十円または数円でも上げると，価格帯自体が上がったものと認識されるためである．消費者は，ジレットのフュージョンのカミソリが1,200円台ではなく，1,100

円台だと知覚する．1,185円と1,200円の差は15円に過ぎないが，需要は大きく変わる．しかし，タワーマンションの最上階のような高級感のある物件の場合は，端数価格よりキリの良い「名声価格」の方が効果的である．高級マンションに端数価格をつけると，安っぽい印象や売れ残りのようなイメージになるため，高級品を買いたい人の購買意欲を低下させることになる．

《ターゲット価格》最終的に消費者が支払いそうな価格を推定して，小売業者と卸売業者の利益を差し引いて設定される価格をターゲット価格という．この価格設定方法を採用するメーカーは，ターゲット市場の適切な価格に合わせるため，製品ラインの構成や特徴を修正することもある．例えば，家電メーカーが新興国市場向けに低価格帯の製品を投入する際，消費者の購買力に合わせた価格設定を行う．そのために，製品の機能を基本的なものに限定し，デザインや素材の選定を工夫してコスト削減を図る．これにより，現地市場での競争力を高めることが可能となる．

《バンドル価格》バンドル価格は，2つ以上の製品を1つのパッケージにまとめて設定する価格であり，多数の製品やサービスを提供する企業がよく採用する．このアプローチは，消費者が個別の品目よりもパッケージに大きな価値を置くという仮定を前提にしている．品目ごとに別々に購入するよりも，パッケージで1度に購入できる方が便利である．また，さまざまな品目をそれぞれ使用するより組み合わせて使用する方が，結果的に消費者の効用と満足度が高まる．さらに，バンドル価格は，マーケティングコストの削減も可能である．ファストフード店のセットメニューはバンドル価格の典型的な例である．ハンバーガー，ポテト，ドリンクを1つのセットとして販売することで，消費者は個別にこれらを購入するよりも低価格で購入できる．同時に販売側は，複数の商品を効率的に販売することが可能である．

《収益管理価格》飛行機で隣の座席の乗客が自分より安い価格でチケットを購入していることは珍しくない．これは，航空会社が収益管理価格という手法を用いているためである．収益管理価格とは，供給容量が限られている一方で，需要の変動が大きい場合に収益を最大化するために設定される価格戦略である．この戦略では，航空会社，ホテル，遊園地などが時間，日，週，または季節に応じて価格を変動させ，需要と供給のバランスを取る．企業は，需要が高い時期には高価格を，需要が低い時期には低価格を設定することで，収益の最大化を図る．その結果，同じ飛行機のチケットでも購入時期によって価格が異なることがある．例えば，旅行のピークシーズンや祝日前には価格が高く設定される一方，早期に

予約すると割引が適用されるが，出発日が近づくにつれて価格は上昇する．そのため，同じ飛行機に乗る乗客でも，予約のタイミングや条件によって支払う価格が異なる場合がある．

《サブスクリプション価格》商品やサービスを一定期間ごとに定額料金で利用する価格をサブスクリプション価格という．顧客は所有ではなく利用権を購入し，定額制や月額制，年額制が一般的である．このモデルは顧客の負担を軽減し，企業に安定した収益をもたらす仕組みとして普及している．特にデジタル化やクラウドサービスの拡大が成長を後押ししている．例えば，Netflix や Spotify の配信サービス，Amazon のプライムサービスなどが代表的である．また，所有から利用への移行が進むなか，サブスクリプション価格は新しい価値提供のかたちを示す価格戦略といえる．

2) コスト志向型アプローチ

コスト志向型アプローチは，価格を設定するうえで需要より原価を重視する．まず，生産コストとマーケティングコストを調査し，固定費と変動費，そして利益をカバーできるレベルで価格を設定する（119頁参照）．

《基準マージン率価格》基準マージン率価格は，特定の製品ラインに属する品目の原価に一定の割合の利益を上乗せして価格を設定する方法である．上乗せ利益（マージン）率は小売業者と取扱商品の種類によって異なる．一般に，大量販売の商品はマージン率が低いが，少量販売の商品はマージン率が高い．例えば，砂糖，小麦粉，乳製品などの食品のマージン率は 10〜23% であるが，チョコレートや高級ナッツなどの嗜好品のマージン率は 27〜47% に達する．マージン率は店舗の運営費用だけでなく人件費などの間接費用もカバーし，利益に貢献できるほど大きくなければならない．マージン率が大きく見えるが，すべての費用を引いた後のスーパーマーケットの営業利益率は，多くても 1% に過ぎない．

《原価加算価格》原価加算価格は，製品やサービスの提供に伴う総単位費用を算出し，これに一定の金額を加えて設定する価格である．主に，サービス業や企業間の取引で広く採用される．例えば，弁護士費用や裁判費用の急騰に伴い，一部の法務法人が原価加算価格を採用した．顧客に時間当たりの費用を請求するのではなく，法律サービスの提供に伴う総原価を推定して一定の利益を加えた金額を請求するのである．また，多数の広告会社もこの方法を採用している．広告を出す顧客は，広告会社のサービス一連の総原価と手数料を支払う契約をするのである．

3）利益志向型アプローチ

収益と費用のバランスをとって価格を設定することを，利益志向型のアプローチという．あらかじめ利益の目標金額を設定したり，売上額や投資額に対する目標利益率を定めて，それに合わせて価格を設定するのである．

《目標利益価格》企業が利益の年間目標額を設定し，これを達成するために価格を決めることを目標利益価格という．これを効果的にするためには，需要を正確に予測することが重要である．需要を誇張して予測すると，的外れな結果となる可能性がある．この方法は，需要が安定的に発生する状況，あるいは競争が激しくない状況で有効であり，専門的かつ独特な製品を提供する企業に適している．例えば，高級腕時計メーカーが年間10億円の利益を目標とする場合，生産コストと販売量を考慮して価格を設定する．1本当たりの生産コストが50万円で，年間1,000本販売すると仮定すると，価格は生産コストに目標利益を加えた150万円に設定される．

《目標売上高利益率価格》目標利益を達成するための販売量を測定することが困難な場合には，売上額で一定割合の利益率を達成できるレベルで価格を設定する方法がよく採用される．スーパーマーケットのように商品数が多く，販売単位も標準化されていない業態は特に，正確な販売量を推定することが難しい．スーパーマーケットが年間売上高100億円を目標とし，利益率を5％に設定すると，目標利益は5億円になる．ここから逆算して，各商品の価格が設定される．

《目標投資収益率価格》水道や電気などの公益事業に限らず他の事業でも，理事会や当局，または社内で規定した投資を回収するための投資収益率（ROI）を念頭に置いて価格を設定する．これを目標投資収益率価格という．例えば，ある電力会社が工場設備に5,000億円を投資し，10％の投資収益率を目標にした場合，年間500億円の利益を生み出すレベルで電気代を設定し，顧客に請求する．

4）競争志向型アプローチ

製品やサービスの需要，原価，利益などの内部要因よりも競合他社や市場の反応を優先的に考慮して価格を設定することを，競争志向型アプローチという．

《慣習価格》メーカーの伝統や流通慣行，競争的な要因によって決まる価格を慣習価格という．例えば，お菓子メーカーが，原材料費が上昇した際に，小売価格を上げずに内容量を減らすことで，消費者が慣れ親しんだ同一価格を維持することがある．他方，あるメーカーのキャンディバーの価格が昔からずっと1,000円に設定されている場合，他のメーカーがこの価格を下回る価格で販売すると，

前者の売上が減少する可能性がある．

《**市場価格**》市場で販売されているさまざまな製品の平均価格を市場価格という．また，市場価格よりも高く，あるいは低く，または同じレベルで価格を決める方法を市場基準価格という．例えば，スマートフォン市場で，あるメーカーが市場価格である 80,000 円を基準に，自社の新モデルを 90,000 円で販売することで高級感を出したり，70,000 円にして価格競争力をもたせたりする．マーケティング管理者は，さまざまな市場調査から市場価格を把握し，競合他社の価格を基に自社製品の価格を設定するのである．

《**損失先導価格**》小売店は，特販イベントを行い，意図的に人気製品を原価より低い価格で販売して注目を集める．このようにして設定する価格を損失先導価格という．特価商品に先導された顧客に他の商品（特にマージン率の高い商品）を購入させることを目的とする．例えば，ウォルマートは，人気アーティストの CD をレコード会社が提示する推奨価格の半額で販売することで消費者を店舗に誘導し，他の商品を購入させる戦略を採用している．また，目玉商品として牛乳を思い切った低価格で提供することも同様の戦略である．

3 価格設定の目標と制約条件

さまざまな価格戦略を適切に活用するには，価格設定の目標と制約条件を理解しなければならない．価格設定の目標は企業内部の要因を反映する一方，制約条件は市場に存在する外部的要因に関連している．

1）目標価格の把握

目標価格は，組織のマーケティングと戦略計画により規定される．目標価格は，組織の全部門に伝達され，個別ブランドの担当マネージャーの目標として掲げられる．目標価格は企業の財務状態や製品の販売状況，または事業を営む市場の状況によって異なる．例えば，Apple は，iPhone の詳細な目標価格を国別に設定している．以下，目標価格を設定する際に考慮すべき主な要素を述べる．

《**利益**》企業が価格戦略における適切な目標利益を得るために，次の3つの方法で目標価格が設定される．1つ目は，長期的利益を目標とする方法である．例えば，自動車メーカーは，電気自動車の研究開発と市場拡大を見越して，最初の数年間は低利益または赤字覚悟で価格を設定するが，将来的には市場シェアを獲得して利益を確保しようとする．2つ目は，短期的な利益を最大化する方法である．例えば，小売業者が，クリスマス商戦で利益を最大化するために，特定の商

品を一時的に高価格で販売する．これにより，四半期の利益を最大化することを目指す．3つ目は，取締役会で決まった投資収益率（ROI，123頁参照）を目標とする方法である．例えば，医薬品メーカーが，新薬の販売価格を設定する際，取締役会で決定された20％のROIを達成するために価格を設定する．

《売上》企業が十分な高利益を確保している場合は，さらに市場シェアを高め，売上を増大させる目標価格設定を行う．売上額や販売量の目標設定は，主にマーケティング管理者が担う．一般的に，売上を増大するためには低価格戦略を選択する．しかし，複数の製品を保有している企業が，一つの製品の売上を高めるために価格を下げることは，関連する他の製品の売上を共食いする副作用を引き起こすこともある（カニバリゼーション，77頁参照）．例えば，同じメーカーが異なる価格帯のスマートフォンを販売している場合，低価格帯に設定した新モデルが，高価格帯のモデルの売上を奪う可能性がある．このような場合，スマホ全体の売上が増えても，新モデルの利益率が低いため，結果的に企業全体の利益が減少することがある．

《市場シェア》市場シェアは，市場全体の売上のうちの，特定企業の売上額または販売量が占める割合を意味する．企業は，市場の売上が停滞，減少すると，市場シェアの目標を定める．市場シェアは目標ではなく手段であり，市場シェアを拡大することで，最終的に売上と利益を増大させるのである．例えば，スマートフォンメーカーが，市場シェアを拡大するために，競合他社よりも低価格で新モデルを販売する．これにより，消費者の購買意欲を高め，市場シェアの獲得を目指すのである．

《販売量》生産量や販売量から目標価格を設定する企業も多い．例えば，大規模な設備投資が先行している場合，企業はその稼働率を高めるために価格を下げ，消費者の需要を活性化させようとする．自動車メーカーが新しい生産設備に多額の投資を行った場合，設備の稼働率を高めるために新車の価格を低く設定し，多くの消費者に購入をうながす戦略などがこれにあたる．ただし，販売量を増やすために過度な値下げをすると，利益率が低下する結果となる可能性もある．

《生存》存続が危うい企業にとって，利益や売上，市場シェア，販売量などはもはや重要な目標ではない．業績不振を改善するために価格を下げ，攻撃的なプロモーション活動を展開して顧客獲得を狙う必要がある．例えば，小規模な家電メーカーの場合は，在庫処分セールを実施し，全商品を大幅に値下げして販売することで，短期間で売上を増大させ，キャッシュフロー（事業運営のためのお金

の流れ）を改善しようとする．この戦略により，一時的に消費者を引きつけ，事業の存続を図るのである．

《社会的責任》企業は，顧客と社会への責任を重視する目標価格を追求し，高利益を放棄することもある．例えば，メドトロニック社が世界初の心臓ペースメーカーを開発した際，心臓病患者の生活を改善することを主眼に置き，利益を最優先しない価格を設定した．この姿勢は，企業の社会的責任を果たすものであり，長期的なブランド価値の向上にも寄与している．

2）価格制約条件の把握

企業が設定可能な価格範囲を制限する要因を，価格制約条件という．特に，消費者の需要が，企業が設定できる価格に影響を及ぼす．他にも，組織の内部要因から外部の競争要因などからも影響を受ける．以下，主な要因を述べる．

《製品カテゴリー，製品，ブランドの需要》製品カテゴリー，製品，およびブランドの潜在顧客の数は，企業が設定できる価格に直接的な影響を及ぼす．また，贅沢品なのか，必需品なのかも価格設定に影響する．一般的に，製品カテゴリーや製品の需要が大きいほど，高価格に設定することができる．例えば，高級ブランドのハンドバッグは，贅沢品であり潜在顧客の数が多いため，高価格で販売される．一方，日用品であるトイレットペーパーは，需要が安定しているため，比較的低価格に設定される．

《製品の革新度》製品ライフサイクル（PLC，98頁参照）の導入期にある革新的な製品の場合，価格が高く設定されることがある．導入期では，特許により保護され，競争が制限されるためである．例えば，スマートフォンの新しいモデルが発売された際は，高価格に設定される．新機能や技術の革新性が評価され，高価格であっても購入する消費者がいるためである．

《生産費用とマーケティング費用》価格は，企業のすべての生産費用とマーケティング費用をカバーしなければならない．このため原価が価格の下限となる．例えば，自動車メーカーが新製品を生産する際，材料コスト，労働コスト，マーケティング費用などのすべて（原価）をカバーする最低限の価格を設定する．この価格は原価を下回ってはならない．

《競合他社の価格》企業は，競合他社が価格をどのように設定しているかを把握し，また，将来の競合他社がどのような価格で参入するかを予測する．さらに，価格競争が活発な場合のリスクとコストも分析・予測する．例えば，スーパーマーケットは競合他社の価格を調査し，競争力のある価格を設定する．低価

格戦略にはプライベートブランドの値下げで対抗し，プレミアムブランドは付加価値を追加して価格を維持し，利益率を確保する．

《**法的・倫理的な考慮事項**》法的・倫理的な問題が価格設定をさらに複雑にする．近年，法的に注目を集めている価格設定の慣行として，価格談合，価格差別，欺瞞(ぎまん)価格，略奪価格などがある．これらを容認し得る法律により，こうした価格慣行から消費者と競合他社を完璧に保護することは不可能である．したがって，企業は自ら価格慣行に対する倫理的指針を樹立し，遵守することが必要である．例えば，大手通信会社が新しい料金プランを導入する際，価格差別や略奪価格となることを避けるため，法的なガイドラインに従い，かつ倫理的な視点からも適正な価格設定を行う．

4 最終価格の決定

マーケティング管理者が決定する最終価格は，さまざまな条件により決まる．まず，製品とサービスを提供するためのすべての費用（原価）をカバーし，目標利益を達成できる価格であること．一方で，消費者が支払う意向をもつような価格であり，かつ低価格すぎて品質に疑問をもたれることのない価格であること，などである．最終価格の決定は，マーケティング管理者が直面する最も難しい課題といえる．

1）大まかな価格レベルの決定

最終価格を決定するには，マーケティング環境や製品の特徴，消費者の便益，企業の目標などを理解していなければならない．また，価格を上昇させる要因（例：利益志向型アプローチ，123頁参照）と価格を下落させる要因（例：代替品の増加）のバランスを取る必要もある．

マーケティング管理者は，まず目標価格と制約条件を把握し，次に，基本的な価格設定のアプローチを選択して（表9-1，119頁参照），大まかな価格レベルを決定する．そして，大まかな価格レベルと，原価，売上高，利益との間にどのような相互関係があるのかを細かく分析する．大まかな価格レベルが適切であると確認できたら，次に具体的な定価や見積価格を決定してゆく．この分析に用いられる手法の1つが損益分岐分析である．損益分岐分析とは，売上が原価を上回り，利益が発生する最低限の販売数量や価格を計算する手法であり，その方程式は以下（次頁）の通りである．

$$損益分岐点 = \frac{固定費}{販売単価 - 1単位当たりの変動費}$$

　カフェを例に考えてみよう．カフェのオーナーが，固定費500,000円（家賃，スタッフの基本給，光熱費など）を回収するために必要なコーヒーの販売量を知りたい場合，例えば1杯のコーヒーの価格を平均400円の設定に仮定する．1杯当たりの変動費（コーヒー豆，カップ，ミルクなど）は150円である．上記の方程式を適用すると，この場合，損益分岐点は2,000杯となる．損益分岐点を分析することで，カフェの収益構造を把握し，適切な価格設定や販売目標の決定に役立てることができる．

2）定価の決定

　マーケティング管理者は，単一価格と変動価格のどちらに基づいて定価を決定するかを選択する．単一価格とは，特定の製品やサービスに対して固定した価格を設定することであり，固定価格ともいう．例えば，ハウスメーカーのポラスのオールリフォームというサービスは，すべての店舗で単一価格を導入し，値引き交渉をしない．

　他方，変動価格とは，需要，原価，競争などの要因を考慮し，個別の購買者や購買状況に応じて変動させる価格である．デルは，家庭用，中小企業用，大企業用など，各パソコン市場セグメントの原価と需要，競争（外部からの影響）環境の変化を考慮して変動価格を採用している．

3）定価と見積価格の調整

　個人消費者が自動販売機でネスレ日本のキットカット（チョコレート）を150円で買う場合は，定価が最終価格となる．また，建設業者からキッチンを改修するために50万円の見積価格を提示される場合は，見積価格が最終価格となる．他方，ネスレが流通に用いる数多くの卸売業者や小売業者に製品を販売する際には，定価や見積価格を調整する．メーカーが価格を調整すると，卸売業者も小売業者に販売する価格を調整することになる．メーカーは，割引，アロウワンス（販売報奨金），地理的調整などで定価を調整する．

　《**割引**》顧客の購買意欲を高めるために，一定の価格からある割合の金額を引くことを割引という．数量割引（例：大量購入→10％オフ），季節割引（例：冬季限定で暖房器具→割引価格），取引割引（例：年間契約締結→割引適用），現金

割引（例：早期の現金払い→5％オフ）など，さまざまある．

《アロウワンス（販売報奨金）》 アロウワンスとは，購買者が特定の活動と引き換えに，定価や見積価格から割引を受けることを意味する．交換アロウワンスとプロモーションアロウワンスがあり，例えば，前者は古いスマートフォンを下取りに出すと，新しいスマートフォンの購入価格から割引が適用されるなどである．後者は小売店がメーカーの広告キャンペーンに協力することで割引を受けたりする．

《地理的調整》 地理的調整とは，メーカーや卸売業者が購買者に製品を運送するコストを反映して価格を調整することをいう．主に，FOB（Free on Board）原産地価格設定と，均一引き渡し価格設定がある．FOBは，製品の輸出時に，現地の輸出港で船に積み込んだ時点から購買者が輸送費を負担することから，「船上渡し」と訳される．輸送費を購入者が負担し，価格が顧客ごとの輸送距離によって異なるこの方法は，販売者にとって収益計算が簡単であり，近隣の顧客には価格競争力がある一方，遠方の顧客の購入意欲を低下させる可能性がある．

一方，均一引き渡し価格は，輸送費を販売者が負担し，すべての顧客に同一価格を設定する方法である．この方法は遠方の顧客に有利であり，広範囲の市場を対象にできるが，輸送コストが利益に影響し，近隣の顧客には割高に感じられる場合がある．

Learning Review

❶ ある製品が市場への導入期に，初期高価格と浸透価格の戦略を採用できる条件を具体例を挙げて説明せよ．
❷ 初期高価格，名声価格，市場価格戦略について，それぞれの戦略が適用される市場環境と消費者行動を説明せよ．
❸ 企業が価格設定を行う際に考慮する，価格の範囲を制限する内部的および外部要因について述べよ．
❹ 最終価格を決定するための3つのプロセス（大まかな価格決定，定価決定，定価や見積価格の調整）について，それぞれの内容を簡潔に説明せよ．
❺ 定価を調整する際に用いられる3つの方法（割引，アロウワンス，地理的調整）について，それぞれの特徴，メリット，および適用される状況を説明せよ．

> **Column**

The Evolution and Impact of Dynamic Pricing
ダイナミックプライシングの進化とその影響

　ダイナミックプライシングとは，需要と供給の変動に応じて，リアルタイムで価格を調整する戦略である．市場の最新動向に基づいて価格を設定し，利益を最大化することを目指している．航空券やホテルの予約システムで多く採用され，現在は他の多くの業界でも導入されている．

　ダイナミックプライシングの仕組みは，データ分析と機械学習に大きく依存している．企業は，過去の取引データ，季節的な需要パターン，消費者の購買行動，競合他社の価格設定などの膨大なデータを分析し，最適な価格点を算出する．これらのデータはリアルタイムで更新され，価格も即座に調整されるため，市場の変動に迅速に対応することが可能である．

　航空業界では，乗客の予約行動や他航空会社の価格戦略に応じて航空券の価格が動的に設定されるようになっている．小売業界（特にオンライン小売）では，例えばAmazonなどが消費者の閲覧履歴や購入履歴，在庫状況，時間帯に応じて価格を変更している．また，イベントチケットの販売では，イベントの人気や日付の近さなどに応じて価格が変動する．例えば，コンサートやスポーツイベントが近づくにつれて需要が高まり，価格が上昇するケースが多い．一方で，需要が低い場合には，開催日が近づいても価格が下がることがある．このような価格変動は，高まる需要を活用して収益を最大化することを可能にする一方で，事前販売や直前販売のいずれにおいても，消費者に適切な購入タイミングを提供する役割を果たしている．なお，ここで述べているのは公式販売価格の動的な変動であり，転売市場での価格変動とは異なる．

　ダイナミックプライシングは，需要が低い時期には商品やサービスを低価格で提供することで，消費者にお得感を与える一方で，需要が高い時期には価格が急激に上昇し，消費者が予想外の高額を支払う必要が生じることがある．このような価格の変動は，消費者にとって購入計画を立てにくくする要因となり，価格設定の透明性や公正性に対する疑念を引き起こす可能性がある．特に緊急や短期間での需要増加の際に見られる価格の急騰は，消費者の不信感を煽り，ブランドイメージに悪影響を与えることもあるため，企業には慎重な価格設定が求められる．

　消費者との信頼関係の損失を避けるためには，価格変動の原因となる要因を明確にし，消費者に正直に伝えることが大切である．さらに，企業は倫理的な観点からも，不当な価格操作を避け，市場の公平性を保つことで，長期的な顧客関係を維持する社会的な責任を負っているのである．

第10章　チャネルのマネジメント

> **Learning Point**
> ▶ マーケティングチャネルが製品を消費者に届けるためのプロセスと，中間業者がサプライチェーンの効率性をどのように向上させるかを学びます．
> ▶ マーケティングチャネルの種類と特徴を学びます．従来のマーケティングチャネル，オンラインチャネル，垂直的マーケティングシステム（VMS）の違いと特性，メリット，課題を比較します．これにより，最適なチャネル戦略を策定するための基礎知識を習得します．
> ▶ チャネル選択の基準，パートナーシップの構築方法，パフォーマンスの評価方法を学びます．これにより，効果的なチャネル管理をするための要素を理解し，適切な選択を行うための指針を得ます．

> **Key Terms**
> マーケティングチャネル，中間業者，垂直的マーケティングシステム（企業型VMS，契約型VMS，管理型VMS），チャネル間の葛藤

1　マーケティングチャネルの役割

　マーケティングを成功させるためには，購買意欲が高い消費者にアクセスすることが不可欠である．適切な流通チャネルを通じて消費者にアプローチすることで，効率的に商品やサービスを届けることが可能となる．

　また，消費者も企業の流通システムを通じて，利便性の向上や商品選択肢の拡大，価格競争によるコストメリットなど，さまざまな利益を享受することができる．

1）マーケティングチャネル中間業者とは何か

　例えば，セブン-イレブンでおにぎりを，Amazonで本を，伊勢丹などのデパートで衣類を購入したことがあるだろう．このような製品は企業の流通システム（マーケティング流通チャネル，以下，マーケティングチャネル）を通じて届いている．マーケティングチャネルは，個人消費者や組織購買者が製品やサービスを購入するためのプロセスに関わる個人または企業で構成されている．これは，水源から家庭へ水を送る水道管に喩えることができる．ここに介入する中間業者

は，表10-1に示すような名称で呼ばれ，さまざまな機能を果たしている．

表10-1 中間業者の種類

呼　称	内　容
中間業者	メーカーと最終消費者の中間に介入するすべての業者のこと．本表の以下の業者はすべて中間業者である
代理店，仲介業者（ブローカー）	契約により，メーカーの業務を代行する法的権限をもつ業者のこと
卸売業者	他の中間業者（主に小売業者）に販売する業者のこと．一般的に，消費財の市場で使われる呼称
小売業者	個人消費者に販売する業者のこと
ディストリビューター	販売，在庫維持，信用提供など，さまざまな流通機能を担う業者を指す広義の呼称．主に産業財の市場で使われ，卸売業者を指すこともある
ディーラー	販売店，小売業者，卸売業者などの通称．販売店よりも広義な呼称

　中間業者は，メーカーなどの販売者から製品を購買して保有し，消費者に再販売する役割を果たす．例えば，伊藤園はお茶を生産し，食料品関係の卸売業者に販売する．卸売業者はお茶をスーパーマーケットや食料品店などの小売業者に販売し，スーパーマーケットや食料品店はこれを消費者に販売する．中間業者のうち，代理店や仲介業者は，製品に対する所有権や在庫をもたず，単に販売者と消費者をつなぐ役割を担っている．

2）中間業者が創造する価値

　中間業者の重要性は，その機能と消費者のために創造する価値を考えると，理解しやすい．

　《**中間業者が遂行する機能**》中間業者は主に3つの機能をもち，メーカーから最終消費者に製品がスムーズに渡るようにする（表10-2）．1つ目は，製品を購入し，販売する取引機能である．中間業者は販売を期待して製品を在庫として保有するが，何らかの理由で売れない場合には，その損失を負担することになるため，取引機能はリスクを伴う．2つ目は，取引における製品を用意・確保して購買者に伝達する物流機能である．製品の収集・分類・配分などを行う．3つ目は，消費者が製品やサービスをより簡単に購入できるようにするための促進機能である．小売業者が消費者の購買をうながすためにクレジットカードを発行するサービスもこの一例である．

表 10-2　中間業者の3つの機能

機　能	主な機能
取　引	・仕入れ：転売のため製品を購入する ・販売：潜在顧客に製品を促進し，注文を獲得する ・リスク：保有している在庫の売れ残り，腐敗や毀損した場合のリスクを負担する
物　流	・品揃え：顧客の要求に応じて，多様な製品を複数の供給源から確保する ・保管：良好な顧客サービスを提供するために便利な場所で製品を保管する ・分類：大量購入した製品を消費者が購入しやすい単位に分ける ・運送：製品を顧客のもとへ配送する
促　進	・金融：顧客に信用を提供する ・グレード：製品を検査・実験・評価し，品質等級（グレード）を割り当てる ・情報：市場動向や競合状況について，消費者と供給業者（サプライヤー）に情報を提供する

《中間業者が創造する価値》 中間業者が存在することで消費者も利益を得る．消費者はマーケティングチャネルを構成する中間業者を通して，好きな時間（①時間の便益），好きな場所（②場所の便益），好きな形態（③形態の便益）の製品やサービスを使う（④所有の便益）ことができる（11頁参照）．

①時間の便益は，消費者が好きな時間に製品やサービスを提供されることである．例えば，ヤマト運輸は宅急便タイムサービスを提供しており，営業時間内に預かった荷物を翌朝10時までに配達している．②場所の便益は，消費者が便利な場所で製品やサービスを購入できることである．例えば，コンビニエンスストアは主要な交通機関の近くや，住宅街に位置し，消費者は必要な商品を手軽に購入することができる．また，ECサイトは，自宅にいながら商品を選んで購入できるため，消費者にとって非常に便利である．③形態の便益は，工場で生産された製品や，サービスを消費者が使いやすい形にすることである．例えば，コカ・コーラとペプシコはコーラの原液を製造し，中間業者であるボトラーに販売する．ボトラーは原液に砂糖や人工甘味料を添加して炭酸水と混合し，瓶や缶の容器に入れて小売業者に販売する．④所有の便益は，消費者が製品やサービスを入手できるように中間業者がサポートすることである．例えば，自動車ディーラーが購入者に対して，ローンの手続きや登録手続きのサポートや代行をすることがこれに該当する．

2　マーケティングチャネルの構造

前述の通り，製品がメーカーから消費者へ渡るまでのプロセスは多様である．

したがって，マーケティング管理者は多様なマーケティングチャネルの選択肢の中で最も効率的なチャネルを探す．以下，消費財と産業財で用いられる各マーケティングチャネルの仕組みと相違点を説明する．

1）消費財のマーケティングチャネル

図10-1に，消費財の流通で一般的な4形態のマーケティングチャネル（チャネル）を示した．各マーケティングチャネルは，メーカーと最終消費者の間に介入する中間業者の数が異なる．中間業者の数が増えると，マーケティングチャネルは複雑かつ長くなる．

チャネル①は，メーカーと最終消費者が直接つながるチャネルであり，直接チャネルと呼ばれる．例えば，保険会社は主に支店を活用した直接チャネルを通じて保険商品を販売する．直接チャネルには中間業者がいないため，メーカーはすべてのチャネル機能を果たす．

直接チャネル以外の3つのチャネルを間接チャネルと呼ぶ．メーカーと最終消費者の間に中間業者が介入し，さまざまなマーケティングチャネル機能を果たす．例えば，チャネル②は，小売業者の規模が大きく，メーカーから大量に製品を購入できる場合や，在庫コストが高くて卸売業者の利用が難しい場合に採用される．トヨタ自動車のような自動車メーカーはこのチャネルを使用し，地域別のディーラーが小売業者として役割を果たす．チャネル③は，②に卸売業者を追加したチャネルで，お菓子のように消費者の購入サイクルが頻繁な低価格製品に適している．例えば，ネスレ日本が卸売業者に大量にキットカットを販売し，卸売業者はそれを少量単位に分けて小売業者に販売する．チャネル④は，メーカーと小売業者の両方の規模が小さい場合に採用される．チャネル④で代理店は，特定メーカーの製品を大量に扱う．例えば，ベルギーのジュエリー専門メーカーのマンサープロダクツは，米国市場への進出に際し，代理店を通じて卸売業者に製品を販売し，最終的に全米に分散している小規模な宝飾小売店に商品を流通させるチャネルを採用している．また，地方のワイン生産者が全国的に販売するために代理店を利用し，代理店は大手の卸売業者に販売する．卸売業者はそのワインを地域の小規模なワインの小売業者に販売し，消費者に届ける．このような間接的な流通チャネルを活用することで，広範な市場への販売を実現している．

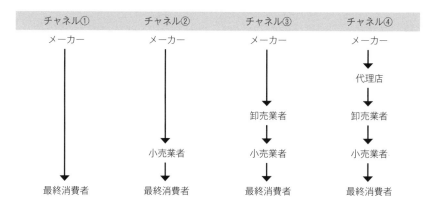

図 10-1　消費財のマーケティングチャネル
［出所：コトラー，アームストロング（2003），p.515 を基に作成］

2）産業財のマーケティングチャネル

図 10-2 に，一般的に見られる産業財のマーケティングチャネルの 4 形態を示す．消費財のマーケティングチャネルよりも短いことが特徴である．中間業者を 1 社経由するか，もしくは使用者と直接取引するケースが多い．産業財使用企業が最終消費者よりも少数で，地理的にも集中しており，大量に購入するためである．

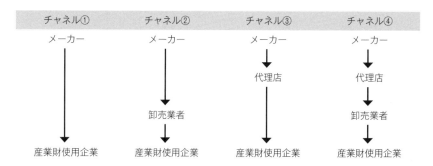

図 10-2　産業財のマーケティングチャネル
［出所：コトラー，アームストロング（2003），p.515 を基に作成］

チャネル①は，例えば，IBM社が大容量のメインフレームコンピュータを産業財使用企業に販売する直接チャネルを示す．直接チャネルを採用しているメーカーは，すべてのチャネル機能を遂行する直営営業（販売）組織を有している．使用企業が少数であり，規模が大きく，営業プロセスで詳細な交渉を要し，製品の単位価格が高く設定されていて，製品の使用に専門知識が必要な場合に，このようなチャネルが採用される．チャネル②，チャネル③，チャネル④は産業財使用企業に到達するために，1社またはそれ以上の中間業者を利用する間接チャネルを示している．例えば，チャネル②において，卸売業者は品揃え完備，保管，販売，配送，金融などの多様な機能を果たす（表10-2）．

3）eマーケティングチャネル

従来のマーケティングチャネル以外に，市場に製品を提供する新たなチャネルが台頭している．電子商取引（EC）は，特に流通における顧客価値を創造している．なかでも双方向通信技術（インターネット）を利用して個人消費者や企業顧客に製品やサービスを販売するeマーケティングチャネルを可能にした．

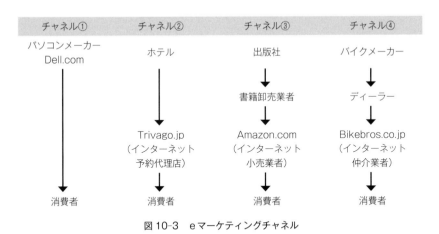

図10-3　eマーケティングチャネル

eマーケティングチャネルは，オンラインとオフラインのチャネルを結合し，中間業者や消費者などの購買者に対してより迅速に，かつ価値のある時間の便益，場所の便益，形態の便益，所有の便益を創出する．図10-3に，本（Amazon.com），バイク（Bikebros.co.jp），ホテル予約サービス（Trivago.jp），パソコン（Dell.com）のeマーケティングチャネルを示した．よく見ると，このチャネルは典型的な消費財のマーケティングチャネルと似ている．その理由は，133頁の表10-2

に示した中間業者の機能に起因する．

　eマーケティングチャネルの中間業者は，IT技術を活用して，取引機能と促進機能を伝統的な中間業者よりも少ないコストでより効果的に果たすことができる．しかし，この中間業者は物流機能を果たすことはできないので，伝統的な中間業者やメーカーに流通機能が残っているのである．例えば，図10-3の本やバイクは，電子商取引をしつつ物流は従来の中間業者が担当している．一方，デル社は自社の直販チャネルによる物流機能も果たし，消費者にパソコンを届けている．

　サービスは，有形製品とも異なり，eマーケティングチャネルのみを通じて提供されることが多い．チャネル②のように，トリバゴ（Trivago.jp）はホテル予約サービス，ニッポンレンタカー（nipponrentacar.co.jp）はレンタカーの予約サービス，コープ保険サービス（coopnohoken.com）は保険見積などのサービスをオンラインで提供している．しかし，消費者との物理的な接触が必要な自動車の修理のようなサービス分野は，伝統的な中間業者や物流チャネルを必要とする．

4）チャネルの使い分けと戦略的チャネル提携

　《チャネルの使い分け》メーカーは基本的に，同じ製品を2つ以上の異なるチャネルを使い分けて，それぞれ違う購入者に販売する．例えば，パナソニックは，大型家電製品を一戸建て住宅やマンションの建築業者に納品すると同時に，小売店であるエディオンやビックカメラを通じて消費者にも販売している．また企業は，マルチブランディング戦略（113頁参照）に合わせて複数の流通チャネルを採用することもある．これにより，ファミリーブランドを差別化し，共食い現象（77頁参照）を最小限に抑えることができる．例えば，ユニリーバは，異なるブランド（ダヴ，ラックス，ポンズなど）を複数の流通チャネルを通じて販売し，各ブランドの市場シェアを拡大しつつ，他社との競争を強化している．

　《戦略的チャネル提携》近年，戦略的チャネル提携という方法が注目されている．これは，1つの企業のチャネルで他の企業の製品も販売することである．例えば，食品メーカーのクラフトフーズとコーヒー専門店のスターバックスはこのチャネル提携をしており，クラフトフーズが，米国のスーパーマーケットや海外市場にスターバックスの製品を流通させている．また，ソニーはAmazonのチャネルを通じて，自社製品をより広範囲のオンライン市場で販売し，消費者へのアクセスを拡大している．戦略的チャネル提携は主に，新たなチャネルの構築に大きなコストと時間がかかるグローバル市場向けとして採用されている．

5) 垂直的マーケティングシステム

　これまで説明してきたチャネルは，メーカーと中間業者がそれぞれ独立した関係を維持しつつ，取引を通して製品やサービスを流通させる伝統的な形態である．しかし近年，両者が緊密な関係を形成し，チャネル機能を一貫して，効率的に成果を上げる垂直的マーケティングシステム（VMS）の事例が増えている．このチャネルでは，1つの企業が主導的に意思決定し，他の企業の活動を管理する．図10-4に，VMSの形態の企業型，契約型，管理型システムを示した．

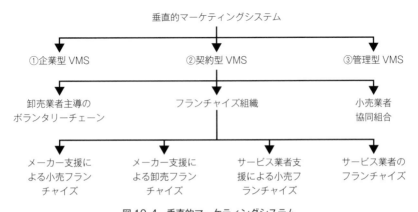

図10-4　垂直的マーケティングシステム
［出所：コトラー，アームストロング（2003），519-522ページを基に作成］

　《①企業型VMS》企業型VMSは，1つの企業が生産と流通の連続的な業務を担う企業を所有している形態である．メーカーが次の流通経路にある中間業者を所有し運営する場合を前方統合という．例えば，衣類メーカーのラルフローレンは，衣類品の小売店を所有・運営し，直接販売している．他方，小売業者がメーカーを直接運営する場合を後方統合という．例えば，ティファニーは，世界に326ある小売店や売り場で販売している貴金属類製品の半分を自社で生産している．

　企業が，前方統合や後方統合を採用する理由は，流通コストを削減し，製品の販売や供給に対する統制力を高めるためである．しかし，直接チャネルを設けたり，自社で生産したりするには，大きな資本投資を要し固定費が上がるというデメリットもある．このため，多くの企業は流通チャネルの効率化とマーケティングの成果を同時に達成する方法として契約型VMSを採用する．

　《②契約型VMS》独立したメーカーと中間業者（販売代理店など）が個別に活

動するのではなく，より大きな成果を得るために契約を締結し，共同組織を形成することを契約型VMSという．契約型VMSは，垂直的マーケティングシステムのうち最も広く採用されている．契約型VMSには，卸売業者（加盟店）主導のボランタリーチェーン，フランチャイズ組織，小売業者協同組合がある．例えば，マクドナルドは，契約を通じて世界中で店舗を運営している．これをフランチャイズ契約といい，各店舗が，本部により標準化されたサービスと品質を提供することができる．

《③管理型VMS》所有権や契約ではなく，規模や影響力によって中間業者の活動を調整するシステムを管理型VMSという．例えば，P&Gは，おむつや洗剤など多種多様な製品を中間業者に販売することで，自社に対する中間業者の依存度を高め，自社製品の陳列，プロモーション，卸売価格決定などへの協力を得ている．他方，西友やイオングループのような日本全域に展開する大手スーパーマーケット企業は，その地位を利用して製品の仕様，メーカー価格，プロモーションなどにおいて，メーカー側の協力を引き出すことができる．

3 マーケティングチャネルの選択と管理

マーケティングチャネル（以下，チャネル）は，メーカーと消費者をつなぐだけでなく，企業のさまざまなマーケティング戦略を遂行する手段でもある．どのようなチャネルを選択するかは，重要な意思決定といえる．

1）チャネル選択と管理に影響する要素

最高マーケティング責任者（CMO，16頁参照）は，チャネルと中間業者を選択するにあたり，主に以下について検討する．

①どのようなチャネルと中間業者が，ターゲット市場に最もアプローチしやすく，配荷率を上げられるか．なおこれを，チャネルカバレッジの最適化という．

②どのようなチャネルと中間業者が，ターゲット顧客の購買欲求（ニーズ）を満たすことができるか．

③どのようなチャネルと中間業者が，最も大きな利益をもたらすか．

《①ターゲット市場のチャネルカバレッジ》ターゲット市場へのチャネルカバレッジを高めるための最適な流通網を構築するには，どのタイプの中間業者をどれほど活用すべきかを決定する必要がある．特定の地域における中間業者数（密度）によって，以下のように検討する．

企業が可能な限り多くの中間業者を通して自社製品やサービスを流通させる形

態を開放的チャネルという．これにより高いチャネルカバレッジを達成できる．主にお菓子や飲料，新聞などの最寄品に対して採用される．

一方，排他的チャネルは，特定の地域内で非常に限定された中間業者だけを選定し，自社製品を流通させる．主に香水や高級衣類，アクセサリーなどの奢侈品に対して採用される．

選択的チャネルは，開放的チャネルと排他的チャネルの中間的な形態である．特定の地域内の特定の中間業者のみに自社製品を流通させる．これにより，ターゲット市場のカバレッジと中間業者に対する統制力の両方達成できる

《②顧客ニーズへの対応》メーカーは，ターゲット顧客が製品やサービスを購入する際に何を必要とするかを把握し，それをチャネルで満たすことを検討する．購買接点（顧客と接する機会や場所，手段）において，顧客ニーズは大きく4つあり，それぞれは顧客の体験と関連している．

1つ目は情報である．消費者が製品やサービスについて具体的な資料と正確な知識を必要とする場合に，特に重要である．中間業者（主に小売店）を選ぶ際には，店舗内の商品陳列，試食や実演販売などの人的販売を通じて消費者とコミュニケーションを図り，製品に関する情報を誠実に提供できるかを考慮する．

2つ目は利便性である．消費者にとっては，小売店との距離や営業時間などを意味する．例えば，世界中に84,000以上の店舗をもつセブン-イレブンは，24時間営業により消費者に時間的な利便性を提供している．お菓子や飲料メーカーはセブン-イレブンの店舗を通じて販売することで，時間の制約を受けずに顧客ニーズを満たせることになる．また，インターネットを通じて買い物をする消費者は，オンライン上で製品情報を見つけやすく，製品イメージを迅速に把むことができる（これを「8秒ルール」などという）．

3つ目は多様性である．消費者が製品を選ぶ際に，どれほどの種類の代替財や補完財に興味を示すかという購買行動の傾向を意味する．製品の多様性は，中間業者が扱う品揃えに表れ，豊富であれば消費者の関心を集めやすくなる．

4つ目は，販売前後のサービスである．大型家電製品のように配達，設置，修理などが必要な製品を購入する場合には，特に重視される．例えば，家電メーカーのパナソニックは，これらのサービス提供能力を考慮して，中間業者を選定している．

《③収益性》チャネルや中間業者を選択における収益性とは，全体的なチャネルと個々の中間業者から得られる上乗せ利益（マージン）である．チャネルの形態によって，流通や広告，販売のコストが発生する．それぞれの中間業者とこれ

らのコストをどの程度分担するかによって，チャネル全体の収益性が決まる．例えば，ユニクロは，小売店である実店舗とオンラインストアを併用して販売している．実店舗では多様な顧客体験と即時の製品提供が可能だが，店舗運営コストがかかる．一方，オンラインストアでは運営コストは抑えられるが，配送コストが発生する．ユニクロはこのようなチャネルコストを中間業者とバランスよく分担し，全体の収益性を上げるチャネル戦略をしているのである．

2) チャネルの取引関係の管理：対立と協力

　チャネルは，独立した個人や企業で構成されるため，常に潜在的な衝突や対立（コンフリクト）が発生する可能性がある．特に，チャネル機能の実行，利益の配分，製品やサービスの取り扱い範囲，意思決定の主導権などをめぐり，頻繁にコンフリクトが発生する．このようなコンフリクトに効果的に対処するための措置を以下に説明する．

　《コンフリクトの原因》コンフリクトは自分の目的を達成することを，他の構成員が妨害すると感じた際に発生する．マーケティングのチャネルコンフリクトには，異なるチャネル間で起こる垂直コンフリクトと，同一チャネル間で起こる水平コンフリクトがある．

　垂直コンフリクトは，チャネルの異なる段階に位置するメンバー間で発生するコンフリクトである．メーカーと卸売業者，または小売業者との間で利益の配分や製品の取扱いに関する意見の相違が生じる場合をいう．例えば，メーカーがオンラインストアなど直接販売を始めることで，従来の卸売業者や小売業者の利益を脅かすケースなどである．

　水平コンフリクトは，同じ段階にある中間業者間で発生するコンフリクトである．例えば，同じ地域で競合する複数の小売業者（例：イオンとライフなど）が存在する場合，各社が自社の売上を伸ばすために価格を引き下げたり，ポイントサービスや配送サービスの充実などで差別化を図ったりすることで，価格競争やサービスの質に関して対立が生じることがある．また，メーカーが同じ製品を異なる小売業者に販売する際，ある小売業者が優遇された条件で仕入れを行い，その結果，他の小売業者より低価格で販売できる状況が生じると，小売業者間で競争が激化し，水平的コンフリクトが発生する．

　《チャネルにおける協力確保》これらのチャネルコンフリクトは，既存のチャネルの機能が崩壊するほどの影響を与えるため，チャネルメンバー間の協力が不可欠である．そのために，主導力のある企業（チャネルキャプテン）がチャネル

のメンバー間の利害関係を調整し，意思決定の方向を統一する．チャネルキャプテンはメーカーが務めることもあれば，卸売業者や小売業者が務めることもある．他のチャネルメンバーの行動に対する影響力（パワー）をもつ企業が，チャネルキャプテンとなる．パワーは主に，以下の4つがある．

　1つ目は経済的なパワーである．豊富な財源や強力な顧客基盤をもち，他のメンバーに経済的便益を提供できる能力をいう．例えば，大手の小売チェーンが多額の取引を約束することで，供給業者（サプライヤー）に特別な条件を要求できる状況がこれに当たる．2つ目は，専門性に基づくパワーである．企業が他のメンバーよりも優れた知識や技術をもっている場合，その専門性がパワーの源となる．例えば，IT企業が提供する高度な技術サポートが他のチャネルメンバーを引きつける状況などである．3つ目は，企業の評判やブランド認知度に基づくパワーである．評判の高い企業やブランドの一員となることで得られる利益や信用が，他のメンバーを引きつけ，一体化を望む状況などである．4つ目は，法規的な権利に基づくパワーである．フランチャイズのような契約型垂直的マーケティングシステムにおいて，本部が加盟店をコントロールできる契約の下で発生する．

Learning Review

❶ マーケティングチャネルとは何かを説明し，中間業者が必要な理由（機能と便益）を3つ挙げ，それぞれ具体例を用いて説明せよ．
❷ 消費財のマーケティングチャネル，eマーケティングチャネル，垂直的マーケティングシステムの違いを具体例とともに説明せよ．
❸ 垂直コンフリクトと水平コンフリクトについて，具体例を挙げて解説せよ．また，直接チャネルを採用することでどのようにコンフリクトを軽減できるのか，その理由も交えて説明せよ．
❹ マーケティングチャネルと中間業者を選択する際に検討すべき事項を3つ挙げ，それぞれ具体例を用いて説明せよ．

Column

The future of intermediaries: The wave of digitization and value creation
中間業者の未来：デジタル化の波と新たな価値の創造

　中間業者は，従来のサプライチェーン（企業間の供給の連鎖）において重要な役割を担ってきた．メーカーと小売業者，あるいは最終消費者の間で商品や情報の流れをスムーズにし，市場の効率を高めている．しかし近年，インターネットの普及と電子商取引（EC）の台頭により，中間業者の役割は大きな変革期を迎えている．
　例えば，コンピューターメーカーのデルは直接チャネルを採用し，中間業者を介さずに最終消費者に製品を販売することで，コスト削減と製品カスタマイズの柔軟性を実現した．この成功事例は多くの企業に影響を与え，特にテクノロジー業界で直接チャネルが増加した．しかし，すべての中間業者が市場から排除されるわけではない．多くの業者は，単なる商品の流通業者から，付加価値を提供するサービスプロバイダーへと機能を移行している．例えば，物流企業のユナイテッド・パーセル・サービス（UPS）は，商品を配送するだけでなく，在庫管理，オンライン注文の処理，返品管理など，サプライチェーンの各段階でのサービスを幅広く提供している．
　また，取引履歴を暗号データ化して管理するブロックチェーン技術の導入によって，中間業者の透明性と効率が向上するとともに，サプライチェーンの完全性とセキュリティも強化されている．例えば，食品業界においては，製品の出所と品質を明確に追跡することができ，それが食品の安全性に対する消費者の不安を軽減し，信頼性を高めている．例えば，IBM 社はブロックチェーンプラットフォームを用いて，食品を供給するチャネルの各段階をリアルタイムで追跡し，偽装や汚染のリスクを最小化し，消費者に信頼性の高い情報を提供している．
　地域に密着した中間業者は，地域経済の活性化に寄与している．例えば，地元の食材や職人による製品を扱う小規模な店舗などである．これらの店舗は，顧客との直接的な対話を通じて個人化（パーソナライズ）したサービスを提供したり，地域の文化や伝統を保存にも貢献したりしている．これにより，大規模なオンラインプラットフォームとは異なる，地域密着型の購買体験と価値を創出している．
　中間業者の未来は，単なる流通業者から脱却し，顧客との関係を深め，特定のニーズに応じた独自の価値を創出する方向に進んでいる．これは，中間業者が消えゆくのではなく，進化し新しいビジネスモデルを生む可能性を示している．デジタル化が進むなか，中間業者はこれまで以上に価値を創造する存在として重要性が増している．

第11章 コミュニケーションのマネジメント

Learning Point
▶ マーケティングにおけるコミュニケーションがどのように進行し，メッセージがどのようにつくられ伝達されるのかを学びます．
▶ 広告，人的販売，販売促進，広報（PR），ダイレクトマーケティングなどの各コミュニケーションの特徴と効果について学びます．
▶ 製品のターゲット顧客，製品ライフサイクルの各段階，流通チャネル戦略のほか，購買意思決定過程に適したコミュニケーションミックスについて学びます．
▶ コミュニケーション戦略を策定する際の意思決定プロセスとその構成要素についての理解を深めます．

Key Terms
広告，人的販売，販売促進，広報（PR），ダイレクトマーケティング，コミュニケーションミックス，統合マーケティングコミュニケーション（IMC），プル戦略，プッシュ戦略，消費者の効果階層構造

マーケティングコミュニケーション（以下，コミュニケーション）はマーケティングミックスの主な4要素の1つであり，プロモーションとも呼ばれる．これには，広告（Advertising, AD）や人的販売（Personal selling, PS），販売促進（Sales promotion, SP），広報（Public relation, PR），ダイレクトマーケティング（Direct marketing, DM）などがある．これらの実践手段をコミュニケーションミックスと呼び，統合的に活用する各目的は，以下の通りである．1つ目は，潜在的購買者に製品の便益について情報を提供すること．2つ目は，購入をうながし説得すること．3つ目は，製品を使用して良かった点を後で思い出させること，である．

従来これらの手段は，広告（AD）部門が販売促進（SP）部門や広報（PR）部門，または広告代理店などと調整せずに独立して広告活動を計画・管理していた．その結果，ブランドメッセージの一貫性やキャンペーン全体のコミュニケーションに乱れが生じていた．

今日では，すべてのターゲット顧客に一貫性のあるメッセージを提供するために，全コミュニケーション活動を調整する統合マーケティングコミュニケーション（Integrated Marketing Communication, IMC）が広く導入されている．IMCは企業が顧客の視点に立ち，一貫性のあるメッセージを複数のチャネルを通じて提供

し，効果的なコミュニケーションを図る戦略である．データを活用して適切なタイミングでメッセージを届けることでブランド価値を高め，長期的な顧客関係の構築を目指す．また，この戦略は，顧客が商品を購入する過程での感情や反応を理解し対応する顧客体験管理の重要な手段でもある．

1 コミュニケーションの手段

企業は顧客とのコミュニケーションを図るために，前述のコミュニケーションミックスを活用する．表11-1に，これらの特徴をまとめた．AD，SP，PRは，見込み購買者集団を対象とした大量販売に用いられる．PSは，販売者と見込み客間に用いられる．対面や電話，eメール，チャット，SNS，オンライン会議を活用する．DMは，特定の顧客に直接，パーソナライズされたコミュニケーションを行う手法である．電子メール，SMS，ソーシャルメディア，ウェブ広告，ダイレクトメールなどのチャネルを通じて，顧客の興味や行動に基づいたメッセージを提供する．

表 11-1　コミュニケーションミックスの特徴

手段	媒体	費用	メリット	デメリット
広告（AD）	マスメディア	広告スペースや時間に対する支払い	多くの人々にメッセージを伝えることができる	・コストが高い ・適切なフィードバックを受けることが困難
人的販売（PS）	個人メディア	販売員の給与または手数料に対する支払い	・即座のフィードバック ・説得力がある ・聴衆を選別できる ・複雑な情報伝達が可能	・1回の活動ごとのコストが高い ・販売者によってメッセージが異なる
広報（PR）	マスメディア	メディアに対する直接的な費用がない	消費者が最も信頼する情報源	受け手をコントロールできない
販売促進（SP）	マスメディア	コミュニケーション方法によってさまざまな範囲のコスト	・短期間の行動変化に効果的 - 非常に柔軟	・乱用されやすい ・促進競争が起こりやすい ・複製が容易
ダイレクトマーケティング（DM）	個人メディア	メール，電話，SNSを通してのコミュニケーションコスト	・メッセージをすぐに作成できる ・消費者との関係を促進する	・顧客の反応が低下している ・データベースの管理コストが高い

［出所：コトラー，アームストロング（2003），pp.630-632を基に作成］

1）広告（AD）とは

広告（AD）は，企業が，組織，製品，サービス，アイデアなどを広めるために行う非人的コミュニケーションである．広告は，メッセージ用のスペースを購入する必要があるため，有料という特徴をもつ（例外として，広告の時間と空間が寄付される公共サービス広告もある）．また，広告は，マスメディア（テレビ，ラジオ，新聞，雑誌などの「媒体」）を活用するため，人的販売（PS）のようにすぐにフィードバックを得ることはできない．したがって，メッセージを掲示する前のマーケティング調査が重要である．

《メリット》広告は，企業が媒体の時間やスペースを購入することで，「何（what）」を「誰に（whom）」伝えたいのかをある程度コントロールすることができる．また，「どれくらいの頻度（how often）」で，「いつ（when）」行うかも決定することもできる．また，広告の非人的な面がメリットとなることもある．それは，1回メッセージを作成すれば，同じメッセージが市場セグメントのすべての受け手に送信されることである．グラフィックイメージ，文字（キャッチコピー），ブランドなどを適切に事前調査することで，その広告は消費者の注目を集めることができる．また，基本的には，同じメッセージが市場セグメントのすべての受け手に同様に伝わっていると考えられている．

《デメリット》広告は，メッセージの作成やメディア（媒体）の利用に大きなコストがかかる．また，消費者からの直接フィードバックを受けにくいため，メッセージが本当に意図通り伝わっているかどうかを把握しにくい．

2）人的販売（PS）

人的販売（PS）は，広告に次いで規模の大きなコミュニケーション手段である．個人消費者または組織の購買決定意思に影響を及ぼすために計画する．広告とは異なり，販売者（送り手）と購買者（受け手）との双方向コミュニケーションであり，対面コミュニケーション活動である．

《メリット》人的販売は，対象範囲を限定することができる．販売員は，誰に製品を説明するかをコントロールし，ターゲット以外の消費者とのコミュニケーション活動を減らすことができる．また，メッセージに対する潜在顧客の反応を直接見たり聞いたりすることもできる．フィードバックが好意的でない場合には，販売者がその場でメッセージを修正することも可能である．

《デメリット》人的販売の柔軟性は，デメリットにつながる場合もある．販売員が独自にメッセージを変更し，一貫性のあるコミュニケーションが実現できな

い場合などである．また，人的販売には高いコストがかかる．人的販売は，活動単位のコストが最も高いコミュニケーション手段である．

3）広報（PR）

広報（PR）は，企業や製品，サービスについて，顧客や潜在顧客，株主，供給業者（サプライヤー），従業員，そして一般大衆の感情，意見，信頼に影響を及ぼすためのコミュニケーション手段である．PRには，スペシャルイベント，ロビー活動（政府や議員への意見書提出など），年次報告書，記者懇談会，イメージ管理など，多様なコミュニケーション手段を用いる．

広報は，企業がメディアに対して組織や製品，サービスについての詳細な説明を行い，ニュース記事，社説，製品発表などでの掲示をうながす．非人的な活動であり，消費者は間接的情報の対価を支払っている．広告や人的販売と異なるのは，間接支払いである．広報はメディアの利用コストを支払わないが，メディアが好意的な情報を掲示するようにうながすために，メディア自体をサポートする費用（協賛金など）を支払う．

《メリット》PRの最大のメリットは，消費者が企業の製品について好意的な情報を見聞きした際に，その内容を信じる可能性が高いという点である．例えば，旅行者は雑誌社が出版する旅行ガイドブックを頼りにしており，手頃な価格の穴場のレストランやホテルを紹介することで，それらの施設のPR（宣伝）を担っていることになる．

《デメリット》広報は，対象者のコントロールが難しい．企業のPR担当者が新店舗開店や新商品発売などのイベントの掲示をメディアにうながしても，記事が好意的な内容になるかどうか，そして誰が読むのかについては保証できない．例えば，大手自動車メーカーが新型車の発表イベントを開催し，多くのメディアを招待した．このイベントでは，環境に配慮した新技術がアピールされたが，あるメディアが過去のリコール問題も再度取り上げた記事を掲載した．その結果，新型車のポジティブな特徴よりも，過去のネガティブなイメージが浮き彫りになり，企業の期待に反する結果を生み出してしまった．

4）販売促進（SP）

販売促進（SP）は，製品やサービスの購買に対する関心を呼び起こすために提供される，短期間の経済的な奨励戦略である．販売促進は，広告や人的販売とともに用いられ，中間業者や最終消費者に提供される．クーポン，一部払戻し（リ

ベート），試供品（サンプル），景品などである．

《メリット》販売促進は，短期的に販売を刺激することができる．割引クーポンやリベートで購入後に返金することで経済的価値を提供し，店舗へのロイヤルティ（愛着心）が低い消費者も引き込み，顧客通行量を増やすのである．また，在庫処分や新製品の市場導入にも迅速に対応することができる．

《デメリット》販売促進の特典は一時的であり，期間が終了すると販売量は減少する．したがって，販売促進活動をマーケティングコミュニケーションの唯一の手段とすることは望ましくない．販売促進によって製品を購入した顧客を常連客に転換するためには，広告のサポートが必要である．また，販売促進を継続的に行うと効果が薄れる．例えば，顧客がクーポンが提供されるのを待って製品の購入を先送りしたり，製品の価値に対して疑問を抱いたりすることもある．

5) ダイレクトマーケティング（DM）

ダイレクトマーケティング（DM）は，企業が顧客の反応を引き出すために，直接コミュニケーションをとる手段である．例えば，対面販売，カタログ送付による販売，電話勧誘，直接反応広告（テレビ，ラジオ，印刷物），ダイレクトメール，オンラインマーケティングなどがある．

《メリット》人的販売と同様に，ダイレクトマーケティングは柔軟性のあるインタラクティブコミュニケーションであり，特定のターゲット市場の欲求（ニーズ）に応じてカスタマイズすることができる．顧客と1対1の関係構築を促進するために，メッセージがすぐに作成され，また調整されることもある．また，ダイレクトマーケティングは顧客の直接的な反応を得られるため，効果的なマーケティング活動を行うためのデータ収集にも役立つ．例えば，カタログ販売では，顧客がどの商品に関心をもち，どのページで購入を決定したかのデータを収集することができる．

《デメリット》ダイレクトマーケティングは，急速に成長しているコミュニケーション手段の1つであるが，いくつかのデメリットがある．まず，ほとんどのダイレクトマーケティングは，ターゲット顧客の包括的かつ最新の情報とデータベースが必要である．データベースを構築・維持するためには，大きな費用や時間的コストがかかる．また，個人のプライバシーへの懸念が高まり，ダイレクトマーケティングで行われる購買意欲や関心を調査するアンケートの回答率が減少している．さらに，過剰なダイレクトマーケティングは顧客に迷惑をかける可能性があり，企業のブランドイメージに悪影響を及ぼすことがある．ダイレクト

マーケティング戦略に成功している企業は，このような問題に敏感に反応しつつ顧客に高い価値を提供するために，複数の手段を組み合せたり，他のコミュニケーション活動とともに運用している．例えば，あるファッションブランドが，新製品の発売に際してダイレクトマーケティングを活用した．過去の購入履歴に基づいてターゲット顧客を選定し，カスタマイズしたダイレクトメールを送付したのである．結果，顧客の約20%がメールを開封し，その中の10%がオンラインストアでの購入に至った．しかし，キャンペーン終了後，何人かの顧客から「スパムメールが多すぎる」というクレームが寄せられ，データベースの見直しとプライバシー保護の強化が求められた．ダイレクトマーケティングは効果的な手段である一方，慎重な運用が必要である．

2 コミュニケーションの統合

統合マーケティングコミュニケーション（IMC）とは，さまざまなコミュニケーション手段を組み合わせて活用する戦略である．IMCを用いる際には，以下2つの問題を考慮する．

1つ目は，コミュニケーション手段のバランスを考慮することである．例えば，人的販売よりも広告を強調するべきか，リベートが必要か，広報活動が効果的であるか，などの意思決定が求められる．これらは，コミュニケーション活動のターゲット顧客，製品ライフサイクル，流通チャネルなどの要因を加味して決まる．2つ目は，各コミュニケーション部門と他の事業部門との間で部門間調整が必要である．一貫性のあるコミュニケーション活動を行うには，組織内の統合が不可欠である．

1）ターゲット顧客

消費財の購買者は，潜在顧客数が多いため，主にマスメディアが活用される．人的販売は，購買が起こる場所（主に小売店）で活用される．ダイレクトマーケティングは，初回購買と反復購買を促進するために活用されることが多い．また，ターゲット顧客によっては，複数のコミュニケーション手段を組み合わせる．例えば，ある家電メーカーが，洗濯機の新製品を市場に投入する際，テレビ広告とオンライン広告を併用して広く消費者にアプローチした．さらに，小売店での実演（デモンストレーション）やダイレクトメールを通じて，具体的な購買行動を促進するキャンペーンも展開した．このように，ターゲット顧客に最適な方法を組み合わせることで，製品の認知度を高め，購買意欲を喚起することがで

きる.

2）製品ライフサイクル（PLC）とコミュニケーション

すべての製品はライフサイクル（PLC, 98頁参照）をもっており，統合マーケティングコミュニケーション（IMC, 144頁参照）の構成は PLC の 4 段階によって変化する．

《導入期》導入期の主なコミュニケーションの目的は，製品やサービスの認知度を高めるために消費者に情報を伝達することである．この段階では，すべてのコミュニケーション手段を採用することが多い．

《成長期》成長期の主なコミュニケーションの目標は，消費者に製品やサービスを購入するように説得することである．広告は他との違いをアピールするために用い，人的販売は流通チャネル（特に小売店）を強固にするために採用する．

《成熟期》成熟期の主なコミュニケーションの目的は，既存顧客を維持することである．広告の役割は，製品の存在を購買者に思い出させることである．割引，クーポン，イベントのような販売促進は，顧客ロイヤルティを維持するために採用する．

《衰退期》衰退期は，製品を徐々に撤退する時期であり，コミュニケーションにコストをほぼ割かない．

3）流通チャネルとコミュニケーション

メーカーが流通チャネルをコントロールすることは難しいが，マーケティングコミュニケーション戦略により製品の移動をサポートすることができる．これには，プッシュ戦略，プル戦略，またはその両方を組み合わせる戦略がある．

《プッシュ戦略》図 11-1 A に，プッシュ戦略の仕組みを示した．プッシュ戦略では，メーカーは流通チャネルのメンバーに働きかけて，当該製品の注文と，在庫の確保をうながすコミュニケーションを採用する．特に，人的販売や販売促進が重要な役割を果たす．メーカーは卸売業者の注文をうながし，販売支援策を提供する．例えば，需要を刺激するために 1 単位当たりの割引（通常価格の 20% 割引など）を提供する販売促進戦略などである．このように流通チャネルを通じて製品を押し出し（プッシュ），流通チャネルのメンバーも消費者にまで製品を押し出すようにするのである．

《プル戦略》メーカーは，新製品を注文したり既存のブランドの在庫を増やしたりすることを望まない流通メンバーの抵抗を受けることがある．このような場

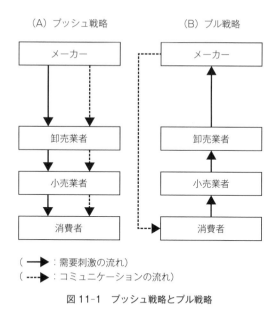

図11-1　プッシュ戦略とプル戦略

合，図11-1Bに示すように，メーカーは消費者を対象にコミュニケーションを働きかけて，消費者が小売業者に製品を要求するよううながす戦略を採用することもある．小売業者は消費者からの需要を確認し，卸売業者に製品を注文し，中間業者を経由して引き寄せられる（プルされる）のである．

例えば，化粧品メーカーのプル戦略は，テレビやSNSで大規模な広告キャンペーンを展開し，消費者に新製品の魅力をアピールする．広告では製品の特長を強調し，さらに販売促進としてサンプルやクーポンを提供して消費者に試してもらう．消費者が近くの小売店でその新製品を求めると，小売店はその需要に応じて卸売業者に注文を出し，卸売業者はメーカーに注文する．このようにして，消費者の需要から製品の流通を引き起こすのである．

4）購買意思決定過程（購買前，購買時点，購買後）

次頁図11-2に示すように，コミュニケーション手段の組合せは，消費者の購買意思決定過程における各段階での相対的な効果を考慮する必要がある．例えば，購買前の段階では，広告やPRを活用して認知を高めることが効果的である．購買時点では，販売促進活動や人的販売が購入を直接促し，認知や態度形成よりも購買行動に強い影響を与える．一方，購買後の段階では，アフターサービスやロイヤルティプログラムが顧客満足度を向上させ，リピート購入を促進す

る．また，広告は購買後に発生する認知的不協和（45頁参照）を解消するのに有効であり，ダイレクトマーケティングは顧客との直接的な接点を通じて購買行動に大きな影響を与える．このように，購買意思決定過程に応じた手段を適切に組み合わせることで，効果的なマーケティングコミュニケーションを実現できる．

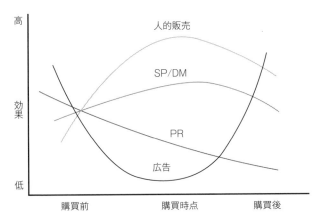

図11-2　購買意思決定過程とコミュニケーション手段の組合せ

3 コミュニケーションプログラムの各段階

　メディアの利用には大きなコストがかかるため，コミュニケーション手段の意思決定は体系的なアプローチを用いて慎重に行う必要がある．戦略的なマーケティングプロセスの計画，実行，評価の各段階に合わせて，コミュニケーション手段も，プログラムの計画→実行→評価の段階に分けて決定する（図11-3）．

1）コミュニケーションプログラムの計画

　《ターゲット顧客の把握》コミュニケーションプログラムを計画する最初のステップは，ターゲット顧客（潜在購買層）を把握することである．ターゲット顧客は，製品やサービスを投入する市場であり，マーケティング調査と市場細分化（セグメンテーション）を通じて特定する．企業がターゲット顧客のライフスタイル，態度，価値観などを多く把握するほど，コミュニケーションプログラムの計画は適切となる．例えば，企業がテレビや雑誌の広告をする場合，顧客がどのようなテレビ番組を視聴し，どのような雑誌を購読しているかを知る必要があ

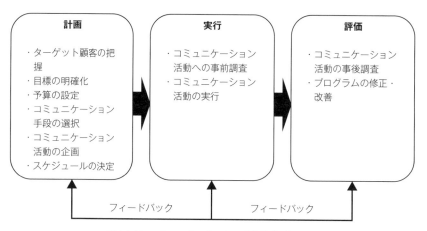

図11-3 コミュニケーションの意思決定プロセス

る．

《コミュニケーション目標の明確化》ターゲット顧客を把握したら，次は，コミュニケーション活動により達成したい目標を明確にする．潜在購買者は，認知→関心→評価→トライアル購買→採用の段階を経て消費者となる．認知は広告や広報を通じて製品やブランドの存在を知らせる段階であり，関心は製品の特徴やメリットを効果的に伝えることで興味を引き，さらに情報を求める段階である．評価では，口コミや詳細情報を基に製品の価値を比較検討し，トライアルでは試供品やプロモーションを通じて実際に試してみる．採用では購入後の満足度を高めるサポートが重要となる．これらの段階を効果的に進めることで，購買者をリピーターやブランド支持者へと導くことが可能である．

全くの新製品が市場に導入される場合，消費者がその製品カテゴリーを初めて認知する必要があり，すべてのブランドに対して一連の認知段階が適用される．例えば，電動スケートボードのように市場に新しく登場した製品は，消費者がカテゴリーの存在と機能を学ぶことから始まり，その後ブランド間の違いを評価する．一方，既存のカテゴリーに新ブランドが加わる場合，いかにして差別化を図るかが重要であり，消費者がすでに知っているスマートフォン市場での新ブランドは，その特有の特徴を強調して競合と区別し，市場での独自の位置を確立する．この段階が，コミュニケーション目標を決定するための重要な指針となる．

裏を返せば，この目標がさまざまな段階に関連するといえる．そして多くの場合，第1段階（認知）に焦点が置かれる．具体的な目標は，認知度の向上からリピーターの増加を達成するために，次の3つの条件を満たす必要がある．①明確

に定義されたターゲット顧客を対象としていること，②測定可能であること，③期間が明示されていること，である．

《コミュニケーション予算の設定》コミュニケーション目標を設定した後に，どの程度の予算を使うかを決定する．コミュニケーション費用の支出に対する厳密な成果を測定する方法はないが，主に下記の方法が予算設定に用いられている．それは，売上高比率法，競合他社対抗法，支出可能額法，目標基準法などである（表11-2）．

表11-2 コミュニケーション予算の設定方法

方　法	内　容
売上高比率法	企業の売上高の一定割合をコミュニケーション予算として設定する方法．売上高の変動に応じて予算も変動する．過去の実績や業界平均を基に予算を決定する
競合他社対抗法	競合他社のコミュニケーション予算や活動に基づいて自社の予算を設定する方法．市場での競争力を維持するために，競合他社と同等の予算を割り当てる
支出可能額法	企業が余裕をもって支出できる範囲内でコミュニケーション予算を設定する方法．財務状況を基にして，利益やコストを考慮しながら予算を決定する
目標基準法	特定のコミュニケーション目標を達成するために必要な費用を逆算して予算を設定する方法．具体的な目標（例えば，認知度の向上や売上の増加）を設定し，その目標を達成するために必要な活動と費用を見積もる

《コミュニケーション手段の選択》コミュニケーション予算を決定した後に，コミュニケーション手段として広告（AD），人的販売（PS），販売促進（SP），広報（PR），ダイレクトマーケティング（DM）の組合せを検討する．実行可能な組合せ（コミュニケーションミックス）が多ければ，多様な戦略で目標を達成することができる．したがって，この分析力や経験値は，コミュニケーションプロセスの意思決定に，特に重要である．

コミュニケーションミックスは，1つの手段を用いるシンプルな戦略から，全手段を用いる包括的な戦略まで多岐にわたる．例えば，夏季および冬季オリンピックは2年ごとに開催される．そのため，コミュニケーション活動は大会の開催年と非開催年を通じて継続的に行われる．これには，各国政府や機関，企業，選手，一般聴衆などさまざまなグループをターゲットにした広告キャンペーン，オリンピック委員会などによる人的販売活動，オリンピック関連商品やスポンサー企業製品への販売促進，開催都市の広報計画，オンラインとデジタルコミュニケーションによるDM活動などがある．このとき，各手段の相対的な重要度を評価することが重要である．多様なコミュニケーション活動を効果的に統合することが望ましいが，1つの手段を強調することもある．オリンピックの例でい

えば，PRの重要性が高く評価されている．

《コミュニケーション活動の企画》コミュニケーションプログラムの中核は，各コミュニケーション活動そのものである．広告は，ターゲット顧客が見たり聞いたりするように意図された広告のキャッチコピーやグラフィック表現で構成される．人的販売では，販売員の特性と技術が重要な役割を果たす．販売促進は，クーポン，サンプル，景品など具体的な誘引策である．PR計画は，ニュースとして取り上げられ，一般聴衆に広く周知する．DMは，従来のはがきや封書に加え，eメールやSNSなど，アナログとデジタルを組み合わせることが主流になっている．

コミュニケーション活動の企画では，創造性と洞察力が特に求められる．例えば，広告ではユーモアや恐怖といった魅力的かつ創造的なコンセプトやテーマを訴求することが効果的である．他方，DMでは，顧客の欲求に対するパーソナライズやカスタマイズなどを多様に企画することができる．なお，こうした統合マーケティングコミュニケーション（IMC，144頁参照）課題の1つは，同じメッセージが一貫して（ブレずに）伝わるように，各コミュニケーション活動を調整することである．

《コミュニケーション活動のスケジュール決定》各コミュニケーション活動を企画した後に，それを最も効果的に実行するスケジュールを決定する．各コミュニケーション要素を提示する順序と，キャンペーン期間中に実行する頻度を決定するのである．

スケジュールの決定に影響を及ぼすのは，季節的変動や競合他社のコミュニケーション活動などが挙げられる．例えば，スキーリゾート施設，航空会社，プロスポーツチームの運営企業などは，オフシーズンにコミュニケーション活動を減らす傾向がある．また，小売店やレストラン，フィットネスクラブなどは，新しい競合他社が市場に参入する際にコミュニケーション活動を増やすことが多い．

2）コミュニケーションプログラムの実行と評価

最も効果的なコミュニケーションプログラムの実行方法は，事前に徹底的な調査を行い，効果を最大化するために適宜修正が可能な状態で実施することである．また，各コミュニケーション手段の影響力と目標達成への寄与度合いを測定するための事後調査も欠かせない．コストが大きな広告に対しては，特に緻密な事前調査と事後調査のプロセスを踏む．販売促進とDMに関する事前・事後の

調査は，市場セグメント間の反応の違いに焦点を当てている．そして，統合マーケティングコミュニケーション（IMC）の成果を最大化するために，各コミュニケーション手段の相対的な影響力と実行可能な選択肢をさまざまな状況で比較できるよう，調査と結果に対するデータベースを構築し，維持することが重要である．

　このようなデータベースは，財務部門や管理部門がIMC活動をサポートするための情報でもある．IMCを成功に導く重要な要素は，プログラムの企画と実行を可能にする仕組みを構築することである．そのための手段の1つに，企業の現在のプロセスを評価するIMC監査がある．IMC監査では，企業の内部コミュニケーションネットワークを分析し，主なターゲット顧客を把握し，顧客データベースを評価する．また，直近の広告メッセージやメディアによる情報提供，商品の包装，ウェブサイト，eメールによるコミュニケーション，グラフィック情報システム，販売促進，ダイレクトメールなどの評価を行い，自社および代理店のIMC能力も調査する．さらに，ブログやFacebook, Instagram, YouTubeなどのSNSの利用が増え，検索エンジンの利用も増加する中で，このプロセスの重要性はますます高まっている．企業は，従来のコミュニケーション手段を統合するだけでなく，消費者の利用コンテンツを追跡し，一貫性のあるメッセージを提供し，個別顧客のニーズや欲求に対応する必要がある．

Learning Review

1. コミュニケーションミックスには，広告，人的販売，販売促進，広報（PR），DMがある．各手段の特徴と効果的な活用方法を説明せよ．
2. ターゲット顧客の特性，製品ライフサイクル（PLC）の各段階と，流通チャネル戦略（プッシュ戦略，プル戦略）に応じたコミュニケーション手段を説明せよ．
3. コミュニケーションプログラムの開発において，計画，実行，評価の各段階で考慮すべき要点を説明せよ．
4. 潜在購買者が「認知→関心→評価→トライアル購買→採用」の各段階を経て消費者となる．各段階で有効なコミュニケーション手段を挙げ，それが各段階の消費者行動にどのような影響を与えるかを考察せよ．
5. 企業のコミュニケーション予算の策定方法について説明せよ．続いて，コミュニケーション予算を策定する意思決定者に対し，最も推奨する策定方法を挙げ，その理由を述べよ．

Column

Transforming Communication Strategies with AI
AIによるコミュニケーション戦略の変革

　人工知能(AI)の進化は,マーケティングコミュニケーションにも革命をもたらしている.企業が顧客とどのように対話し,関係を築くかを根底から変えつつあるこの技術は,多方面での応用が可能である.以下,AIが企業のコミュニケーション戦略をどのように変えているかを述べる.

　・**顧客行動の予測とパーソナライゼーション**:AIは顧客データを分析し,行動パターンを学習することで個々の消費者のニーズを予測する.企業はこの情報を用いて,ターゲット顧客に合わせてカスタマイズしたコミュニケーションを展開し,マーケティングの精度を向上させることができる.

　・**リアルタイム顧客サービスの強化**:AIチャットボットや仮想アシスタントは,顧客からの問合せにリアルタイムで反応し,具体的な問題解決を提供する.これにより,顧客満足度が向上し,オペレーションの効率化も図ることができる.

　・**コンテンツ生成とコンテンツマーケティングの革新**:AIは記事や報告書を自動で生成するだけでなく,ユーザーの興味や嗜好に合わせたコンテンツを提案することも可能である.AIが生成するコンテンツは,ターゲット顧客に,より適切な情報を提供し,満足度を最大化する.

　・**感情分析による洞察の深化**:AIは,顧客の声やSNS上の反応から感情を読み取り,それに基づいてコミュニケーションプログラムを調整する.これにより,企業は顧客の真の感情やニーズを理解した,より関連性の高いメッセージを送ることができる.

　・**予測分析による戦略的意思決定の支援**:AIは,マーケティングキャンペーンの成果を予測し,より効果的な戦略の策定を可能にする.企業はこれを活用して,投入する資源(リソース)を最適に配分し,投資収益率(ROI)を最大化する計画を立てることができる.

　AI技術の進化とともに,コミュニケーションプログラムはさらに洗練され,顧客とのつながりはより深く,意味のあるものに変化している.企業は,これらの革新的なテクノロジーを適切に統合し活用することで,競争優位性を獲得し,市場での成功をより一層確実なものにしていくであろう.

第12章　広告，販売促進，PR

Learning Point

▶ 製品広告と企業広告の基本的な違いと特徴を学び，これらの広告が，異なるターゲット顧客にどのようにアプローチするかを理解します．

▶ 広告の効果を最大化するために，戦略的な計画の立案，効果的な実行，精密な評価，の各段階を深掘りし，これらが広告キャンペーンの成功にどのように寄与するかを学びます．

▶ デジタルメディア，プリントメディア，アウトドア広告，放送メディアなどの各種広告媒体のメリットとデメリットを学びます．

▶ クーポン，リベート，コンテスト（抽選）など，消費者を直接的に動機付ける販売促進手段の効果と消費者行動への影響を理解します．

▶ 割引，販売支援ツール，販売研修など，流通チャネルを刺激して動機づける販売促進手段を学び，それぞれがどのように中間業者の行動を誘導するかを理解します．

▶ メディアを通じて公共の信頼と理解を築くための戦略的なPR（広報）の手段について学びます．

Key Terms

広告，製品広告，企業広告，消費者向け販売促進，流通業者向け販売促進，PR（広報）

1　広告の種類

　広告（Advertisement, AD）は，「向きを変える」という意味のラテン語「advertere」に由来し，潜在顧客に興味をもたせる目的をもっている．自社の存在やブランド，製品やサービスなどの情報を広く人々に伝える活動であり，有料のメディア（媒体）を通じて行われる．広告は，自らの宣伝であることを明示しながらメッセージを伝える．広告とよく混同される活動として，広報（PR）やパブリシティがある．それは新製品の発表やイベントの開催を通じてメディアに取材をうながし，記事掲載を目指すものである．広告はさまざまな目的で企画され，主に製品広告と企業広告がある．

1）製品広告

製品やサービスの販売に焦点を当てる製品広告には，開拓型広告，競争型広告，リマインダー広告の3つがある．

《開拓型広告》開拓型広告は，製品ライフサイクル（PLC，98頁参照）における導入期に用いられる広告である．これは，製品の特性や利用方法，購入場所などを消費者に伝えることを目的とし，顧客がまだ存在しないターゲット市場に詳細な商品情報を提供する．豊富な情報を魅力的に伝えようとすることが多い．消費者は広告を通じて自分のニーズや欲求を認識することができる．例えば，新発売のスマートホームデバイスがどのように日常生活を簡便にするかを紹介する広告などがこれに該当する．

《競争型広告》競争型広告は，自社製品やサービス（以下，ブランド）の具体的な特徴とメリットを効果的に伝えるために用いられる．主な目的は，他のブランドではなく自社のブランドを選ぶように消費者を説得することである．特定のブランドの長所と比較して示す（比較広告）ことが多い．これは，消費者の知識や理解を高める効果がある一方，広告内容に法的な問題がないかを十分に検討する必要がある．例えば，ある洗剤のブランドが他のブランドと比較してどれほど汚れ落ちが良いかを示す広告が挙げられる．これは消費者に具体的な比較情報を提供し，製品選択に影響を与えることを目指すものだが，その根拠を明確にすることや，他社ブランドを貶めることのないような配慮が必要である．

《リマインダー広告》リマインダー広告は，構築したブランドロイヤルティを維持し，消費者が自社ブランドを忘れないようにするために用いる．PLCの成熟期にあり，すでに認知されているブランドに適し，主にイメージを強調する目的をもつ．なかでも強化広告は，顧客が製品の購入が正しい選択だったと感じさせることを目的としている．この場合，顧客が製品に満足して使用している様子を掲示し，他の顧客にも同様な満足度を与えることを約束する．例えば，コカ・コーラが夏季に向けて「冷たいコーラで涼をとろう」といったキャンペーンを行う広告がこれに該当する．

2）企業広告

企業広告は，製品やサービス（以下，ブランド）を直接売り込むというよりも，企業のイメージを向上させたり，ブランドに対する信頼を構築することを目的としている．例えば，トヨタ自動車や資生堂，ソフトバンクなどの企業広告は，個別ブランドの宣伝を超えて企業の哲学や経営理念を顧客に伝えている．ま

た，企業広告は PR 活動を後押ししたり，不利なメディアの影響を緩和するためにも利用され，企業の公式（パブリック）イメージを形成するうえで重要な役割を果たす．以下，主な企業広告4つを解説する．

《アドボカシー広告》企業が社会的または環境的な問題に対する立場を表明する広告をアドボカシー広告という．例えば，コスモエネルギーホールディングスの省エネルギーを促進する広告や，日本赤十字社の献血協力キャンペーン広告などである．日本赤十字社のキャンペーンは，一般の人々に献血の役割と重要性を理解させるためのもので，広告を通じて社会的責任と協力の精神をうながしている．

《開拓型企業広告》この広告は，企業の存在感や活動範囲を消費者に紹介することを目的としている．例えば，製薬会社のバイエル社の広告は，アスピリン以外にも多様な製品を提供していることを強調し，企業の多角化をアピールしている．また，Googleの「Made by Google」キャンペーンは，同社が単なる検索エンジンやソフトウェア会社を超えた企業であることを広く知らせるために始まった．スマートフォンやスマートホームデバイス，パーソナルアシスタントなど，自社で設計・製造したハードウェア製品を前面に押し出し，これらの製品が日常生活にどのように溶け込んでいるかを掲示し，新技術がいかに生活を豊かにするかを強調した．このキャンペーンは，Googleの企業イメージを広げ，イノベーションをアピールすることに役立った．

《競争型企業広告》この広告は，自社の製品カテゴリーが他の製品カテゴリーに比べて優れている点を強調することを目的としている．特定の市場において同一購買者層をターゲットに，複数の製品カテゴリーが競争している状況で用いられる．例えば，米国の乳製品加工業者や酪農家は，ソフトドリンクや植物性飲料など他の飲料市場との競争に直面しており，市場での競争力を維持し，牛乳の消費減少に対抗するために，消費者に牛乳の健康的な利点を再認識させる「ガット・ミルク？」キャンペーンを実施している．このキャンペーンは，ユーモアや創造的な広告手法を駆使して消費者の注意を引き，彼らに牛乳を選択させることを促し，結果として牛乳消費量の増加を図っている．

《リマインダー企業広告》すでに市場に確立されたブランドの認知を維持し，消費者の記憶に新たに刻むことを目的とした広告をリマインダー広告という．消費者がそのブランドを忘れないように定期的に実施されることが多い．例えば，コカ・コーラのホリデーシーズンの広告キャンペーンは，コカ・コーラとともに過ごす楽しい時間を思い出させ，ブランドロイヤルティを強化するために展開さ

れる．特にクリスマスシーズンには，サンタクロースとコカ・コーラのボトルが一緒に登場する広告が多く見られ，親しみやすいイメージを提供する．

2 広告プログラムの開発

上述した広告プログラムの開発は，次の6段階で行われる．

第1段階）ターゲット顧客の明確化

効果的な広告プログラムを開発するためには，企業（広告主）はターゲット顧客を明確に理解する必要がある．広告プログラムの全過程は，潜在顧客の特性に基づいて立案される．主に，ターゲット顧客のライフスタイル，態度，人口統計学的な特性を理解することが重要である．また，選択する広告メディア（媒体）もターゲット顧客の特性に合わせて選ぶ．例えば，フィットネスウェアのブランドが新しいアクティブウェアを市場に投入するキャンペーンを展開する場合，ターゲット顧客として，若いアスリートやフィットネス愛好家を設定する．この顧客層は健康や運動に対する意識が高く，スタイリッシュで機能的なフィットネスウェアを求めている．そこで，広告主は，InstagramやYouTubeなどのソーシャル・メディア・プラットフォームを利用したデジタル広告に重点を置いた．これらのプラットフォームはビジュアル表現が豊かで，ターゲット顧客が日常的に利用し情報を取得する場所であるため，広告の視認性とエンゲージメント（深いつながり）が高まる．

第2段階）広告目標の明確化

広告目標とは，特定のターゲット顧客を対象として，一定期間内に達成すべき具体的なコミュニケーション行動（タスク）を指す．広告目標は，ターゲット市場，ブランドポジショニング，マーケティングプログラムなどの戦略的な意思決定に基づいて設定される．例えば，高級時計ブランドが製品の認知度を高めるための広告キャンペーンで，ゴルフやヨットなどのラグジュアリースポーツを楽しむ富裕層をターゲットに設定したとする．このターゲット顧客には高級志向の雑誌やオンラインのライフスタイルマガジンを利用した広告が適している．高級ブランドと親和性が高く，品質や独自性を強調する内容が効果的に伝わるメディアに掲示することで，広告の影響力を最大化することができる．

第3段階）広告予算の決定

広告予算の決定は，広告の目標とターゲット市場の状況に基づいて行われ，一般に，市場が魅力的であるほど，企業は広告予算を充てる．例えば，アメリカンフットボールのチャンピオン決定戦であるスーパーボウルは，米国の広告業界で特に重要なイベントである．1990年のスーパーボウルでは，30秒の広告スポットが70万米ドルだったが，2010年には430万米ドルに急増し，2024年では650万〜700万米ドルにまで上昇している．この価格上昇は，視聴者数が増加し，1億人以上が視聴する一大イベントとなったことが主な理由である．また，スーパーボウルの視聴者は，広告主にとって非常に魅力的なターゲット市場を形成しているため，このような高額な広告費が正当化されている．ある調査結果によれば，スーパーボウルの視聴者は男女比がほぼ等しく，ほとんどの視聴者が65本以上のスポット広告を見ていると報告されている．特に，スーパーボウルで広告を放映した映画は，その売上が40％以上も増加したという結果が出ており，これがスーパーボウルがコカ・コーラなどの大手ブランドと長期に渡り関係を築いている理由の1つである．

広告予算の決定には，表12-1に示す4つの方法がある．

表12-1　広告予算の決定法

方　法	内　容
売上高比率法	企業の売上高のうち，特定の割合を広告予算として割り当てる方法．この割合は，過去の実績，業界平均，または将来の売上予測に基づいて決定されることが多い
目標達成法	広告が達成すべき具体的なコミュニケーション目標を設定し，それらの目標を達成するために必要なタスクを特定する方法．その後，各タスクの実行に必要な費用を算出し，それを合計して全体の広告予算を定める
競合他社対抗法	競合他社の広告支出を基に予算を設定する方法．業界内での競争を基準にして自社の広告予算を調整し，市場でのシェアや競争力を維持しようとするアプローチ
媒体（メディア）割当法	異なる広告媒体ごとに予算を割り当てる方法．各媒体の到達範囲，ターゲット市場への影響力，コスト効率などを考慮して，テレビ，ラジオ，印刷物，オンラインなどの各媒体に対する投資額を決定する

第4段階）広告の訴求方法

広告メッセージは主に，潜在顧客が製品やサービスを購買しようとする際，または購買意思決定を行う際の，重要な便益や価値（キーベネフィット）に焦点を当てて訴求する．

《**メッセージの内容**》広告メッセージは，情報と説得の要素で構成され，消費

者に製品やサービスの購入理由を明確に伝えることが求められる．企業は，さまざまな訴求表現を採用するが，例えば①ユーモアアピール，②恐怖アピール，③セックスアピールなどがある．

　①ユーモアアピールは，自社製品が競合製品に比べて面白くて興味深いものであることを，さりげなくかつ明確に訴求する方法である．多くの製品カテゴリーで広く用いられ，広告での効果が高い．ただし，ユーモアの効果は国や地域の文化によって異なるため，世界市場に向けたグローバルキャンペーンにおいては注意が必要である．

　②恐怖アピールは，製品やサービスの購買・使用がネガティブな経験を回避できる手段であることを提案する．広告主はこの方法を用いる際，アピールが十分に強力で注意を引く一方で，強過ぎて消費者がメッセージ自体を避けることがないように慎重にバランスをとる必要がある．例えば，運転中のスマートフォン操作（テキストメッセージング）に関する広告キャンペーンでは，交通事故の恐ろしい映像を用いてドライバーに警鐘を鳴らしている．しかし，内容があまりにショッキングであるため，人々が映像を避けることがある．そのため，広告は教育的な情報と警告のバランスを取る必要がある．このバランスが広告の効果を最大化する鍵である．

　③セックスアピールは，製品やサービスの使用者の（性的な）魅力を高めることを示す訴求方法である．これは自動車から歯磨き粉まで，ほぼすべての製品やサービスの広告で見られる．ただし，セックスアピールが常に購買意向に変化をもたらすわけではない．広告のイメージとブランドポジショニングとの整合性が高い場合に最も効果的である．例えば，資生堂の「椿（TSUBAKI）シャンプー」キャンペーンは，女性の自然な美しさと魅力を強調している．洗練されたモデルを起用し，製品を通じて内面的な美しさや自信を引き出す様子を描いていることで，ブランドコンセプト「髪を愛する，美しく生きる」を具現化している．この広告は資生堂のブランドイメージと一致しており，製品が消費者の美を高めることを訴求している．

　《**メッセージ制作**》コピーライターは，広告における文言（コピー）全般を作成する役割を担っている．また，ハイレベルなイラストやデザイン，販促ツールなどの制作計画を立てるには多くの費用と時間がかかる．30秒間の高画質なテレビ広告（テレビCM）を製作するには，1,000万〜5,000万円がかかるといわれる（タレント出演料なども含む）．特にグローバルキャンペーンの広告コストが高くなる理由は，地域を特定しないようなエキゾチックな場所で撮影することが

多いためである．例えば，トヨタ自動車のグローバルキャンペーンは，広告コストが高騰している代表例である．「Start Your Impossible」というスローガンを掲げた広告では，有名アスリートを起用し，多様な文化や地域を背景にした映像が使用されている．こうしたキャンペーンは出演料を含む制作費が高額になる一方で，ブランドの国際的イメージを強化し，世界中の消費者にアピールする効果が期待されている．

第5段階）広告媒体の選択

　広告媒体の適切な選択は，ターゲット顧客への直接的なメッセージ配信に不可欠である．テレビ，ラジオ，新聞，雑誌，インターネットなどがあり，それぞれのメリットとデメリットを表12-2に示す．媒体の選択には，ターゲット顧客の特性，製品やサービスの性質，メッセージの内容，キャンペーンの目的，広告予算などを考慮して行う．

　広告主は，複数の媒体を横断的に活用するクロスメディア戦略を用いて，ターゲット顧客へのメッセージの露出や配信を最大化しつつ，コストを抑えることを目指す．つまり，広告の到達率（リーチ）が高く，できるだけ多くの人々に効率的にメッセージが届くことが望ましい．リーチの定義は媒体によって異なり，新聞では発行部数や購読世帯数，テレビやラジオでは視聴率や聴取率をいう．

　また，広告主はターゲット顧客に対して，メッセージを繰り返し露出させることを望む．広告の露出頻度（フリークエンシー）が高いほど，ターゲット市場でのメッセージの影響が増すと考えられるためである．広告の媒体効果の評価指数として一般的に用いられるのが，累積到達率（Gross Rating Point，GRP）である．これは，リーチとフリークエンシーの積算により，評価する．つまり，どれだけ多くの視聴者が広告を見聞きし（リーチ），どれだけ頻繁に接触したか（フリークエンシー）によって測定するのである．

第6段階）広告スケジュールの設定

　広告スケジュールを設定する際，主に3つの要素を考慮する．これらの要素は，広告キャンペーンの有効性と効率を最大化するための基盤となる．1つ目は，購買者の回転率である．この指標は，市場に新規顧客が参入する頻度を表す．購買者の回転率が高い場合，製品やサービスを定期的に新規顧客に紹介する必要があるため，広告の頻度も高くなる．2つ目は，購買頻度である．製品やサービスが定期的に購入される場合，消費者が主にリピート購入するため，広告

表 12-2　広告媒体の種類とメリット，デメリット

媒 体	メリット	デメリット
TV（主にCM）	・非常に多くの顧客に到達可能 ・映像・写真・文字・音声などを統合し，五感に訴えることができる ・高い注目度と広範囲のリーチ	・運営コストが高い ・メッセージの露出時間が短い ・複雑な情報の伝達には向かない
ラジオ（主にCM）	・低コストで運用可能 ・特定地域の顧客をターゲットにできる ・短期間で実施できる ・音声を使ったユーモアや親近感のある表現が可能	・ビジュアル要素がない ・メッセージが短時間で消失しやすい ・複雑な情報の伝達には向かない
新 聞	・地域市場に直接アプローチできる ・広告の迅速な掲載と変更が可能 ・読者による広告の保管が可能	・新聞記事と競合することがある ・広告の寿命が短い ・画質が低い場合がある
雑 誌	・特定地域や特定分野の顧客をターゲットにしやすい ・高画質で鮮やかなカラー表現が可能 ・中期的にわたる広告の保存が可能 ・複雑な情報を伝えやすい	・広告を実施するまでの時間が長い ・比較的コストが高い ・他の記事と競合することがある
インターネット	・動画や音声を利用できる ・相互作用性が高く，対話も可能 ・ターゲットを細かく選択できる	・利用者が少ない国や地域では効果が限定的 ・広告効果の計測が難しい場合もある
交通・屋外広告	・低コストで運用できる ・地域市場への集中的なアプローチが可能 ・目立つ位置での広告掲載が可能 ・繰返しの露出が多く，視認回数を増やせる	・ターゲットの選択が困難 ・クリエイティブな表現に制限がある ・広告設置場所の安全性への配慮が必要（場合によっては交通事故のリスクがある）
ダイレクトメール	・ターゲットの選択ができ，高度にパーソナライズされたメッセージを送ることが可能 ・広告の競合がなく，受信者の注意を独占できる・送信内容やタイミングの柔軟性が高い	・比較的コストが高い ・受信者によっては「迷惑メール」と見なされ，読まれずに廃棄されるリスクがある

[出所：コトラー，ケラー（2014），p.716 を基に作成]

を繰り返し掲示する必要が減少する．この場合，広告のスケジュールは，新規顧客を引きつけるよりも既存の顧客を維持することに重点を置く．4つ目は，忘却率である．これは，製品やサービスが消費者の記憶からどれくらいの速さで消えていくかを測る指標である．消費者の忘却速度が速い場合，広告の露出を増やして記憶を新鮮に保つことが重要である．

また，これらの要素を基に，広告のタイミングや頻度を決定するには，市場の

動向や消費者行動の理解が不可欠である．多くの企業は，以下3つの基本的な広告スケジュールを用いる．1つ目は，継続型スケジュールで，1年を通して一定の頻度で広告を行う方法である．市場での一貫性を保ち，常に市場に存在感を示すために効果的である．このスケジュールには季節要因は重要ではない．2つ目は，パルス型スケジュールで，需要の増加中，プロモーション活動の集中期間，または新製品の発売時に採用する．継続型スケジュールと組み合わせて，特定の時期に広告活動を強化する．3つ目はフライト型スケジュールである．普段は広告を行わないが，季節的需要や特定のイベントを反映するために，特定の期間に集中して広告を行うスケジュールである．必要な時にのみ資源（リソース）を集中させることができる．

3 広告プログラムの実行と評価

　広告プログラムの実行と評価は，広告を公開することだけではなく，事前の広告コピーの評価も含む．マーケティング管理者は，広告活動全体の成果を検証し，投資した広告費用が効果的に使われたかを確認する必要がある．これは，広告キャンペーンの公開前後の2段階で行う．特に，広告アイデアの創出段階と広告コピー（文言）の開発段階で用いる方法を以下に説明する．

1）広告の事前調査

　広告の事前調査の目的は，広告案の評価（例：メッセージ，媒体など）を事前に把握することである．消費者やユーザーの意見を収集し，それを意思決定の材料として活用する．主な調査方法は以下の3つである．1つ目のポートフォリオテストでは，複数の広告案を含む資料（ポートフォリオ）を用意し，これをテストグループに提示する．このテストにより，広告案の中から最も効果的なものを選ぶ．この広告案はトライアル広告と呼ばれており，消費者の反応を測定することが目的である．2つ目のジュリーテストは，選ばれた広告コピーを消費者の集まり（パネル）に見せ，彼らに広告の好意度，注目度，魅力などを評価してもらう．これにより，事前に消費者の反応を測定し，必要に応じて調整を加えることができる．3つ目のシアターテストは，事前調査の中で最も高コストな方法で，専用の劇場で実際に広告を映し出し，招待した観客の反応を観察する．このテストは，広告の全体的な魅力と効果をリアルタイムで評価するのに適しており，大規模な市場導入前の最終チェックとして役立つ．各テストで広告のさまざまな側面を事前に評価し，調整することで最終的なキャンペーンの成功に不可欠な情報

を得るのである.

2) 広告プログラムの実行

広告プログラムは，さまざまな代理店によって，異なる方法で実行されることが一般的である．以下に，主な3つのタイプの代理店とその特徴を述べる．

《①総合サービス代理店》総合サービス代理店は，市場調査，メディア（媒体）の選択，広告コピーの開発，グラフィックデザイン，映像制作など，広告やマーケティング関連の包括的なサービスを提供する．統合マーケティングコミュニケーション（IMC）という概念が導入されて以来，多くの広告主は手数料に基づく業務（コミッション制度）から，成果報酬に基づく業務（インセンティブ制）の形態に移行している．後者は，具体的な成果目標の達成に応じて追加のボーナスを支払われる場合もある．電通や博報堂などは大手広告代理店として，総合的な広告サービスを提供している．これらの代理店はグローバルなネットワークをもち，広告，メディアプランニング，デジタルマーケティング，イベントマネジメントなど，多岐にわたるマーケティングサービスも提供している．

《②限定サービス代理店》限定サービス代理店は，特定の広告分野に特化したサービスを提供する（クリエイティブな広告コピーの開発，新しい媒体の購入，インターネット関連サービスなども含む）．これらの代理店は，提供するサービスの性質に応じて異なる報酬を受け取る．限定サービス代理店の代表例としてタグボート社がある．同社は，特にクリエイティブな広告制作に特化しており，ビジュアルデザイン，キャンペーンのコンセプト作成，コピーライティングなどを手掛けている．大手広告代理店が提供する全方位的なサービスではなく，特定の広告関連業務に注力し，より専門的で創造的なアプローチを顧客（広告主ならびに消費者）に提供している．

《③ハウス・エージェンシーとイン・ハウス・エージェンシー》ハウス・エージェンシーは，特定の親会社やグループ企業専属の広告代理店として独立した法人格をもち，親会社の広告業務を効率的に管理・運営するために設立される．独自に外部クライアントの案件を受注することもあるが，基本的には親会社の広告活動が主業務である．JR東日本企画や東急エージェンシーが日本の代表的な例であり，グループの強みを活かした広告活動が特徴である．なお，韓国では，ハウス・エージェンシーが主流であり，多くの大手広告代理店が財閥傘下にある．具体例として，サムスン傘下のチェイル・ワールドワイド，現代自動車グループ傘下のイノションワールドワイド，ロッテグループ傘下のテホン企画などが挙げ

られる.

　一方，イン・ハウス・エージェンシーは，企業内部に設置された広告・マーケティング部門であり，外部に委託せず広告制作やマーケティング戦略を内製化することを目的としている．法人格をもたない企業の一部署として運営され，コスト削減や迅速な対応，ブランドイメージの一貫性を重視する．ユニクロや楽天，無印良品がその代表例であり，顧客データを活用した効率的な広告運用が行われている．

3）広告の事後調査

　広告の意思決定プロセスは，広告プログラムの実施で終わるものではない．広告が意図した目標を達成しているどうかを，事後調査により評価する必要がある．評価の結果，広告プログラムの修正が必要な場合もある．以下，事後調査の主な5つの方法を述べる．

　《①助成想起法》この方法は，調査対象者にブランド名を提示し，その認知状況を確認するものである．清涼飲料水やスナック菓子のように，消費者のブランドへのこだわりが比較的少なく，コンビニエンスストアなどで容易に入手でき，陳列棚で比較しやすい製品では，再認知名度（意図せずとも思い出せる確率）の向上が目指される．そのために，ロゴマークを見せてブランドを答えさせたり，広告を見せて記憶にあるかを問う調査方法が用いられる．

　《②純粋想起法》広告やブランドの浸透率を調査するために，調査対象者にヒントを与えずに知っている広告やブランドを思い出してもらう方法である．助成想起よりも回答が困難であり，記憶や心理に深く刻まれているため，購買時に選択されやすいとされるが，どちらの方法を重視するかは製品によって異なる．

　《③態度テスト》態度テストは，主に広告キャンペーンの効果を評価する方法である．このテストは，広告された製品に対する消費者の態度が広告前と比較してどのように変化したかを測定する．具体的には，製品に対する評価，感情，購買意向の変化を調査し，広告キャンペーンの影響力と効果を把握する．特定の広告キャンペーンがターゲットとする感情や価値観にどの程度響いているかを明らかにするために重要である．

　《④インクワイアリテスト》インクワイアリとは「無作為の照合」をいう．広告の引き起こす行動的反応を評価する方法である．調査対象者に製品情報，製品サンプル，クーポン，景品などを提供した後，どのアプローチが質問や問合せを最も多く引き起こすかを観察する．このテストは，消費者が積極的に情報を求め

る動機付けを測定できるため，特に新製品の市場導入やブランドのリポジショニング戦略（85頁参照）において有効である．広告が消費者にどれだけ強い印象を与え，行動をうながすかを把握するための指標を提供する．

《⑤販売テスト》販売テストは，異なる市場での異なる広告媒体（例えば，ある市場でのラジオ広告と他の市場での新聞広告）を用いた実験と，広告キャンペーン後の小売店売上を組み合わせた方法である．例えば，広告スケジュールや広告コピーなどの要因（広告変数）を意図的に操作し，その結果を売上高などの評価基準で測定することで，広告変数の変化が購買行動に与える効果を把握しようとするものである．

4　販売促進

販売促進は現在，急速に拡大しており，コミュニケーションミックスの重要な要素として注目されている．マーケティング予算の30％が広告，40％が消費者向け販売促進，20％が流通業者向け販売促進，10％がその他のマーケティング活動に割り当てられているといわれている．このようなマーケティング予算の割り当ては，さまざまなコミュニケーション手段を統合するという業界のトレンドを反映している．調和の取れたコミュニケーション手段の統合のためには，各メリットとデメリットを正確に把握することが必要である．

1）消費者向け販売促進

消費者向け販売促進は，企業の広告や人的販売を補完し，直接的に消費者の購買行動を促進するための方法である．これには，クーポン，割引販売，プレミアム（おまけ），コンテストと景品，サンプル，ロイヤルティプログラム，POP広告（point of purchase advertising），リベート，プロダクトプレイスメント（PPL）などがある（次頁表12-3）．

これらの販売促進活動は，短期的な売上増加だけでなく，長期的なブランドロイヤルティの構築にも寄与する．各戦略を，特定の目的やターゲット市場に応じて選択し，効果的に実施する必要がある．

2）流通業者向け販売促進

流通業者向けの販売促進活動は，卸売業者や小売業者など中間業者を対象に，広告や人的販売をサポートする．これには，アロウワンス（手数料や販売報奨金），ディスカウント（値引き），共同広告，流通業者の販売員研修などがある．

表 12-3　消費者向け販売促進

方 法	内 容
クーポン	消費者が製品購入時に利用できる割引券を提供し，初回購入の奨励やリピート購入をうながす
割引販売	期間限定で商品価格を下げることで，在庫の迅速な回転をうながすとともに消費者の購入意欲を高める
プレミアム（おまけ）	製品購入時に追加の商品やサービスを無料で提供し，付加価値を感じさせる
コンテストと景品	購入を条件とする抽選や競技を通じて，ブランドとの絆（エンゲージメント）を深めさせる
サンプル	特に新製品の市場導入時に，消費者に無料で製品を試用してもらうことで，製品の認知と受容を促進する
ロイヤルティプログラム	長期的な顧客関係を築くために，購入頻度や金額に応じて報酬を提供する
POP 広告	販売店での視覚的な広告を用いて，購入の決断を直接促進する
リベート	購入後に一部の金額を返金することで，顧客の満足度を高め，再購入をうながす
プロダクトプレイスメント PPL	映画やテレビ番組などのメディアコンテンツ内で製品を自然に使用することで，ブランドの露出と親しみやすさを高める

《アロウワンスとディスカウント》流通業者向けの販売促進では，メーカーは主に流通在庫の増加に焦点を当てる．流通業者が消費者の購入頻度を増加させるために，アロウワンスとディスカウントを採用する．アロウワンスとは，小売業者が製品を特に推し進めることに合意した際に一定額を提供するものである（129頁参照）．ディスカウントとは，一定期間内に購入された商品に対し，1件ごとに直接割引を適用することである．ただし，メーカーが過度に値下げを行うと，小売業者の期待が過剰に高まり，取引条件の変更を招くおそれがある．例えば，さらなる値下げ要求や返品の押しつけ，支払い条件の見直しなど，小売業者に有利な条件変更が求められる可能性がある．

　メーカーが提供するアロウワンスとディスカウントには，主に以下の3つがある．1つ目は，製品管理アロウワンスである．小売業者が製品の在庫管理や展示に特別な取り組みを行う場合に，メーカーから提供されるインセンティブ（報奨金）である．これにより，製品の適切な取り扱いとプロモーションを奨励する．2つ目は，ケースアロウワンスである．これは製品を箱やコンテナ（ケース）単位で購入する際の割引やキックバック（謝礼など）である．大量購入を通じて流通業者のコストを削減し，量販を促進するために設計されている．3つ目は，財

務アロウワンスである．流通業者の製品購入や在庫保持に伴う財務的な負担を軽減するために，メーカーから提供される金融面の支援である．これにより，流通業者のキャッシュフローの改善を図る．

《共同広告》流通業者（特に小売業者）は，自社の営業エリアにおいてメーカーの製品やサービスの購入および販売を促進する役割を担う．共同広告とは，メーカーが小売業者による地域広告の費用の一部を負担する方法である．

メーカーは，小売業者が購入した製品の量に応じて，広告費の一定割合を負担することが多い．なお，この割合は通常50％である．このほか，メーカーが複数の広告を制作し，その中から小売業者が選択できるようにすることもある．例えば，小売業者が独自に調整できる多様な印刷広告（ポスター）や，複数のテレビCMの代案を提供する．

《流通業者の販売員研修》流通業者の役割の1つは，メーカーに代わって顧客との接触や製品の販売を行うことである．その販売員の研修をサポートすることは，メーカーにとって重要である．一般に，流通業者の販売員はメーカーが望むレベルに達しておらず，製品知識も不足しているためである．研修には，製品の取扱説明書やパンフレットの制作も含まれる．これらのサポートツールは店舗で実際に利用される．また，メーカーは製品の販売支援を行うため，販売員を店舗や流通センターへ派遣する．販売員の派遣は，店舗側の販売スタッフへの教育とサポートを提供し，全体の販売効率の向上に寄与する．

5 広報（PR）

広報（PR）は，企業や団体が社会と良好な関係を構築するための活動である．企業や製品，サービスのイメージに影響を与えるコミュニケーション管理の1つである（147頁参照）．PR活動の一環としてパブリシティもあり，これはメディアを通じて企業に有利な情報や新しい活動状況を公表することである．例えば，新製品の発売に際し，その特性やポリシー，価格情報を写真付きで新聞社や雑誌社に送り，記事として取り上げてもらうことなどである．広告とは異なり，パブリシティは無料の方法であり，ニュース記事としての役割りが大きい．対象となる話題は製品やサービスだけでなく，新社屋の落成や人事異動などさまざまである．

《ニュースリリース》ニュースリリースは，パブリシティの一種で，企業が外部に向けて発表する公式な文書である．この文書は，新製品や新サービスの発表，社長交代，組織変更，筆頭株主の変更，決算発表，社会的活動，さらには不

祥事など，企業に関するあらゆる情報を公表し，利害関係者に伝えるために用いられる．

《記者会見》記者会見は，特定の場所で担当者や団体が複数の記者に対して発表や説明を行い，質問に答える会合である．この会合には，各メディアの記者が招待され，事前資料が配布される．新製品の発売，会社の定款（根本的な規則）変更，経営者による大きな方針変更など，重要な情報の公式発表に用いられる．

《公共サービス案内》公共サービス案内は，非営利組織が一般公共の利益のために行うPR活動であり，メディアが無償で提供する時間やスペースに依存している．例えば，広告活動を禁じている日本赤十字社は，献血の必要性を伝えるために，ラジオやテレビなどのメディアからの無償提供枠を活用している．

Learning Review

❶ 競争型製品広告と競争型企業広告の違いを説明せよ．
❷ 「子ども用香水の新製品」の広告担当者として，この新製品を広告するために適したメディアを選定し，その理由を考察せよ．
❸ ネット通販大手「楽天」の広告担当役員に昇進し，三木谷浩史会長から「広告は無駄である．なぜ次の6ヶ月間も広告を継続すべきなのか」と問われた場合，どのように対応し，広告の必要性を説明するかを述べよ．
❹ 生命保険会社が，広告メッセージ戦略にユーモアを取り入れる場合，どのような点に注意すべきかを具体例を挙げて説明せよ．
❺ 広告プログラムの計画，実行，評価の各段階について，それぞれで取り組むべき事項を具体的に説明し，各段階がどのように連携するかを考察せよ．

Column

Changes in Advertising Strategies in the Digital Era
デジタル時代における広告戦略の変化

　デジタル技術の進化は，広告業界に革命をもたらしている．インターネットの普及とスマートフォンの台頭により，企業は顧客との接点を増やし，よりパーソナライズ（個別化）された広告戦略を展開することが可能となっている．本コラムでは，デジタル時代における広告の進化と，それに伴う戦略の変化を述べる．

　・**ターゲティングの精度の向上**：デジタルデータの活用により，企業は消費者の行動や好みを詳細に分析することが可能となり，ターゲット広告の精度が格段に向上した．広告の関連性と効果も高まり，無駄な広告支出の削減にもつながっている．

　・**インタラクティブ広告の出現**：ソーシャルメディアやビデオプラットフォームは，利用者がコンテンツと対話する新たな方法である．広告はもはや一方通行のコミュニケーションではなく，消費者との双方向のコミュニケーションをうながすツールへと進化している．

　・**リアルタイムのマーケティングの可能性**：デジタル技術を利用することで，企業は市場の動向や消費者の意見をリアルタイムで把握し，その場でマーケティング戦略を調整することも可能となる．これは，特に急速に変化する市場環境で，大きな優位性を提供する．

　・**パーソナライズとカスタマイゼーション**：デジタルメディアにより広告主は，個々の消費者に合わせてカスタマイズされた広告コンテンツを提供することができる．これにより，顧客一人ひとりに合ったメッセージが届けられるようになり，顧客満足度とロイヤルティの向上が期待できる．

　企業はこれらの新しいツールを活用し，より効果的で効率的な方法で消費者との関係を築いていく必要がある．革新的な戦略が続々と登場しているデジタル広告の未来は明るい．

第13章　人的販売とダイレクトマーケティング

Learning Point
- ▶ 人的販売がどのように顧客との長期的な信頼関係を築き，その結果として顧客の購入経験を向上させるかを学びます．
- ▶ 人的販売の戦略的メリットと制約を掘り下げ，市場環境や顧客セグメントに合った効果的な販売アプローチを選択するための指針を学びます．
- ▶ 人的販売プロセスの各段階での成功の鍵となる方法を学びます．
- ▶ ダイレクトマーケティングが消費者の購買行動に与える直接的な影響と課題について学びます．

Key Terms
人的販売，人的販売プロセス，注文取り型販売，注文獲得型販売，ダイレクトマーケティング

1　人的販売の範囲と重要性

　人的販売は，既存顧客や潜在顧客とのコミュニケーション手段である．本章では，人的販売が果たしている重要な役割を解説する．

1）人的販売の本質

　人的販売は，購買者と販売者の対話を必要とする．この対話は，個人や組織の購買決定に影響を与えることを目的としており，通常は対面で行われる．近年では，情報技術（IT）やネットワークの発達により，購買者と直接会わずに電話や，ビデオ会議などインターネットを通じて，人的販売が行われることもある．

　テクノロジーが進化しても，人的販売は本質的に人間志向の活動であることを忘れてはならない．人間同士の信頼関係や共感，直接的なコミュニケーションが不可欠要素だからである．このため，営業を担当する人材の管理が最も重要な課題となる．企業の販売活動を計画し，実行し，評価することを販売管理という．具体的には，以下のような活動が含まれる．

　・目標の設定：営業活動の方向性を示し，明確な目標を設定する．
　・組織の構成：効果的な営業チームを編成し，適切な役割分担を行う．
　・社員の募集・選抜・訓練・補償：有能な人材を採用し，適切なトレーニング

（研修）を実施し，適切な報酬を提供する．
・社員の成果評価：業績を評価し，フィードバックを提供することで，意欲（モチベーション）を高める．

　人的販売における営業は，企業が顧客との深い関係を築き，信頼を獲得するための重要な手段である．また，顧客のニーズやフィードバックを直接収集し，製品やサービスの改善に役立てることができる．人的販売は企業の成功に不可欠な要素であり，適切な管理と戦略が求められる．

2）身近に潜む商品販売のチャンス

　「誰でも，生きるためには何かを売らなければならない」と19世紀の作家ロバート・ルイス・スティーヴンソン（Robert Louis Balfour Stevenson）が述べた．このような格言は，今日においても真理のように多くの人々に受け入れられている．総務省統計局によると，日本国内の労働者数は，2023年平均で6,740万人である．そのうち営業職（販売従事者）は約810万人を占めている．つまり，労働者数の10％以上が営業職として働いていることがわかる．ただし，営業職の労働人口は年々減少傾向にあり，2010年（880万人）と比較すると約70万人減少しているというデータがそれを物語っている．

　他方，人的販売活動は，このような営業職に限られるものではない．人的販売は，顧客との接触が何より重要であり，実際にはほとんどの職業において顧客との取引や接触は不可欠である．例えば，弁護士や会計士，銀行員，企業の人事管理者なども，顧客と接触しながら実質的に販売活動を行っている．このように，人的販売のスキルは，営業職に限らず幅広い職業で必要とされる．顧客との直接的な対話を通じてニーズを把握し，適切な提案を行うことが重要であり，人的販売のスキルを磨くことは，どのような職業でも成功を収める鍵となるであろう．

3）マーケティングと人的販売

　人的販売は，企業のマーケティング戦略において主に3つの役割を果たしている．1つ目は，営業社員による，企業と顧客をつなぐ橋渡しである．営業社員は，企業の利害関係や各顧客のニーズに対応し，取引の全過程においてすべてのステークホルダー（利害関係者）が満足する結果を導き出す努力をする．例えば，顧客のニーズを正確に把握し，それに応じた製品やサービスを提供することが，顧客満足度を高めるとともに，企業の信頼性の向上につながる．

　2つ目は，営業社員を通して顧客に企業を認知してもらい，また顧客のニーズ

も理解することである．営業担当者は顧客から見れば会社を代表する存在である．営業社員は，顧客が最も頻繁に接触する相手であり，よく知っている存在である．営業社員の重要性を認識した IBM 社の元代表取締役のサム・パルミサーノ（Sam Palmisano）は，40,000 人に達する営業組織を「顧客のための私たちの顔」であると強調した．このように，営業社員は企業のイメージを形成し，顧客との長期的な関係を築くうえで不可欠なのである．

3つ目は，企業のマーケティングプログラムを主導することである．人的販売は特に，企業がプッシュ戦略を実施する際に効果を発揮する．プッシュ戦略とは，製品やサービスを積極的に顧客に売り込む方法であり，営業社員が直接顧客にアプローチすることが重要である．例えば，化粧品の直接販売会社であるエイボンは，総売上額の 40％ を販売予算に支出するほど人的販売に注力している．営業社員が顧客に対して直接製品の価値を説明し，購入をうながすことで，売上の向上を図っている．

2　人的販売の種類

人的販売の種類は，営業活動を遂行するうえで必要な努力と創造性によって区分され，主に，注文取り型販売と注文獲得型販売がある．企業は，いずれか，もしくは両方を採用する．

1）注文取り型販売

注文取り型販売は，すでに販売した製品の再注文（リピーター）を処理する．注文取り型の販売員の主な役割は，既存顧客との継続的な関係を維持し，売上を保つことである．この販売員は，以下のように大別される．

《外勤注文取り》外勤注文取りは，小売業者や卸売業者の在庫量を適正に管理する役割を担う．例えば，お菓子メーカーの江崎グリコの販売員は，スーパーマーケットやコンビニエンスストアなどの小売店を訪問し，自社製品であるポッキーなどが適正に供給されているかを確認したり，陳列棚の整理作業をサポートすることもある．

《内勤注文取り》内勤注文取りは，注文社員または販売員と呼ばれる社員（従業員）である．簡単な質問の対応や，注文の受け取りなど，顧客との取引が終了するまでの業務を担当する．顧客が無料電話（フリーダイヤル）を利用して製品やサービスに関する問い合わせをし，注文や購入をする（インバウンドテレマーケティング）場合は，電話相談員が内勤注文取りに該当する．企業間の取引にお

いては，単純な再購買への対応を担うことが多い．

このように，注文取り販売員は主に既存の顧客との関係維持と日常的な注文処理を重点的に行っている．

2）注文獲得型販売

注文獲得型販売は，伝統的な営業行為である．見込み客の把握，製品情報の提供，購買の説得，購買後の管理などを行う．注文取り型の販売員と同様に，内勤と外勤がある．

《内勤注文獲得》例えば，自動車販売員は内勤型である．ショールームに来店した見込み客に対して営業を行う．家族連れの顧客が来店した場合，販売員は彼らのライフスタイルやニーズを聞き取り（ヒアリング），家族向けのミニバンやSUV（スポーツ用多目的車）を提案する．さらに，試乗を手配し，車の安全性能や燃費，アフターサービスについて詳細に説明することで，購買をうながす．

《外勤注文獲得》例えば，コピー機販売員は外勤型である．企業のオフィスを訪問し，ニーズに応じた製品を提案する．また，大手企業のIT部門と打合せを行い，現在使用しているコピー機の問題点や改善点を聞き取る．そのうえで，最新の高性能コピー機を紹介し，これの導入によるコスト削減や効率向上のメリットをプレゼンテーションしたり，試演（デモンストレーション）を行い，操作感を体験してもらうことで，購買意欲を引き出す．

注文獲得営業は，自主性や豊かな感性，専門的な製品知識を必要とするため，しっかりとした研修を受ける必要がある．技術的に過度に複雑であったり，専門用語が多く難解であったり，選択の幅も多様で購買決定が難しいような製品を扱あうことが多い．

保険外交員も，個別顧客のニーズに応じた保険商品を提供する．新婚夫婦が保険相談に訪れた場合，外交員は，収入，生活費，将来の計画（例えば，子どもをもつかどうかや教育費，住宅ローン）を考慮して，最適な生命保険や医療保険などのプランを提案する．具体的な保障内容や保険料を詳しく説明し，顧客が安心して契約できるようサポートする．

なお，企業間取引におけるリピーターや新規購買の場合，注文獲得型の販売員は，特定の製品が顧客のニーズをいかに充足させるかを見つけて提示する，問題解決者の役割を果たす．

3 人的販売のプロセス

営業は，購買者と販売員との関係を構築することに力点を置く．とりわけ，注文獲得型販売（営業）ではこの活動がより重要である．それには，販売員と顧客が接触し，相互的に作用することが不可欠である．また，販売員の業務のほとんどは，顧客との接触前または後の段階で発生している．人的販売の過程は，表13-1に示す6段階で構成されている．

表13-1 人的販売（営業）のプロセスと目標

段階	目標	内容
①潜在顧客の発掘	潜在顧客の探索と選別をする	営業の出発点として，広告，紹介，無差別検索などを通して，見込み顧客の名簿を入手する
②顧客への事前アプローチ	見込み顧客の情報収集やアプローチ方法を決定する	情報源は，個人的な観察，他の顧客，同僚販売員などがある
③顧客への直接アプローチ	注意の獲得から始まり，関心の刺激，営業提案を経て，商談機会を獲得する	・製品の試演（デモンストレーション）を通して関心と注意を集める．このとき，第一印象が非常に重要 ・知人を通して紹介を受ける
④プレゼンテーション（提案）	製品への欲求を生み出し，見込み顧客を購買顧客に変える	・さまざまな提案が可能であり，顧客それぞれの欲求（ニーズ）に焦点を合わせて興味をもたせる ・顧客の懐疑心や無関心または意見に倫理的に対応する
⑤営業完了（クロージング）	見込み顧客から注文の確約を得る	顧客からの注文を受け，適切に提供する
⑥事後管理	購入製品に対する顧客の満足を保障する	顧客が直面している問題があれば対応し，顧客満足度と将来の販売機会を強化する

[出所：コトラー，ケラー（2014），p.782を基に作成]

第1段階）潜在顧客の発掘

人的販売（営業）は，潜在顧客を探して選別することから始まる．潜在顧客には以下，3つがある．1つ目は，販売プロセスの端緒となる自社と関係のない消費者や企業（リードまたはセールスリードという）であり，潜在顧客としての可能性がある人を指す．2つ目は，見込み顧客であり，製品に対して関心や欲求をもっている顧客を意味する．そして3つ目は，製品を希望し，購買能力があり，決定権までもっている，有望な見込み顧客である．

リードと見込み顧客は，さまざまな情報源から探すことができる．例えば，広告を活用し，クーポンやフリーダイヤルを提供することで，潜在顧客の興味を引き出し，接触を試みる方法がある（コールドリード）．クーポンは特典を通じて行動をうながし，フリーダイヤルは問合せや相談を気軽に行える手段を提供することで，顧客との接点を増やす役割を果たす．また，展示会や専門家会議，セミナーなどを開催し，リードを確保して見込み顧客を引き寄せる方法もよく用いられる（ウォームリード）．展示会の販売員は，展示に興味を示した見込み顧客と会話し，製品情報を提供する．近年，リードや見込み顧客を創造する手法として，ウェブサイト，eメール，SNSの活用が広がっている．ウェブサイトでの情報提供，eメールによる接点の維持，SNSでの広告やキャンペーンを組み合わせることで，顧客を効率的に引き付け，育成することが可能である．

ウォームリードは，コールドリードよりも購買意欲が高いため，より具体的な情報提供や提案が効果的である．また，ホットリードは，インターネットを活用してリードや見込み顧客を創造し，個人や企業とつながり，迅速かつ具体的な対応を行う方法である．

なお，リードを創造するアプローチである無差別勧誘（無差別発信）は，販売員が何らかの名簿を入手して，不特定多数の人に電話をかけ，製品やサービスの購入を勧誘するものである．無差別勧誘は，断られる確率が高いにもかかわらず，頻繁に用いられている．無差別勧誘は多くの消費者から批判を受けており，現在は政府から規制を受けている．米国内の近年の調査では，消費者の75%がこれをプライバシーの侵害行為であると考えており，72%は嫌悪感を抱いていると報告されている．

第2段階）顧客への事前アプローチ

販売員は，有望な見込み顧客を把握したうえで，本格的な営業を行うための準備をする．この段階ではまず，見込み顧客に対して追加的な情報収集を実施し，最も効果的なアプローチ方法を決定する．見込み顧客がどのような特徴の製品を望み，販売員がどのようにアプローチしてくることを好むのかを知ることが重要である．

例えば，証券会社の株式ブローカー（仲介業者）は，見込み顧客の可処分所得，投資目標，投資相談方式の好み（電話または対面）などの情報を必要とする．なお，企業間取引（BtoB）の場合は，購買組織における見込み客の役割（例えば，影響者なのか意思決定者なのか）や購買時に重視する点などを把握し，予

測する.

また，見込み顧客にアプローチする最良のタイミングを把握することも重要である．例えば，保険会社は対象者の職業別に，電話をする時間帯の指針をもっている．歯科医は午前9時30分前，弁護士は午前11時〜午後2時まで，大学教授は午後7時〜8時までが望ましいといわれている．

優秀な販売員は，この事前アプローチ段階に多くの時間と労力を投入する．見込み顧客をよく知らない状態で，不適切なアプローチを試みることは，むしろ顧客の不満や苦情を招く原因となるため，慎重に検討するのである．

第3段階）顧客への直接アプローチ

この段階は，販売員と見込み客が初めて会うことから始まる．初対面時の目標は，見込み客の注意を引きつけ，関心をもってもらい，営業提案の基盤を築くことである．どのような第一印象を与えるかによって，今後の取引関係が決まると言っても過言ではない．通常，見込み客は，知人や推薦者を通じて紹介され，製品の特徴についての説明を受け，交渉が進む．どのようにアプローチするかは，第1，第2段階で把握された情報を考慮して決定する．

顧客へのアプローチは，国や地域の文化的背景によっても異なる．例えば，中東やアジアでは，ビジネスの本格的な議論に入る前に，数回会って親交を深め，ビジネス以外の話題について多くの時間をかけて会話を交わし，お互いの絆を深めることが一般的である．また，初対面での姿勢と態度も重要で，適切な挨拶方法も異なる．例えば，米国では，初めて会った時に強く握手することが慣行である．フランスでも握手は通用するが，手を軽く握る程度にとどめる．日本では握手はせず，代わりに丁寧に頭を下げて挨拶することが礼儀である．

さらに，名刺にも気を使う．名刺の片面は英語に，もう片面は見込み客の言語で表記することが多い．特にアジア諸国では，名刺を渡す時に相手に名前が見えるようにして両手で丁寧に渡す．また，相手の名刺を受け取る時も同様に両手で受け取らなければならない．名刺など，人の名前が入っているものは，その人と同様に尊重して扱うべきであると考えられているからである．

第4段階）プレゼンテーション（提案）

この段階は，注文獲得型の販売において最も重要である．販売員の目標は，製品の必要性や欲求を感じてもらい，見込み客を実際の購買顧客に変えることである．プレゼンテーションの具体的な方法は，以下の3つがある．

《刺激−反応型提案》この提案は，販売員が適切な刺激を与えれば見込み客は購入するだろうという仮定を前提とする．販売員は，さまざまな商品を並べて見せ，その中から1つでも気に入ってもらうことを期待する．例えば，家電量販店で販売員が複数のテレビを並べ，顧客に実際に映像を見てもらいながら各製品の特徴を説明することで，顧客の関心を引き購入をうながす方法である．

《定型化型提案》この提案は，正確かつ詳細な情報を段階的に見込み客に提供しなければ説得力がないという前提から出発する．この提案の代表は，缶詰式営業提案である．これは，標準化されたメッセージを丸暗記してすべての見込み客に伝達するものである．例えば，真空掃除機の訪問販売員が，決まったセールストークで，すべての顧客に同じ説明をし，製品のメリットを強調して購入をうながす方法である．

《欲求−満足型提案》刺激−反応型提案と定型化型提案の共通点は，販売員が会話を主導する点にある．一方，見込み客の欲求と関心を把握するために販売員が分析し，傾聴を重視することを欲求−満足型提案という．見込み客の要望を理解することで，販売員は，見込み客に合わせて提案の内容を構成し，見込み客に価値のある便益を提案することができる．例えば，ソフトウェア会社の販売員（営業担当者）が，顧客の業務内容や課題を詳細に聞き取り，その情報を基に顧客の問題を解決するためにカスタマイズした解答（ソリューション）を提案するなどである．顧客の問題解決と価値の提供に重点を置いており，顧客のニーズに応える姿勢や信頼関係の構築に最も適していると評価されている．次頁表13-2に示すように，さらに適応型営業と提案型営業に大別される．適応型営業は，見込み客の反応に応じて提案の内容や方法を柔軟に変える方法である．例えば，自動車販売員が顧客の反応を見ながら，異なるモデルやオプションを提案し，最適な車種を勧めるなどである．提案型営業は，見込み客の具体的な問題や欲求に対してカスタマイズされた解決策を提案する方法である．例えば，ITコンサルタントが顧客のシステム要件を聞き取り，それに基づいて最適なソフトウェアやハードウェアの組合せを提案するなどである．

　以上のように，適切な提案方法を選択し，見込み客の欲求や関心に合わせた効果的なアプローチを行うことで，成功の確率を高めることができる．

表 13-2　適応型営業と提案型営業の特徴

特　徴	①適応型営業	②提案型営業
①柔軟性，②カスタマイズ性	その場の反応に応じて柔軟に対応する	事前に顧客のニーズを詳細に分析し，カスタマイズされた解決策を提案する
①対応型（リアクティブ型），②先行型（プロアクティブ型）	顧客の反応に基づいて対応する	顧客の問題やニーズを先取りして対応する
①短期，②長期	その場での即応性が求められる	長期的な問題解決を重視する

第5段階）営業完了（クロージング）

人的販売の過程における営業完了（クロージング）段階は，見込み客から購入の確約を獲得することを意味する．この段階は，最も重要かつ最も難しいとされている．見込み客が購買意思を確実にもっているかどうかを的確に判断して，アプローチしなければならないからである．販売員は見込み客が購買意思を間接的に示す手がかりを素早くキャッチする必要がある．例えば，行動（例：製品カタログを注意深く読み返す）や言葉（例：この装備は維持費用がかかりすぎますね，などの発言），質問（例：発送はいつ頃になりそうですか？などの発言）などから，見込み客の購買意思を推測することができる．

クロージングの方法は，以下の3つが挙げられる．

1つ目は，製品の一部の特徴に触れ，何を選ぶか見込み客に質問するトライアルクローズである．例えば，「青色のモデルとグレー色のモデルのどちらがいいですか？」と聞くことで，見込み客の選好を確認する．2つ目は，販売が完了したという仮定の下，送料，保証，金融などの購入条件をどのように選択するかを尋ねる推定クローズである．例えば，「この保証プランを追加しますか？」といった質問をする．3つ目は，消費の緊急性を強調して，見込み客の購買意思を固めようとする緊急クローズである．例えば，「低利融資期限がもうすぐ終わります」や「これが最後の在庫です」などと強調する．これらの方法を適切に採用することで，見込み客の購買意思を引き出し，最終的な購入決定をうながすことができる．

第6段階）事後管理

人的販売の過程は，営業完了（クロージング）で終わるわけではない．営業には顧客に対する事後管理（フォローアップ）が必要である．顧客が注文した製品が適正に出荷され，無事に到着し，使用上の問題がないかを確認する段階であ

る．この段階では，顧客との絆や関係性を強化することに特に注意を払う．満足した顧客はリピーターになる可能性が高く，リピーターにするためのコストは，新規顧客を獲得するために必要なコストの半分程度に過ぎない．現在満足している顧客は，将来の有望な見込み客になり，他の顧客を紹介してくれる推薦者の役割も果たすのである．

具体的には，出荷と配送の確認をした後，使用状況の確認，フィードバックの収集，定期的なフォローアップなどをする．また，顧客とのエンゲージメントの強化には，パーソナライズされた対応，問題解決の迅速な対応，購入後に感謝のメッセージを送ることなどがある．これらを通じて，顧客満足度を高め，長期的な関係を築くことができる．

4 ダイレクトマーケティング

ダイレクトマーケティング（DM）には，さまざまな種類があり，多様な媒体（メディア）が使用されている．ダイレクトメール，カタログ販売，テレビショッピング，通信販売，直接販売，直接反応広告，インタラクティブマーケティングなどがある（145頁も参照）．

1) ダイレクトマーケティングの成長

顧客関係管理（CRM）への関心が高まる中，ダイレクトマーケティングは顕著な成長を遂げている．マーケティング管理者が個々の顧客に合わせてコミュニケーション活動をカスタマイズし，一対一の相互作用をつくり出せるようになってきているためである．このアプローチは，特に統合マーケティングコミュニケーション（IMC）戦略を実施するマーケティング管理者にとって魅力的である．

ダイレクトマーケティングは長い間用いられてきたが，IoT（モノのインターネット）やAI（人工知能），そして3Dプリンターの登場により，活用範囲が飛躍的に拡大している．これらの技術革新は，マーケティング管理者がよりパーソナライズされたメッセージを効果的に配信し，顧客とのエンゲージメントを深める新たな方法を提供している．また，データの収集と分析が進化し，顧客行動のより詳細な理解が可能になり，マーケティング戦略の最適化に寄与している．さらに，インターネット利用者数の増加と人口に対する普及率の向上，インターネットに接続可能なデバイスの爆発的な増加，そしてEC市場の急速な成長が，ダイレクトマーケティングのさらなる拡大を支えている．

日本の消費者向けEC市場は，2024年度現在，24.8兆円規模に成長している．

この市場では，eメールが広く利用されており，最も一般的な手段の1つとされている．しかし，対象者からの回答率は1％未満と低い．これは，eメールによるキャンペーンが単独で行われることは少なく，多くの場合，電話やSNSなど他のコミュニケーション手段と併せて活用されるためである．

2）ダイレクトマーケティングの価値

　ダイレクトマーケティングの価値は，消費者が日常生活でどれほど効果的にそれを活用しているかによって決まる．ダイレクトマーケティングが消費者に提供する価値は，まず，時間の節約である．顧客が店舗に足を運ぶ必要がなく，自宅や移動中でも購入が可能である．次に，予算の節約と買い物の楽しさの提供である．比較検討が容易であり，最良の取引を迅速に見つけることができる．そして，プライバシーの保護である．個人情報の保護を重視し，顧客のプライバシーを尊重する．また，優れた顧客サービスおよび顧客価値も創造する．顧客ニーズに応じたパーソナライズされたサービスの提供などである．

3）ダイレクトマーケティングの技術的および倫理的な問題点

　IT技術と顧客のデータベースは，すべてのダイレクトマーケティング戦略の基盤となる要素である．データベースは，過去にeメールやカタログなどのダイレクトマーケティング手段を通じて，顧客に合わせた有効な商品情報を提供してきた積み重ねの結果である．多くの企業は，顧客の過去の購買履歴を保存しているが，実際にダイレクトマーケティングを展開する際には，必要なデータが不足していることがしばしばある．顧客のライフスタイルや媒体（メディア）の利用パターン，人口統計学的属性（デモグラフィック）などは，顧客から容易に入手可能なデータである場合が多い．一方，価格や販売量，ブランドに関する情報は，企業から発信されるデータである．

　ダイレクトマーケティングは，グローバル市場の拡大に伴い，新たな課題に直面している．例えば，イタリアやデンマークなどの国々では，事前承認（opt-in）が法律で定められており，潜在顧客だけでなく既存顧客に対しても，個人情報をダイレクトマーケティングに使用する場合は適切な同意が必要とされることがある．また，多くの国での電話，eメール，インターネットの普及状況は日本や韓国，米国ほどではない．このため，ダイレクト・モバイル・マーケティングの成長に拍車がかかる一方で，信頼性や安全性の問題がデジタルのダイレクトメールの成長を妨げている．また，代金引換や口座振替，クレジットカード払い，コン

ビニ払い，ATM払い，ネット銀行払い，電子マネー払いなど，さまざまな信用販売（後払い）と支払い方法があることも，障害の1つである．

今日，ダイレクトマーケティングは，国内外を問わず，倫理的および持続可能性の問題に直面している．例えば，EUでは，ヨーロッパのダイレクトマーケティング連盟やイギリスのダイレクトマーケティング協会とともに，「情報保護指針」という消費者のプライバシー保護法を数年にわたる議論を経て可決した．また，米国では，連邦取引委員会をはじめとする地方立法機関がプライバシー侵害の問題に懸念を表明し，「電話禁止登録法」にならった「メール禁止登録法」の採択が議論されている．さらに，eメール広告やスパムメールへの対策として，プライバシー保護に関する法的整備への関心が，消費者とマーケティング管理者の双方で高まっている．また，環境保護団体などの懸念に応えるため，業界ごとにグリーン（環境に配慮した）な経営ガイドラインの開発が進められている．

日本では，「個人情報の保護に関する法律（略称，個人情報保護法）」が2003年5月23日に成立し，2005年4月1日に全面施行された．この法律は，個人情報をデータベース等で所持し事業に用いる事業者を「個人情報取扱事業者」と定義し，個人情報の適切な取り扱いを義務化している．これに違反した場合，事業者に対して刑事罰（懲役または罰金）が科されることもある．なお，この法律における個人情報は，氏名や生年月日など，生存している特定の個人を識別できる情報に限られ，個人を特定できない一般的なプライバシーの権利とはやや異なるが，いずれに対しても配慮すべきである．

Learning Review

❶ あなたは，有料のビジネスデータベースを活用して，潜在顧客を探索し，電話営業を行っている．顧客に株式保有状況や取引証券会社の有無を尋ね，固定取引先がない顧客に対しては，投資欲求（ニーズ）をさらに深掘りして尋ねている．2日後のフォローアップ（その後の確認）で投資相談を提供し，口座開設の意向を探るこの活動が，人的販売プロセスの6段階のどれにあたるか説明せよ．

❷ 以下の職種を人的販売の種類（注文取り型，注文獲得型）のいずれかに分類し，理由を説明せよ．
・ハンバーガーショップの店員
・生命保険の営業担当
・ITソリューションの提案営業
・自動車の販売員
・家電量販店の販売員

❸ 表13-1（178頁）を参考に，人的販売プロセスの各段階について，それぞれの目的と重要なポイントを説明せよ．

❹ 顧客データベース管理者が，消費者と販売者両方の視点からプライバシーに関わるポリシー（方針）を開発する場合，利用者に対してそのポリシーの自発的な遵守をどのようにうながすか，またはどのような実施方法を提案したらよいか考察せよ．

Column

Navigating the Fine Line: Personalization and Privacy in Direct Marketing
パーソナライゼーションとプライバシーの狭間を探る：ダイレクトマーケティングの新たな課題

・**パーソナライゼーションの二面性**：デジタル時代におけるダイレクトマーケティングの強みは，個々の消費者に合わせたアプローチをするマーケティング戦略（パーソナライゼーション）の可能性にある．企業は顧客のオンライン上の購買行動を追跡し（デジタルトレース），その行動パターンに基づいてマーケティング戦略を調整している．これにより，ニーズに合ったメッセージを消費者に届けることができ，満足度の向上が期待される．しかし，個人データの集積と利用の増加は，プライバシー侵害のリスクも高めるため，企業は顧客の信頼を損なわないよう慎重に行動する必要がある．

・**規制の風景**：消費者のデータとプライバシーに関する規制は，世界中で強化されている．ヨーロッパのEUの「一般データ保護規則（GDPR）」や米国の「カリフォルニア州消費者プライバシー法（CCPA）」は，企業に対し個人情報を透明かつ責任を持って扱うことを義務づけている．また，カナダや日本も，個人情報の保護を確実にし，その使用が透明で同意に基づくものであることを保証するために，プライバシーの関連法を強化している．これらの規制は，企業がマーケティング活動を行ううえでの指針（ガイドライン）となり，消費者が自らのデータに対してより確実な決定権をもつことを保証している．

・**適切なバランスの追求**：効果的なマーケティングとプライバシー保護のバランスを取ることは，今日のビジネスにおいて中核的な課題である．企業は透明性をもってデータを管理し，消費者にその利用方法を明確に伝える必要がある．また，消費者が自らのデータにアクセスでき，必要に応じてその使用を制限したり却下できる（opt-out）措置を提供することも重要である．こうした配慮により，企業は消費者の信頼を獲得し，持続可能な関係を築くことができる．

このように，パーソナライゼーションとプライバシー保護は密接に関連しており，企業は両者のバランスをうまく取ることが，革新的かつ倫理的なマーケティング戦略の鍵となるのである．

第14章　デジタルマーケティング

Learning Point
▶ 電子商取引（EC）市場の価値について学び，顧客価値，顧客関係，顧客経験の創出方法を探求します．時間や場所を超えた消費者のオンライン環境での価値の認識や関係構築のプロセスを理解することが重要です．
▶ 消費者のオンライン購買行動の特徴と，マーケティング戦略に与える影響を学びます．
▶ オンラインチャネル戦略の変遷（シングルチャネルからマルチチャネル，クロスチャネル，そしてオムニチャネルへの進化）とビジネスへの影響を学びます．
▶ オムニチャネルの特徴や提供できる価値について理解し，この戦略が顧客経験をどのように向上させ，企業成長に貢献するかを学びます．
▶ オムニチャネル管理の重要な5つのポイントを学びます．顧客情報の一元化，シームレスな購買経験の提供，物流チャネルの最適化，効果的な決済システムの管理です．

Key Terms
パーソナライゼーション，ダイナミックプライシング，インタラクティブマーケティング，チョイスボード，オムニチャネル

1 電子商取引（EC）市場とは

　現代の消費者と企業は，伝統的なオフライン市場（店舗やオフィス）と，デジタル環境下の電子商取引（EC）市場（オンラインショップ）の双方で取引を行っている．なおECとは，Electric Commerce の略である．消費者は，多様な製品やサービスを両市場で比較し，購入することが可能であり，多くの人々がオフラインとオンラインとを比較しながら購買行動をしている．この傾向は，今後さらに強まると予想される．

　図14-1に，2013年以降，日本国内の2人以上の世帯におけるオンラインショッピングを利用した世帯の割合を示した．2013年には，24.3％がオンラインショッピングを利用していたが，2023年には53.5％に増加し，2倍以上となっている．これは2002年の調査開始以来，過去最高水準だった2022年（52.7％）を上回った．

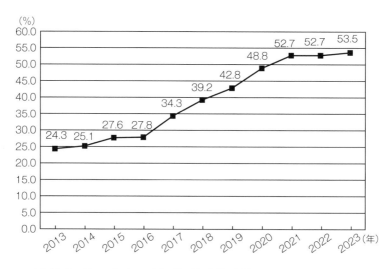

図 14-1　オンラインショッピングの利用世帯の割合の推移（2人以上の世帯）
［出所：総務省（2023）『2023年　家計消費状況調査結果』］

1）EC市場における顧客価値の創造

　世界中のマーケティング管理者がEC市場に惹かれる理由は何か．マーケティングは形態，場所，時間，所有の各便益を通じて，顧客に優れた価値を提供することが目的である（11頁参照）．マーケティング管理者は「顧客価値創造」の観点から，オフライン市場と比較してEC市場の可能性を高く評価している．

　場所と時間の便益に焦点を当ててみよう．EC市場では，直接かつ迅速に情報を提供することが可能である．これは，マーケティング管理者と消費者が互いにどこにいても，いつでもアクセスできるためである．この無制限のアクセスは，EC市場が時間的・地理的な制約を超えることを実現している．また，所有の便益としては，例えば，トリバゴ（www.trivago.jp）は航空券やレンタカー，宿泊施設のオンライン予約システムを提供し，最も手頃な価格での予約確認を可能にしている．

　マーケティング管理者にとってEC市場の最大のメリットは，形態の便益を創出できる潜在力である．EC市場におけるインタラクティブコミュニケーション（双方向のやり取り）能力は，消費者の意見を企業にきちんと伝えることができる．この能力により，企業は消費者の的確なニーズに対応する製品やサービスの受注生産が可能となる．　近年，国内大手の銀行や証券会社が金融（ファイナンス）と技術（テクノロジー）の組合せ（フィンテック）の導入を加速させてい

る. 有望な IT 企業と提携し, 新たな商品やサービスを拡充しているのである. 例えば, 三菱 UFJ 銀行は, スマートフォンから振り込みや入出金明細の照会, 手数料, 利息率といった口座情報にアクセスできる法人向けアプリ (BizSTATION) を開発した.

2) EC 市場における相互作用性, 個別性, 顧客関係

マーケティング管理者は, インターネット特有の「相互作用性（インタラクティブ）」と「個別性（パーソナライズ）」を, 企業（販売者）, 顧客（購買者）との関係構築と維持に役立てている. これらはどちらも, 必要不可欠な要素である. 企業は, 顧客の声に耳を傾け, 緊密な相互作用を通じて信頼に応えることが求められる.

特に, 情報通信技術 (ICT) は, 相互作用性, 個別性, 顧客との関係構築をかつてない規模で実現し, インタラクティブマーケティングを可能にした. これは, 企業と顧客間の双方向性のコミュニケーションに基づくマーケティング手法をいう. 企業は, 一方的に情報を発信するのではなく, インターネットを活用したり, 直接訪問したりすることで顧客の反応を得て, マーケティング戦略を立てたり改善したりする. 精緻化された選択肢（チョイスボード）とパーソナライズされたシステムを基に計画するものである.

《チョイスボード》チョイスボードとは, インタラクティブなオンラインシステムであり, 個々の顧客が商品の特性, コンポーネント（部品）, 価格, 配送オプションのメニューから独自の商品を設計できる仕組みである. 企業は, 顧客の情報を解釈し, 最適化された製品やサービスを提供する. このシステムを利用することで, 顧客は自分の欲求を満たす製品やサービスを入手できるため, 満足度が高く, 事前決済も厭わない.

例えば, デル社のオンラインコンフィギュレータというプログラムでは, 利用者がパソコンのオプションを選択して直接デザインすることができる. また, リーボック社の専用サイトでも, 顧客自らがスニーカーのスタイルをデザインすることができる. 証券を取り扱うシュワブ社のミューチュアル・ファンド・エバリュエータというプログラムでは, 顧客が独自の投資ポートフォリオ（配分）を組み合わせることができる. チョイスボードは, 個々の顧客の行動や好みに関する的確な情報を収集するため, 企業は顧客をより深く理解し, ニーズをより正確に予測することができる. その結果が, 顧客満足につながるのである.

なお, チョイスボードは基本的に取引を目的として考案されたシステムである

が，コラボレイティブフィルタリング技術を導入し，その可能性を拡大している企業もある．この技術は，多数の利用者の嗜好情報を蓄積し，ある利用者と嗜好が類似している他の利用者の情報を用いて自動的に予測する方法である．特にECサイト上でのレコメンデーション（推薦）やパーソナライゼーションに利用されている．例えば，デル社のオンラインストアでは，顧客が高性能なゲーミングPCを閲覧している場合，同様の嗜好をもつ他の顧客が購入した高品質のグラフィックカードや追加メモリ，ゲーミング周辺機器を推薦することが可能である．このようなシステムは，利用者の好みに基づいて商品を推薦することで，顧客体験を向上させるとともに，販売促進にも寄与している．

《パーソナライゼーション》チョイスボードとコラボレイティブフィルタリングは，個々の顧客のニーズに合わせた対応を提供するためのマーケティング管理者による産物である．これらのシステムは通常，広範な消費者データに基づいて構築されるとされているが，実際には顧客が自分の欲求や好みに基づいてアクティブにコンテンツをカスタマイズするプロセスであるため，顧客主導のアプローチである．つまり，パーソナライゼーションは個人のニーズや好みに合わせたコンテンツを顧客主導でウェブサイト上につくり出すプロセスである．例えば，Googleはユーザーが Google アカウントにログインすることにより，検索履歴や活動データに基づいたパーソナライズされた検索結果やニュース記事を提供している．また，Googleカレンダーでは，ユーザーのスケジュールに合わせてリマインダーや天気情報をカスタマイズし，位置情報と検索クエリを利用して地域に基づいた広告やおすすめの場所も提供している．このように，Googleは複数のプラットフォームを通じて個々のニーズに応じた情報提供を行い，ユーザー体験をパーソナライズし顧客関係を強化している．

また，パーソナライゼーションの側面は，事前許可（パーミッション）を得た顧客に対してのみ，ダイレクトメールなどのマーケティングコミュニケーション活動を行えることである．これをパーミッションマーケティングという．ダイレクトメールによる広告などは，時として押しつけがましく感じられ，顧客の好感度を下げてしまう場合もあるが，パーミションマーケティングでは，あらかじめ許可を得ているため，レスポンス率などのコミュニケーションの効率が高まる．

3）EC市場での顧客経験の創造

企業はインターネットを用いた自社の「顧客価値創造」能力を見出すためのマーケティングプログラムの設計と実行に挑戦し続けている．しかしこれは，形

態の便益，場所の便益，時間の便益，所有の便益を生み出す企業が EC 市場で独自のポジションを確保するための始まりに過ぎない．今日，企業が提供する顧客経験の質が，ターゲット市場におけるポジションを測定する基準となっているのである．

インタラクティブマーケティングの観点から，顧客の経験は，企業のホームページを初めて見た瞬間から購買意思決定の全プロセスに至るまでに，顧客が感じた相互作用の総計として定義される．企業は，以下の7つのウェブサイトのデザイン要素を用いて顧客経験を創出する．①コンテクスト，②コンテンツ，③カスタマイゼーション，④コネクション，⑤コミュニケーション，⑥コミュニティ，⑦コマースである．各デザイン要素の内容を，表 14-1 に要約した．

表 14-1　ウェブサイトのデザイン要素

デザイン要素	内　容
1. コンテクスト	ウェブサイト内の情報配置や視覚的デザイン
2. コンテンツ	文字や文章（テキスト），写真，音響・音声（サウンド），動画（ビデオ）などによる情報
3. カスタマイゼーション	利用者が自分の必要に応じてサイトの内容を調整・変更できる機能
4. コネクション	他のサイトへのリンクなど
5. コミュニケーション	ウェブサイトから利用者へ，利用者からサイトへ，または双方向のコミュニケーションを可能にする方法
6. コミュニティ	利用者同士がコミュニケーションできる機能
7. コマース	商業取引ができる機能

《①コンテクストと②コンテンツ》コンテクストは，ウェブサイトのレイアウトやデザイン，機能的なフォームを指す．企業が提供するテキスト，ビデオ，オーディオ，グラフィックなどのコンテンツを含むすべてのデジタル情報に適用される．コンテクストとコンテンツの品質が結合されてはじめて，ウェブサイトへの訪問者の関心を集め，残りのデザイン要素の基盤を築くことができる．機能性に注力するサイトは，製品やサービスの情報に焦点を合わせる．例えば，トリバゴの旅行予約サイトは，目的地や価格を強調し，検索などの機能性に注力する．一方，化粧品メーカーのレブロンのサイトは見た目の美しさ（審美）に注力する．

《③カスタマイゼーション》ウェブサイトのカスタマイゼーションとは，利用者が自分の必要に応じてサイトの内容を調整・変更できる機能である．例えば，

YouTubeでは利用者が自身の視聴習慣や好みに基づいてホームページのレイアウトを調整し，興味のあるチャンネルを登録したり，お気に入りリストを管理することができる．また，このサイトは利用者の関心に応じて関連する動画を優先的に表示し，視聴体験を充実させている．これにより，YouTubeは利用者一人ひとりに合わせた視聴環境を提供し，サイトの満足度と利用効果を高めている．

《④コネクション》コネクションは，自社サイトと他のサイトをつなぐネットワークを指す．URLリンクを埋め込んだ単語や画像をクリックすることで，他のサイトに簡単にアクセスできる設定である．これは，朝日新聞（www.asahi.com）やニューヨーク・タイムズ（www.nytimes.com）のような情報提供サイトで特に重要なデザイン要素である．例えば，書評欄から書店を訪れずに本を注文できるサイトへのリンクなどである．

《⑤コミュニケーションとコミュニティ》コミュニケーションは，ウェブサイトと利用者間のダイアログ（対話）である．特に登録利用者は，個人的な会話のようなコミュニケーションを期待する．デル社のウェブサイト（Dell.com）では，これに応じる販売員が重要な役割を果たし，売上の3分の2を占めるといわれている．さらに，多くの企業はユーザー同士のコミュニケーションをうながすオンラインコミュニティを設けており，これにより顧客の経験価値を向上させ，好意的な関係を生み出している．

《⑥コマース》コマースは，製品やサービスの取引を可能にするウェブサイトの機能である．上手く設計されたウェブサイトのオンライン取引は迅速かつ簡単である．Amazonのウェブサイトの「今すぐ買う」ボタンはその良例である．このシステムは，消費者が配送や支払い情報を入力することなく，迅速に注文を完了できる機能である．また，Amazonダッシュボタンや音声アシスタントのエコー（Echo）など，物理的なデバイスや音声による注文も可能である．

ほとんどのウェブサイトは，すべてのデザイン要素を備えているわけではない．コンテクストとコンテンツは一般的であるが，他の要素の使用は企業の目的によって異なる．例えば，製品やサービスの販売に注力するウェブサイトはコマース要素に，広告や宣伝を目的とするウェブサイトはコミュニケーション要素に重点を置く．なお，企業はウェブサイトの効果を評価するために，訪問者がサイトで費やした時間（粘着度）などを測定する．

2　EC市場における消費者行動とマーケティング

オンライン購買者が誰であり，何を購入するのか，なぜ伝統的なオフライン市

場ではなく，EC市場で製品やサービスの購入を望むのか．この質問への答えは，EC市場におけるマーケティングの実行と密接に結びついている．

1) オンライン購買者とは誰か

オンライン購買者は，男性よりも女性が多く，教育レベルが高く，若く，経済的にも豊かな傾向がある．日本の場合，年間世帯所得が650万円以上のオンライン購買者が，全体のオンライン売上の半分ほどを占めていると推定されている．

2) オンライン購買者は何を購買するのか

オンライン市場では，製品情報が購買意思決定に大きな影響を与える製品が多く，購入前の試用が必ずしも必要でない場合が多い．例えば，デル社のウェブサイトで販売されているコンピュータや周辺機器は，詳細な製品情報が重要な役割を果たす．ファッション製品のように，色やサイズ，デザインの実物確認が重要な場合もあるが，オンラインでは商品説明やレビュー，バーチャル試着などのツールがこれを補完する．また，無料返品や補償制度が消費者の購買を後押しし，リスクを軽減している．

コンピュータソフトウェア，旅行と宿泊施設の予約および確認，財務仲介サービス，eチケット発行サービスなど，デジタル形式で簡単に提供できる製品もオンライン市場で人気がある．例えば，旅行専門サイトであるJTB（www.jtb.co.jp）やJALeトラベルプラザ（www.jal.co.jp），チケット購買サイトであるチケットぴあ（t.pia.jp），証券取引サイトであるSBI証券（www.sbisec.co.jp）などが挙げられる．

また，Amazonや楽天では，電子書籍，音楽・映像，オンラインゲームなどのデジタル商品が広く取り扱われており，さまざまな配信サイトからのダウンロードが可能である．これにより，消費者は多様な選択肢と利便性を享受しており，オンラインショッピングの利用がますます増加している．

3) EC市場で購入する理由

マーケティング管理者は新しいEC市場において，顧客価値創造の可能性，相互作用性，個別性，関係構築の重要性，顧客経験の創出をねらう．一般的に，消費者がEC市場で買い物をする理由として，以下の6つが挙げられる．

《①利便性》オンラインでの買い物は非常に便利である．例えば，ダイエーやイオンなどのネットスーパーでは，交通渋滞，駐車場の検索，レジでの待ち時間などを無しに，数千種類の商品から選んで購入することができる．また，ボット

(bot，特定の操作を繰り返して行うプログラム）を用いて関連サイトを徹底的に探し，価格と商品やサービスの特徴を比較することもできる．ウェブサイトは，操作しやすく，見やすい商品配置で，迅速な画像表示やダウンロードを提供することが重要である．

《②**選択の容易性**》選択の容易性には，製品やサービスの多様性とチョイスアシスタンスの2つがある．まず，購買者は多数のウェブサイトで多様な商品を調べることができる．例えば，家電製品のオンライン購買者はキューヴィーシー（www.qvc.jp）のように10万点以上の製品を販売するサイトもある．チョイスアシスタンスは，消費者が選択に役立つ情報を得るためにマーケティング管理者と直接コンタクトする機能である．例えば，米国のオンライン小売店ザッポス（Zappos.com）は，見込み客がリアルタイムで質疑応答を行えるチャットルームを設けている．このように，精緻にデザインされた検索機能により，消費者はブランド別や品目別に製品を簡単に比較することができる．

《③**カスタマイゼーション**》幅広い選択肢とチョイスアシスタンス機能があっても，顧客は自分だけのオリジナル商品やサービスを求める場合が少なくない．カスタマイゼーションは，顧客価値を生み出すために顧客との相互作用を重視している．例えば，デル社は，オンライン購買者がカスタムオーダーにより多大な便益を得ている．また，カスタマイゼーションは，企業のマーケティング活動や相互作用を顧客のニーズに応じて個別化する作業でもある．つまり，消費者に適切な製品を，適切なタイミングと適切な価格で提供することを目指している．チョイスボードと個別注文型システムを結合させることで，顧客のショッピング体験をさらに豊かにすることが可能である．

《④**コミュニケーション**》オンライン購買者は，インターネット上でのコミュニケーション能力に長けている．このインタラクティブコミュニケーションにより，消費者の利便性が高まり，情報探索コストが低減し，チョイスアシスタンスとカスタマイゼーションが可能となる．さらに，インターネット上のコミュニケーションはバズ（buzz，オンラインでの口コミ行為）も可能にする．

Amazonを企業したジェフ・ベゾス（Jeff Bezos）は「インターネットで満足しなかった消費者は，友人6人に言うのではなく，6,000人に言う」と述べている．特に，玩具，自動車，スポーツ用品，映画，衣類，家電製品，薬品，健康と美容製品，医療サービスなどの品目が影響を受けやすい．バズを通じて自社商品やサービスの特徴や感想を広めるマーケティング管理者も存在する．これを，バズマーケティングといい，アーリーアダプターやインフルエンサーなどと呼ばれる

影響力の高い人物が発信した情報を不特定多数の人々が口コミで広める手法である．販売ターゲットとなるグループや，そのグループに影響力をもつ人物を明確にして行うのが特徴である．ブログや SNS，大手オンライン掲示板など，インターネットコミュニティの発展により，ターゲット層の絞り込みや情報発信者の選定が容易となり，その有用性が注目されるようになっている．

《⑤コスト》オンラインで購入される多くの人気アイテムは，小売店と同一か，より手頃な価格で購入することができる．低価格を実現できるのは，ダイナミックプライシングを可能にするソフトウェアが開発されたためである．ダイナミックプライシングとは，供給と需要の状況に応じてリアルタイムで製品やサービスの価格を変化させる価格設定の方法である．この柔軟な価格戦略は，飛行機の座席のように時間に敏感な製品や，芸術品やアート作品などオークションで取引される希少品の価格設定に使用される．また，購買時間や手間など，外的な情報探索にかかるコストも削減できる．これらが，特に働く女性の間でオンラインショッピングが人気な理由である．

《⑥コントロール》オンライン購買では，消費者が買い物の意思決定のプロセスを自らコントロールすることができる．オンライン購買者は，権限が与えられた消費者なのである．消費者はインターネットを使い，都合の良い時間や条件の中で情報を探索し，代替品を評価し，購入を決定する．例えば，自動車の購入を検討する購買者は，実際に販売店に足を運ぶ前にオンラインで平均5時間程度，情報を収集するという調査結果が報告されている．その結果，販売店に行くだけよりも多くの情報を手に入れ，購買意思決定をより確かなものにすることができるのである．

オンライン市場では，消費者がすべての権限を行使する責任者である．消費者は自らのペースで情報を収集し，他の製品やサービスと比較しながら，自分にとって最適な選択をすることができる．この購買プロセス全体を自らのニーズや希望に基づいてコントロールできるという感覚が，消費者にとって大きな魅力となっている．オンラインショッピングの人気はさらに高まっている．

4）EC 市場の時間帯と場所

EC 市場での買い物（オンラインショッピング）は，従来の市場（オフライン）とは異なる時間帯に行われる．オンライン小売店（オンラインショップ）の売上の約 80％は平日に発生し，最も忙しい日は水曜日である．一方，オフライン小売店の売上の約 35％は週末に発生し，店内が最も混雑するのは土曜日である．

月曜日から金曜日までのオンラインショッピングは，一般的な勤務時間帯に行われることが多い．オンライン購買者の約 30％は職場でウェブサイトを閲覧しており，これが平日に売上が多い理由である．

なお平日に人気があるのは，イベントチケット，オークション，オンライン定期刊行物の購読，花や贈り物，家電製品，旅行などを扱うウェブサイトである．特にイベントチケットや旅行の予約は，タイムセールや限定キャンペーンが平日に行われることが多いため，消費者はこれを逃さないように注意深くチェックする．

一方，健康と美容，衣類やアクセサリー，音楽や動画・映像を扱うウェブサイトは，消費者が自宅で閲覧して購入を決める傾向がある．これには，リラックスした環境でじっくりと選びたいという心理が働いているためである．週末には家族や友人と過ごす時間が増えるため，一緒にオンラインショッピングを楽しむケースも多い．特に衣類やアクセサリーなどのファッション関連は，レビュー（購入者の感想や評価）を参考にしながら，いろいろと比較しながら選びたいというニーズが強い．

このように，EC 市場を利用する時間帯や場所は，消費者のライフスタイルや心理を反映している．企業はこれらの傾向を理解し，最適なタイミングでのプロモーションや販売戦略を立てることが重要である．

3 オムニチャネルマーケティング

1）チャネルの進化

チャネルとは，製品やサービスの流通経路をいう（10 章も参照）．メーカーが消費者に自社製品を直接販売する場合もあるが，販売代理店，ディーラー，小売業者といった流通業者を経由して販売する場合も多い．表 14-2 にチャネルの変遷を示した．

《シングルチャネル》従来は，消費者が直販店や小売店などのオフライン店舗に出かけ，製品やサービスを購入することが前提であった．このように，消費者とチャネルの接点がオフライン店舗のみの場合をシングルチャネルという．

《マルチチャネル》2000 年以降，インターネットの普及により，消費者はオフライン店舗以外にオンライン（EC）チャネルでの購買機会をもつようになった．EC チャネルの導入期は，カタログ通販をウェブサイトに置き換えたような例も多かったが，EC チャネルの売上高が徐々に増えるにつれ，大手量販店やメーカーも EC チャネルを開設するようになった．このように，消費者とチャネルの

表 14-2 流通チャネルの変遷

種類	年代	顧客接点	特徴	課題	イメージ
シングルチャネル	～1999年	単一	消費者接点が実店舗のみ	プロモーションなどの手段が限定的	
マルチチャネル	2000～2005年	複数あり，各チャネルが独立	分離・独立した複数の接点	オフラインとオンラインなどチャネルごとの対応が必要	
クロスチャネル	2006～2010年	複数あり，チャネルが横断的	サプライチェーンを統合，チャネルをまたいで購買できる	購買の選択肢は広いが，顧客に関連する情報が統合されていない	
オムニチャネル	2011年～	複数あるが，チャネルの差異を感じさせない	デマンドチェーンも統合し，消費者データと購買体験をシームレスにつなげる	顧客やチャネルに関連する情報の整理・統合，顧客やチャネルの特性に合わせたさらなる改善	

［出所：牧田幸裕（2017），p.106 を基に作成］

接点がオフライン店舗や EC チャネルなど複数である場合をマルチチャネルという．

オフライン店舗や EC チャネル以外にも，カタログ通販，テレビ通販などがマルチチャネルの構成要素に含まれる．それぞれのチャネルで分離・独立して顧客管理を行っているため，サービス内容が異なることがある．例えば，EC チャネルに注文が殺到して在庫切れを起こしても，オフライン店舗には在庫が残っている場合などである．このように，売り手と買い手がともに機会を逃してしまうこともある．

《**クロスチャネル**》そこで，サプライチェーン（供給連鎖，原材料の調達から生産体制，物流体制など）を軸にマルチチャネルを管理するクロスチャネルが生まれた．クロスチャネルは，各チャネル間で在庫情報や顧客情報を共有し，統合的に管理することで，販売機会の最大化と顧客満足度の向上を目指すものである．

クロスチャネルは，複数のチャネルをまたいでの購買を可能にするシステムである．例えば，EC チャネルで注文した製品をオフライン店舗で受け取れるようにするなどである．また，在庫情報がリアルタイムで一元化されているため，例

えば，新宿店の在庫がなかったとしても，渋谷店にあれば，新宿店で受け取ることも，渋谷店で受け取ることも可能である．

セブン＆アイ・ホールディングスでは，生活雑貨を扱うロフトや乳幼児用品を扱うアカチャンホンポ（赤ちゃん本舗）などグループ内の EC チャネルで注文された製品を，最寄りのセブン－イレブンのオフライン店舗（実店舗）で受け取ることができるサービスを展開している．これもチャネルをまたがる購買体験の一例である．このように，サプライチェーンを統合することで，顧客の利便性を高めるのである．

《オムニチャネル》近年，クロスチャネルのサプライチェーン統合に加えて，消費者のニーズに合わせてオフライン店舗などの在庫や販促を管理するデマンドチェーンの統合も進んでいる．これをオムニチャネルという．オムニチャネルでは，すべてのチャネルが継ぎ目なく連携し，顧客に統一的な購買体験と利便性を提供することを目指している．

オムニチャネルは，omni（すべて）と channel（経路）を組み合わせた言葉で，あらゆるチャネルを統合管理し，顧客がいつでもどこからでも同じように商品を購入できる環境を構築することである．クロスチャネルがサプライチェーンの最適化を図るのに対して，オムニチャネルは消費者ニーズの把握，購買パターンの予測，需給予測といった仮説の構築や検証を行うことで，製品の品揃えや在庫調整など（デマンドチェーン）の最適化も図るものである．

オムニチャネルの出発点は，消費者理解と消費者ニーズの把握である．クロスチャネルが在庫管理の一元化をテーマとしているのに対し，オムニチャネルは消費者の理解を進め，最適なチャネルを提供することがテーマである．したがって，オムニチャネルでは，チャネルをまたいで，どのチャネルでも消費者に最適な購買経験を提供することを目指している．

例えば，ある企業はオフライン店舗とオンラインショップ，モバイルアプリを統合し，消費者がオンラインで注文した商品をオフライン店舗で受け取ったり，店舗で購入した商品の詳細情報をモバイルアプリで確認できるようにしている．また，消費者の購買履歴や行動データを活用して，個別にカスタマイズされた商品提案やプロモーションを行うことも可能である．

オムニチャネルの構成要素は，販売員，店舗，固定電話，スマートフォン，カタログ，タイレクとメール，コールセンター，インターネット，ソーシャルメディアなどがあり，これらは伝統的なマーケティングで中心的に位置づけられてきた一方向の所有権移転経路である取引だけでなく，売り手と買い手がさまざ

な情報を交換するコミュニケーションチャネルを含んでいる．多様な顧客接点を通じた取引・コミュニケーションチャネルこそがオムニチャネルである．チャネルの統合的な管理はオムニチャネル管理と呼ばれており，チャネル間をまたぐ顧客経験と成果を最適化するために，利用可能な多くのチャネルのシナジー効果（相乗効果）が最大限に発揮されるように管理することである．

　例えば，消費者が，あるECチャネルで人気のワイヤレスイヤホンを購入しようとしたとする．クロスチャネルでは流通業者が在庫情報を管理していたが，オムニチャネルでは，消費者も在庫数をウェブ上で把握することができる．ECチャネルで在庫数が20個となっていて，これがオフラインの新宿店で2個，渋谷店で4個，ECチャネルでも5個売れると，ECチャネルの在庫数は9個に変更して表示されるような仕組みである．さらに例えば，新宿店の在庫数が1個，渋谷店の在庫数が10個と表示されていて，新宿で勤務している消費者がその商品を購入したいと思った場合，新宿店は在庫切れのリスクが高く，少し足を延ばして渋谷店なら購入可能だと判断することもできる．また，後日購入でもよいと判断すればECチャネルで購入し，自宅への配送を待つという意思決定もできる．

　《オムニチャネルの提供価値》オムニチャネルの価値として，心地良さ，安さ，早さ，などがある．これらは，オムニチャネルのすべての顧客接点で一貫した顧客経験を提供するために重要である．

　「心地良さ」とは，ECチャネルにおいてワンクリックまたは数クリックで購買完了できることや，求めている情報がすぐに手に入る高い検索性を指す．オムニチャネルでは，顧客の接触（コンタクト）履歴をシームレスに管理し，それに基づいてオフライン店舗でもスムーズなコミュニケーションが取れることが望ましい．これにより，顧客は一貫した，ストレスのない購買体験を享受することができる．

　「安さ」とは，ECチャネル価格がすべての物価の基準価格となることを指す．この点で，オフライン店舗のみで販売し，価格競争力のない流通企業は，淘汰されてゆく可能性が高い．既存の流通企業は，ECチャネル価格を基準に売り方（計画や行動のすべて）を見直さなければ，競争力を維持することが難しくなる．価格設定の見直しと，コスト削減，効率化を進めることが必要である．

　「早さ」とは，翌日配送などである（例えばAmazonプライムでの購入など）．これが，小規模のEC専業流通企業が競争力を失う原因となっている．例えば，価格がAmazonより安くても，配送に数日かかる場合，消費者は早さの利点で，Amazonでの購入を選ぶ可能性が高い．

これらの要素が統合されたオムニチャネルが，顧客にとって利便性が高く，統一された購買体験を提供することができるのである．

2）オムニチャネルの管理

オムニチャネルは手段であり，目的ではない．「顧客に対してどのような価値を提供すべきか」という視点に立ち，ターゲットに適したオムニチャネル戦略を立案することが重要である．手段や仕組み（システム）ありきではなく，「顧客から何が喜ばれるのか」という顧客視点を徹底し，実現することで「顧客に選ばれる理由＝顧客価値」を創造するのである．そのために，あらゆる顧客接点（タッチポイント）を駆使してアプローチをし，「心地良さ」「安さ」「早さ」で顧客の期待を超える「感動」を提供し，自社の支持者（ファン）を育むことが真の目的である．オムニチャネル時代の価値向上には，①顧客情報の一元化，②シームレスな購買経験の提供，③シームレスな物流網の整備，④決済情報の取得という4つの取り組みが重要になる．

《①顧客情報の一元化》オムニチャネルでは，利用者の個別情報（ユーザーID）の統合が重要である．ECチャネル上やオフライン店舗上，コールセンター上などのユーザーIDが統合されていなければ，シームレスな購買経験を提供できないためである．多くの企業ではまだユーザーIDが統合されておらず，ECチャネルでの購買，オフライン店舗での購買，ウェブへのアクセスログ，ポイント獲得データ，コールセンター問合せ，DM送付などの履歴がバラバラに蓄積されているため，デジタルコミュニケーションの最適化ができていない．例えば，ある消費者がECチャネルで購入した商品の詳細情報をオフライン店舗で確認しようとした場合，ECサイトと店舗の利用者IDが統合されていなければ，消費者は自分の購入履歴を確認できず，不便を感じることになる．あらゆるチャネルにおいて顧客が不便を感じることなく，いつでも・どこでも・同じ顧客経験として商品を閲覧・購買・返品などができるシームレスなサービスを提供することが，オムニチャネル実現の第一歩となる．

《②シームレスな購買経験の提供》シームレスな購買経験とは，例えば，オフライン店舗でメガネの購入を販売員と相談している際に，4ブランドの中から2ブランドまで候補が絞り込まれたとする．その後，ECチャネルにログインすると，メガネの4ブランドが優先表示され，2ブランドがハイライトされた状態になっている．このように，オフライン店舗での体験がECチャネルに引き継がれている状態などを指す．

また，コンタクト履歴も統合され，コールセンター（カスタマーセンター）に問い合わせた情報がオフライン店舗でも共有されることで販売員はタブレットなどの情報端末でコンタクト履歴を確認しながら「〇〇様，先日ご相談いただいた件ですが……」などと対応できるようになる．このように，消費者がどのチャネルで行った購買行動でも，別のチャネルで継続して行うこともできる．

《③シームレスな物流網の整備》シームレスな購買経験を顧客に提供するには，製品やサービスも同様にシームレスに流通させる必要がある．この物流網を実現するために，在庫データと販売データ（受注データ）を一元管理する．例えば，オフライン店舗やECチャネル，物流センターにある在庫をリアルタイムで取りまとめて管理できなければ，正確な在庫データを把握することはできない．

注文を取得すると，次に商品を集め（ピッキング），梱包・包装，配送データの確認，そして配送という物流プロセスが進行する．例えば，ある顧客がECチャネルで注文した商品をオフライン店舗で受け取りたいと希望する場合，在庫データがリアルタイムで統合されていれば，どのチャネルに在庫があるか即座に把握でき，迅速に対応することができる．

複数チャネルの利用により販売データも配送データも複雑化する．そのため，物流網の整備が重要な鍵となる．例えば，Amazon は在庫管理システムと配送システムを綿密に統合し，注文が入ると最も近い倉庫から迅速に商品を発送する仕組みを構築している．このように継ぎ目のない物流網により，顧客はスムーズに商品を受け取ることができる．

《④決済情報の取得》デジタルマーケティングの価値は，消費者一人ひとりを理解し，個々に合わせたチャネルを提供し，プロモーションを行うことで，中期的な関係を構築できるところにある．そのために企業は消費者の何を理解すればよいのか．従来のように消費者の潜在的な興味，関心，ニーズや欲求を理解するのも重要だが，最も必要なのは，消費者がどうやって購入したのか，というデータである．そのデータとは，決済（支払い）情報である．

従来のマーケティングでは，オフライン店舗で決済情報が取得されてきた．特に，レジの販売時点情報管理（POSデータ）から，どの商品がいつどれだけ売れたのかは把握できた．しかし，消費者を理解するためには，その決済情報がユーザー ID と紐づかなければならない．「どれだけ売れたのか」だけではなく，「誰に売れたのか」がより重要なのである．ユーザー ID と紐づいた決済情報を最も幅広く取得できるのは，デビットカードやクレジットカードなど決済カードの情報である．

グローバルなIT企業であるGoogleやAppleが決済領域にまでサービスを拡大している狙いはここにある．スマートフォンに決済ができるアプリ（Google PayやApple Pay）を入れることで，ユーザーIDと紐づいた消費者の決済情報を幅広く取得することができる．それにより，消費者理解をさらに進化，深化させているのである．消費者の購入履歴を自動的に記録し，企業はそのデータを分析してよりパーソナライズされたサービスを提供する．

本章のコラムで触れたように，今後，デジタルマーケティングは技術革新により一層進化していくであろう．特に，AIやビッグデータを活用したパーソナライズ戦略，リアルタイムのソーシャルメディア対話，VRやARを用いた体験型マーケティングが注目されており，これらの技術を駆使することで顧客エンゲージメントの向上と売上の増加が期待される．

Learning Review

1. インターネット利用者の約70％がオンライン市場で商品やサービスを購入している．しかし，アクセスできる状況にあるにもかかわらず，オンラインで購入しない人もいる．その理由について考察せよ．
2. オンライン市場は，伝統的なオフライン市場と同様に，マーケティング管理者に多様な価値を創出する機会を提供している．インターネットを活用したマーケティングが，社会や消費者にどのような価値を提供するか，価値創造の観点から述べよ．
3. Amazonなどのオンラインショップで本を購入する体験と，オフラインの一般書店で本を購入する体験を比較せよ．利便性，選べる本の種類，カスタマイズの可能性，店員とのやり取り，価格，購入の自由度について，それぞれの違いを分析せよ．
4. 自分が好きな企業やブランドのウェブサイトを見て，顧客体験に影響を与える7つのウェブサイトデザインの要素を使って，そのウェブサイトを評価せよ．
5. オムニチャネルの概念，提供する価値，管理の主なポイントを説明せよ．

> **Column**
>
> Unleashing the Power of Generative AI in Digital Marketing
> ## 生成 AI の力を解き放つ：
> ## デジタルマーケティングの新たな可能性
>
> 　生成 AI という技術が，近年，急速にデジタルマーケティングにおいて重要性を高めている．この技術は主に，文字などの入力によりテキスト，画像，音楽などのコンテンツを自動で生み出すものである．これによる革新と，その貢献を説明する．
> 　・コンテンツ制作の自動化：生成 AI により，ブログ投稿，ソーシャルメディア更新，製品説明などを自動で行うことができる．この自動化はマーケティングチームの時間を節約し，24 時間体制で一貫したコンテンツ提供を可能にする．これにより，企業は，競争力を保ちながら顧客エンゲージメントを強化することができる．
> 　・個別化マーケティング：生成 AI は大量のデータを分析し，顧客の行動や嗜好に基づいてカスタマイズされたコンテンツを提供する．このアプローチは顧客エンゲージメントとともにコンバージョン率（誘導率）を向上させ，さらにパーソナライズされた体験を提供する．例えば，顧客の過去の閲覧や購入の履歴に基づき，特定の商品やサービスを推薦する．これにより，マーケティングメッセージが効果的になり，顧客満足度も向上する．
> 　・データ分析とインサイトの導出：生成 AI は，複雑なデータセット（データの集合体）を解析し，消費者行動を予測して有益なインサイト（購買意欲の核心）を提供する能力をもっている．これにより，企業は効果的なマーケティング戦略を策定し，ターゲット広告の精度を向上させることができる．例えば，過去の購買履歴やサイト訪問履歴を分析することで，顧客が次に購入する可能性の高い商品やサービスを予測し，合致する広告を配信することが可能である．このプロセスにより，広告の無駄を削減し，マーケティング予算の最適化を図ることができる．
> 　・デザイン生成：生成 AI は，バナー広告やソーシャルメディアのグラフィック，ウェブサイトのレイアウトなどのビジュアルコンテンツも生み出す．異なるデザインの A/B テストをスピーディに実施し，最も効果的な案を選定することでデザインプロセスの効率を向上させ，ユーザーエンゲージメントを最大化する．
> 　・顧客インタラクションの向上：生成 AI は，チャットボットやソーシャルメディアを通じて，即時かつパーソナライズされた顧客応答を提供する．カスタマーサポートの問合せに AI が 24 時間体制で自動応答することで顧客の待ち時間を短縮し，満足度を高める．
> 　以上のように，生成 AI の効率性と拡張性を活用して，人間の創造性や共感力を補完しながら強力なマーケティング戦略を構築し，持続可能な成功を収めることが期待されている．

引用・参考文献一覧

▶日本語文献

青木幸弘・新倉貴士・佐々木壮太郎・松下光司（2012）『消費者行動論：マーケティングとブランド構築への応用』有斐閣アルマ．

網倉久永・新宅純二郎（2011）『経営戦略入門』日本経済新聞出版．

石井淳蔵（1983）『流通におけるパワーと対立』チクラ・マーケティング・サイエンス・シリーズ．

石井淳蔵（1999）『ブランド：価値の創造』岩波新書．

石井淳蔵・廣田章光編著（2009）『1 からのマーケティング』第 3 版，碩学舎．

石井淳蔵・廣田章光・坂田隆文編著（2016）『1 からのマーケティング・デザイン』碩学舎．

石井淳蔵・奥村昭博・加護野忠男・野中郁次郎（1985）『経営戦略論』有斐閣．

石崎徹編著（2016）『わかりやすいマーケティング・コミュニケーションと広告』八千代出版．

井上大輔（2018）『デジタルマーケティングの実務ガイド』宣伝会議．

上田隆穂（1999）『マーケティング価格戦略：価格決定と消費者心理』有斐閣．

上田拓治（2010）『マーケティングリサーチの論理と技法』第 4 版，日本評論社．

小川孔輔（1994）『ブランド戦略の実際』日経文庫．

奥谷孝司・岩井琢磨（2018）『世界最先端のマーケティング：顧客とつながる企業のチャネルシフト戦略』日経 BP 社．

恩蔵直人・守口剛（1994）『セールス・プロモーション：その理論，分析手法，戦略』同文舘出版．

角井亮一（2015）『オムニチャネル戦略』日経文庫．

片平秀貴（1999）『パワー・ブランドの本質』新版，ダイヤモンド社．

亀井昭宏監修・電通広告事典プロジェクトチーム編（2008）『電通広告事典』電通．

川又英紀・小林暢子著・日経情報ストラテジー編（2015）『無印良品 最強のオムニチャネル経営』日経 BP Next ICT 選書．

姜 京守（2020）「IMC はいかにして機能するのか：文献レビューによる理論的枠組み構築の試み」『研究論集』関西外国語大学，第 112 号，211-232 ページ．

姜 京守（2021）「企業の CSV 活動は顧客ロイヤルティにいかなる影響を与えるのか？」『研究論集』関西外国語大学，第 113 号，265-284 ページ．

姜 京守（2021）「IMC の一貫性が購買後の消費者行動に及ぼす影響：ブランド知識の媒介効果に着目して」『研究論集』関西外国語大学，第 114 号，359-379 ページ．

姜 京守（2022）「顧客ベースの IMC と購買後の消費者行動のメカニズム：ブランド信頼とコミットメントの媒介効果に注目して」『研究論集』関西外国語大学，第 115 号，253-274 ページ．

姜 京守（2022）「AI による個別化推薦サービスの受容メカニズムに関する探索的研究」『研究論集』関西外国語大学，第 116 号，213-233 ページ．

岸志津江・田中洋・嶋村和恵（2017）『現代広告論』第 3 版，有斐閣アルマ．

小泉眞人（2012）「広告の定義・分類・機能」石崎徹編著『わかりやすい広告論』第 2 版，八千代出版．

小林哲・南知恵子（2004）『流通・営業戦略：現代のマーケティング戦略（3）』有斐閣アルマ．

近藤公彦・中見真也（2019）『オムニチャネルと顧客戦略の現在』千倉書房．

白井美由里（2005）『消費者の価格判断のメカニズム：内的参照価格の役割』千倉書房．

総務省（2023）『令和 5 年度家計消費状況調査結果』

高田博和・上田隆穂・奥瀬喜之・内田学（2008）『マーケティングリサーチ入門』PHP business

hardcover.

高橋千枝子・姜京守・三嶋浩子・矢野昌彦（2022）『20代の武器になる生き抜く！マーケティング』中央経済社.

竹村和久（1996）『意思決定の心理：その過程の探求』福村出版.

竹村和久（2007）「意思決定過程の心理学」子安増生・西村和雄編『経済心理学のすすめ』有斐閣.

田中洋・清水聰編（2006）『消費者・コミュニケーション戦略：現代のマーケティング戦略（4）』有斐閣アルマ.

田中洋（2015）『消費者行動論』中央経済社.

内閣府（2022）『令和4年度国民経済計算年次推計』.

西尾チヅル（1999）『エコロジカル・マーケティングの構図：環境共生の戦略と実践』有斐閣.

日経広告研究所編（2005）『広告用語辞典』第4版，日経文庫.

牧田幸裕（2017）『デジタルマーケティングの教科書：5つの進化とフレームワーク』東洋経済新報社.

丸岡吉人（2000）「消費者の価値意識」竹村和久編『消費行動の社会心理学：消費する人間のこころと行動』（シリーズ21世紀の社会心理学7），北大路書房，26-38ページ.

矢作敏行（1996）『現代流通：理論とケースで学ぶ』有斐閣アルマ.

和田充夫・恩藏直人・三浦俊彦（2016）『マーケティング戦略』第5版，有斐閣アルマ.

▶外国語文献

Aaker, D.A.（1991）. *Managing Brand Equity: capitalizing on the value of a brand name*. The Free Press.（陶山計介・尾崎久仁博・中田善啓・小林哲訳（1994）『ブランド・エクイティ戦略』，ダイヤモンド社）

Aaker, D.A.（1996）. *Building Strong Brands*. The Free Press.（陶山計介・小林哲・梅本春夫・石垣智徳訳（1997）『ブランド優位の戦略：顧客を創造するBIの開発と実践』ダイヤモンド社）

Assael, H.（1987）. *Consumer Behavior and Marketing Action*. 3rd ed., Kent Publishing Company.

Blackwell, R.D., Miniard, P.W. & Engel, J.F.（2006）. *Consumer Behavior*. 10th ed., Thomson/South Western.

Churchill, G.A. Jr. & Iacobucci, D.（2005）. *Marketing Research: Methodological Foundation*. 9th ed., Thomson/South-Western.

Dolan, R.J. & Simon, H.（1996）. *Power Pricing: How Managing Price Transforms the Bottom Line*. The Free Press.（吉川尚宏（2002）『価格戦略論』ダイヤモンド社）

Drucker, P.F.（1974）. *Management: Tasks, Responsibilities, Practices*. Heinemann.（上田惇生編訳（2001）『マネジメント：基本と原則』ダイヤモンド社）

Duncan, T. & Moriarty, S.（1997）. *Driving Brand Value: using integrated marketing to manage profitable stakeholder relationships*. McGraw-Hill.（有賀勝訳（1999）『ブランド価値を高める統合型マーケティング戦略』ダイヤモンド社）

Hamel, G. & Prahalad, C.K.（1994）. *Competing for the Future*. Harvard Business School Press.（一條和生訳（1995）『コア・コンピタンス経営：大競争時代を勝ち抜く戦略』日本経済新聞社）

Hedley, B.（1977）. *Strategy and the "business portfolio"*. Long Range Planning, 10(1), pp.9-15.

Holton, R.H.（1958）. The Distinction between Convenience Goods, Shopping Goods, and Specialty Goods. *Journal of Marketing*, 23(1), pp.53-56.

Howard, J.A. & Sheth, J.N.（1969）. *The Theory of Buyer Behavior*. John Wiley & Sons. pp.24-49.

Kang, K.S.（2021）. Strategic Orientation, Integrated Marketing Communication, and Relational Performance in E-commerce Brands: Evidence from Japanese Consumers' Perception. *Business

Communication Research and Practice, 4(1), pp.28-40.

Kang, K.S. (2024). The Antecedent Role of Leadership Styles on IMC and Business Performance: Empirical Evidence from Japanese Firms. *Business Communication Research and Practice*, 7(1), pp.17-34.

Keller, K.L. (2003). *Strategic Brand Management: Building, Measuring, and Managing Brand Equity*. 2nd ed., Prentice Hall.（恩藏直人研究室訳（2003）『ケラーの戦略的ブランディング』増補版，東急エージェンシー）

Kotler, P. & Armstrong, G. (2001). *Principles of Marketing*. 9th ed., Prentice Hall.（フィリップ・コトラー，ゲイリー・アームストロング著，和田充夫監訳（2003）『マーケティング原理：基礎理論から実践戦略まで』第9版，ダイヤモンド社）

Kotler, P. & Keller, K.L. (2006). *Marketing Management*. 12th ed., Prentice-Hall.（フィリップ・コトラー，ケビン・レーン・ケラー著，恩藏直人監修，月谷真紀訳（2008）『コトラー&ケラーのマーケティング・マネジメント』第12版，丸善出版）

Kotler, P. & Roberto, E.L. (1989). *Social Marketing: Strategies for Changing Public Behavior*. The Free Press.（井関利明監訳（1995）『ソーシャル・マーケティング：行動変革のための戦略』ダイヤモンド社）

Levitt, T. (1962). *Innovation in Marketing: new perspectives for profit and growth*. McGraw-Hill Book Company.（土岐坤訳（1983）『マーケティングの革新：未来戦略の新視点』ダイヤモンド社）

Levitt, T. (1969). *The Marketing Mode: pathways to corporate growth*. McGraw-Hill.（土岐坤訳（1971）『マーケティング発想法』ダイヤモンド社）

Lisa, M.K. (2008). Marketing Defined?. *Marketing News*, January 15, pp.28-29.

Lovelock, C. (1983). Classifying Services to Gain Strategic Marketing Insights. *Journal of Marketing*, 47, p.12.

Malhotra, N.K. (2004). *Marketing Research: An Applied Orientation*. 4th ed., Pearson. Prentice-Hall.（小林和夫訳（2006）『マーケティング・リサーチの理論と実践（理論編）』同友館．三木康夫・松井豊監訳（2007）『マーケティング・リサーチの理論と実践（技術編）』同友館）

Marshall, G.W., & Johnston, M.W. (2022). *Marketing Management*. 4th ed., McGraw-Hill Education.

Nagle, T.T. & Holden, R.K. (2002). *The Strategy and Tactics of Pricing*. 3rd ed., Prentice-Hall.

Peter, J.P. & Olson, J.C. (2005). *Consumer Behavior and Marketing Strategy*. 7th ed., McGraw-Hill.

Porter, M.E. & Kramer, M.R. (2002). The Competitive Advantage of Corporate Philanthropy. *Harvard Business Review*, pp.56-68.（沢崎冬日訳「競争優位のフィランソロピー」『Diamondハーバード・ビジネス・レビュー』第28巻第3号，24-43ページ）

Rogers, E.M. (1986). *Communication Technology: The new media in Society*. The Free Press.（安田寿明訳（1992）『コミュニケーションの科学：マルチメディア社会の基礎理論』共立出版）

Rogers, E.M. (2003). *Diffusion of innovations*. 5th ed., The Free Press.

Schultz, D.E., Kim, I., & Kang, K. (2014). Integrated Marketing Communication Research: Its Limited Past and Huge Potential. In Cheng, H. (Ed.), *The Handbook of International Advertising Research*. Wiley-Blackwell. pp.457-483. https://doi.org/10.1002/9781118378465.ch23

Sharp, B. (2017). *Marketing: Theory, Evidence, Practice*. 2nd ed., Oxford University Press.

Thomas, Dan R.E. (1978). Strategy is Different in Service Business. *Harvard Business Review*, 56(4), p.161.

Wedel, M. & Kamakura, W.A. (2000). *Market Segmentation: Conceptual and Methodological Foundations*. 2nd ed., Kluwer Academic Publishers.

索　引

▶数字・英字

1次データ／2次データ　62
4P（Product, Price, Place, Promotion）　6, 26
A/Bテスト　204
AISAS　56
BCG事業ポートフォリオモデル　22
DM（ダイレクトマーケティング）　148, 183
EC市場　183, 188
eマーケティングチャネル　136
IMC監査　156
IoTデバイス　72
PLC曲線　99
PR（広報）　147, 171
SDGs（持続可能な開発目標）　42
SP（販売促進）　147, 169
SWOT分析　25
Z世代　116

▶あ行

アドボカシー広告　160
アンケート　64
安全欲求　49
位置情報記録　116
一般データ保護規制（GDPR）　187
イノベーション（の普及）　101, 109
イベント　67
意味差判別法（SD法）　65
イン・ハウス・エージェンシー　167
インクワイアリテスト　168
インタラクティブ（広告）　173, 189, 190
ウォームリード　179
売上　69, 75, 125
売上高比率法　154, 162
運営コスト　141
運送　133
営業完了（クロージング）　182
営業職　175
営業スタッフ調査　69
営利組織　14
エキスパートサーベイ　69
エコフレンドリー　89
エシカル　42
閲覧・購入履歴　204
オピニオンリーダー　53
オプトアウト（opt-out）措置　187

オフライン市場　188
オムニチャネル　199, 200
卸売業者　132
卸売業者主導ボランタリーチェーン　138
オンラインショップ　188

▶か行

会員集団　54
外勤注文獲得／外勤注文取り　176, 177
開拓型広告　159
回避集団　53
開放的チャネル　140
買回品　91
価格（price）　6, 117
　──カルテル禁止法　40
　──制約条件　126
　──設定の透明性・公正性　130
　──調整　118
　──プレミアム　107
　──変動　130
　──レベル　127
可処分所得　36
カスタマイズ　105
カスタマイゼーション　173, 192, 195
寡占　38
家族や世帯の意思決定　54
家族ライフサイクル　54
価値観　34, 75
価値戦略　8
価値創造過程　105
カニバリゼーション（共食い）　77
金のなる木　23
加盟店　139
カリフォルニア州消費者プライバシー法（CCPA）　187
環境分析　25
環境保護　116
関係性マーケティング（時代）　8, 9
観察法　62
慣習価格　123
感情（分析）　109, 157
関心（Interest）　56
完全競争　38
願望集団　54
関与度　46

管理型 VMS　139
機械学習　72, 130
企業型 VMS　138
企業家的マーケティング　30
企業広告　159
企業の社会的責任（CSR）　42
企業ブランディング（ファミリーブランディング）　111
企業レベル　16
記者会見　172
記述的リサーチ　60
基準マージン率価格　122
規制への適応　89
期待成長率　81
機能的リスク　50
キャラクター　67
競合他社　103, 126
競合他社対抗法　154, 162
競争　22, 33, 82
　──型広告　159
　──志向型アプローチ　123
　──優位　107
共同意思決定　54
共同広告　171
恐怖アピール　163
共有（Share）　56
緊急クローズ　182
金融　133
口コミ　53, 195
グリーンマーケティング　89
グループ面談（フォーカスグループインタビュー，FGI）　63
クレジットカード決済　80
クロスチャネル　198
クロスメディア戦略　164
グローバル市場　114
経済環境　35
経済的リスク　50
継続型スケジュール　166
形態の便益　11, 133
契約型 VMS　138
ケースアロウワンス　170
結果評価　68
決済情報　202
原価加算価格　122
顕在ニーズ　4
検索（Search）　56

検証的リサーチ　60
限定サービス代理店　167
限定的問題解決　47
コアコンピタンス　21
コアブランド　114
高学習製品　99
高価値転換　103
小売業者協同組合　139
広告（AD）　140, 145, 158, 161, 162
　──規制法　40
　──キャンペーン　67
　──の事前調査／事後調査　166, 168
　──媒体　165
　──プログラム　161
　──予算　162
公正取引委員会　40
行動　56
　──的アプローチ　13
　──的学習　51
　──的変数　79
購買　43, 57
　──意思決定プロセス　43
　──意図予測調査　69
　──決定　45
　──後評価　45
　──者の回転率　164
　──動機　47
　──頻度　91, 164
　──履歴　184
広報（PR）　147, 171
小売業者　10, 132
考慮集合　44
顧客　21, 200, 201
　──アプローチ　180, 183
　──エンゲージメント（深いつながり）　67, 109, 116, 204
　──価値　7, 184, 189
　──関係管理（CRM）　10, 130, 183
　──行動　157
　──志向　9, 13, 30
　──ニーズ　75, 113, 140
　──フィードバック　95
　──満足度　96, 105, 204
　──ロイヤルティプログラム　96
個人情報保護法　185, 187
個人的価値　51
コスト　143, 196

コスト志向型アプローチ　122
コストパフォーマンス　118
個性（パーソナリティ）　48, 106
コネクション　193
個別化マーケティング　204
個別性　190
個別注文型システム　195
個別面接　63
コマース　193
コミュニケーション　154, 193
　──チャネル　200
　──ミックス　144
　──予算　154
コミュニティ　193
コラボレイティブフィルタリング　191
コールドリード　179
混合型ブランディング戦略　114
コンサルタント　67
コンセプト　85
コンテキスト　192
コンテンツ（コンテンツ生成）　157, 192, 204

▶さ行
在庫　95, 202
最高品質のサービス／最高品質の製品　8
最高マーケティング責任者（CMO）　16
在庫管理システム　202
サイコグラフィックス　52
最終価格　127
最終消費者　11, 134
サイト訪問履歴　204
財務アロウワンス　170
最安購入価格　8
裁量所得　36
サービス　10, 90, 93
　──商品　91
　──中心のアプローチ　105
　──の4I　94
サービス・ドミナント・ロジック（SDL）　105
サービスマーケティングの8P　96
サブカルチャー　55
サブスクリプションサービス　105
サプライチェーン　143, 198
サブリミナル知覚　50
サーベイ調査　63
差別化ポジショニング　21, 85
産業財　91, 135
サンプル広告　67

シアターテスト　166
仕入れ　133
支援品　92
時間の節約　184
時間の便益　11, 133
事業　19
　──環境　32
　──戦略　15
　──ドメイン　19
　──レベル　16
刺激-反応型提案　181
資源（リソース）配分　22
自己イメージ　106
事後管理（フォローアップ）　182
自己実現欲求　48
事後調査　155
自主規制　40
支出可能額法　154
市場　6
　──開拓者（イノベーター）　101
　──環境　32
　──基準価格　124
　──規模　81
　──細分化　25
　──シェア　125
　──志向　9, 13
　──成長率　22
　──製品グリッド　81
　──セグメント　25, 74, 82, 89, 112, 114, 116
　──変更　102
　──ポジション　85
　──モニタリング　68
事前承認（opt-in）　184
事前調査　155
持続可能性（サステナビリティ）　10, 89
下請法　39
実行可能性　79, 154
質問法　63
自動応答　204
シナジー効果　77
品揃え保管分類　133
シームレス　201, 202
社会
　──環境　33
　──的影響力　116
　──正義　116
　──的責任　10, 126

──的欲求　48
──的リスク　50
収益管理価格　121
収益性　96, 140
自由回答質問　65
収穫戦略　98
従業員トレーニング　95
従属変数　66
受注生産　77
需要志向型アプローチ　119
需要と供給の変動　130
ジュリーテスト　166
循環的なフィードバックループ　9
準拠価値　118
準拠集団　53
純粋想起法　168
商業改善協会（BBB）　41
消費財　79, 91, 134
消費者購買行動モデル　56
消費者データとプライバシーに関する規制　187
消費者保護法　39
商標権侵害訴訟　110
情報（収集）　62, 140
情報探索　44
消滅性　94
奨励戦略　147
初期高価格　120
初期採用者　101
助成想起法　168
所有の便益　133
シングルチャネル　197
人工知能（AI）　36, 157
人口統計学　34, 79
深層面談　63
人的販売　146, 174
浸透価格　120
心理的影響要因　47
心理的変数　79
推奨事項　67
衰退期　98, 150
垂直コンフリクト　141
垂直的マーケティングシステム　138
推定クローズ　182
水平コンフリクト　141
スタートアップ　30
スター（花形）　23

生産時代　9
生産費用　126
成熟期　98, 150
生成AI　204
製造業者　10
成長期　98, 150
製品　6, 10
──アイテム　90, 92
──カテゴリー　107, 112
──管理アロウワンス　170
──広告　159
──コンセプト　8
──（サービス）ライン　92
──需要　126
──使用量　102
──タイプ　99
──の差別化戦略　74
──変更　102
──ポジショニング　86
──ミックス　93
──ライン拡張　112
製品ライフサイクル（PLC）　98, 150
生理的欲求　49
セグメンテーション（戦略）　74, 77
セグメンテーション変数　79
セックスアピール　163
説明的リサーチ　60
前期多数採用者　101
先行状態　47
潜在顧客　79, 178
潜在ニーズ　4
選択
──的記憶　50
──的知覚　49
──的チャネル　140
──的理解　49
──的露出　49
──の容易性　195
先有傾向　51
戦略事業部（SBU）　16
戦略的チャネル　137
総合サービス代理店　167
相互作用　190
総収益　119
総所得　35
相対的市場シェア　22
総費用　119

双方向コミュニケーション　10, 146
促進機能　132
組織　14, 174
組織購買者　11
組織文化　18
ソーシャルメディア　72
尊厳欲求　48
存在感（プレゼンス）　110
損失先導価格　124
▶た行
耐久財　90
対人観察　62
代替品評価　44
ダイナミックプライシング　130, 196
対面コミュニケーション　146
代理店　132
ダイレクトマーケティング（DM）　148, 183
ターゲット市場　6, 7, 25, 78, 81
ターゲットマーケティング　96
ターゲティング　78
ターゲット価格　121
ターゲット広告　173, 204
ターゲット顧客　152
多属性態度モデル　44
多様性　140, 195
単位価格　119
単一市場セグメント　77
単一製品　76
探索的リサーチ　60
地域的変数　79
知覚便益　118
知覚リスク　50
遅滞者　101
チャットボット　157, 204
チャネルカバレッジ　139
チャネルキャプテン　141
チャネルコンフリクト　141
チャネルメンバー　141
注意（Attention）　56
仲介業者（ブローカー）　132
中核価値　18
中間業者　11, 132, 143
中小企業　38
注文獲得型販売　177
注文取り型販売　176
チョイスボード　190, 195
直接競合ポジショニング　85

直接チャネル　134, 143
直接予測　69
提案型営業　181
定価　128
低学習製品　99
低価値転換　104
提供物　2, 15
定型化型提案　181
ティザー広告　53
ディスカウント　170
ディストリビューター　132
ティファニー・ウォルマートの戦略　76
ディーラー　132
適応型営業　181
デザイン生成　204
デジタル　173
　──技術／広告　173
　──時代　56
　──トレース　187
　──マーケティング　204
　──メディア　56
　──ドリブン・アプローチ　72
データ分析　68, 130
データベース　184
デマンドチェーン　199
デモグラフィック情報　65, 70
電子商取引（EC）　37, 188
電話禁止登録法　185
統合マーケティングコミュニケーション（IMC）
　108, 144, 149
投資収益率　75
統制可能／不能な変数　7
到達可能性　79
到達率（リーチ）　164
導入期　98, 150
独自性　85
独占禁止法　39
独占市場　38
独占の競争　38
独立変数（原因）　66
特許法　39
ドメイン（文字列）　110
トライアルクローズ　182
取引機能　132
▶な行
内勤注文獲得　177
内勤注文取り　176

内部探索　44
内部データ　61
ニーズ　5
日常的問題解決　47
二分法　65
日本広告審査機構（JARO）　40
ニュースリリース　171
ニューロマーケティング　63
認知的学習　51
認知的不協和　45
ネットワーク技術　37
▶は行
配送コスト　141
配送データ　202
媒体（メディア）割当法　162
排他的チャネル　140
場所の便益　11, 133
バズ（バズマーケティング）　195
端数価格　120
パーソナライズ　10, 143, 173
パーソナライゼーション　157, 187, 191
パブリシティ　171
パルス型スケジュール　166
パワー（影響力）　142
バンドル価格　121
販売　133
　──員研修　171
　──コスト　140
　──時代　9
　──前後サービス　140
　──促進（SP）　147, 169
　──データ（受注データ）　202
　──テスト　169
　──報奨金（アロウワンス）　117, 128, 169
　──量　119, 125
非営利組織　11, 14
ビジュアルコンテンツ　204
ビジョナリー組織　17
非耐久財　90
非探索品　91
ビッグデータ　72
非分離　94
非補償型評価　44
評価（コントロール）　28, 154
ファッション製品　99
ファッド製品　100
フォーカスグループ（グループインタビュー）

　60
不況　35
不均一性　94
不正競争防止法　39
プッシュ戦略　150
物理的環境　47
物流機能　132
物流プロセス　202
部分品　92
普遍的価値　51
部門間調整　149
フライト型スケジュール　166
プライバシー　116, 184
プライバシー保護法　185, 187
プライベートブランディング戦略　114
プライベートレイブリング（再販売者ブランディング）　114
フランチャイズ　139
ブランド
　──アイデンティティ　107
　──アクティビズム　116
　──イメージ　95, 106
　──エクイティ（ブランド資産）　107
　──視認性　115
　──認知度　112, 142
　──ネーム　107, 110
　──パーソナリティ　106
　──ポートフォリオ　115
　──マネージャー　101
　──ロイヤルティ　51
プル戦略　150
プレゼンテーション（提案）　180
ブロックチェーン技術　143
プロモーション　6, 75, 112, 144
文化的アプローチ　13, 34, 56
米国マーケティング協会（AMA）　2
便益　11
変動価格　128
法的・倫理的な考慮事項　127
法的規制環境　38
ポジショニング　85, 89
ポジショニングマップ　86
ポジショニングレポート　86
補償型評価　44
ボストン・コンサルティング・グループ（BCG）　22
ホットリード　179

ポテンシャル（潜在力）　79
ポートフォリオテスト　166
▶ま行
マクロ環境　35
負け犬　24
マーケティング
　　──環境　42
　　──キャンペーン　42
　　──コスト　98
　　──コミュニケーション　144
　　──時代　9
　　──戦略　83
　　──組織　27
　　──チャネル　131
　　──費用　126
　　──プログラム　8, 25, 28
　　──マイオピア（近視眼）　19
　　──ミックス　7, 26, 66, 75
　　──目標　20
　　──予算　204
　　──リサーチ　57, 72
マスカスタマイゼーション　77
マスメディア　146
マッカーシー，ジェローム　6
マルチ・プロダクト・ブランディング戦略　111
マルチチャネル　197
マルチブランディング戦略　113
ミクロ環境　35
見込み顧客　178
ミッションステートメント　18
見積価格　128
ミレニアル世代　116
無形の活動や便益　91
無形の属性　90, 94
名声価格　120
メール禁止登録法　185
目標　25, 174
　　──売上高利益率価格　123
　　──価格　124
　　──基準法　154
　　──収益率（ROI）　125
　　──達成法　162
　　──投資収益率価格　123
　　──利益価格　123

モージャー，クリス　116
モバイルアプリ　199
最寄品　92
問題児　24
▶や行
有形の製品／属性　90
有料　146
ユーザーID　201
ユーモアアピール　163
翌日配送　200
予算　184
予測的リサーチ　60
予測分析　72, 157
欲求　4
欲求-満足型提案　181
▶ら行
ライフスタイル　52, 75
リアルタイム顧客サービス　157
リアルタイムのマーケティング　173
利益　75
　　──確保可能性　79
　　──還元（リベート）　117
　　──志向型アプローチ　123
利害関係者（ステークホルダー）　2
リサーチデザイン　60
リスク　133
リッカート尺度　65
リード（セールスリード）　178
利便性　140, 194
リポジショニング　86, 103
リマインダー広告　159
流通（place）　6, 140
流通チャネル　76, 131, 150
倫理的な消費　116
倫理的なマーケティング　187
累積到達率（GRP）　164
レコメンデーション（推薦）　191
レビット，セオドア　19
ロイヤルティ　105, 106, 116
ロイヤルティプログラム　10
露出頻度（フリークエンシー）　164
ロストホース予測　69
ロー対ウェイド判決　116
▶わ行
割引（ディスカウント）　117, 128

著者の現職

関西外国語大学外国語学部教授．中央大学で兼任講師を務めた後，韓国釜山の東明大学で専任講師および助教授を経て，2015年から現職．中央大学で博士号（商学）を取得し，専門分野はマーケティング戦略とIMC戦略．現在，国際ビジネスコミュニケーション学会理事を務めており，Don Schultz教授との共著論文で平成24年度アメリカのABC学会優秀論文賞を，2022年には韓国経営学会優秀論文賞，2024年度に関西外国語大学で「Award for Excellence in Education」を受賞．最近の著作には『20代の武器になる 生き抜く！マーケティング』（共著，2022年），「The Antecedent Role of Leadership Styles on IMC and Business Performance」（『Business Communication Research and Practice』2024年）があり，これまでに韓国語，日本語，英語で71本の論文を発表している．マーケティング論を延べ5,000人の学生に講じている．

顧客創造のための
事例から学ぶマーケティングの教科書　第2版

令和7年3月30日　発行

著作者　　姜　　　京　　守

発行者　　池　田　和　博

発行所　　丸善出版株式会社
〒101-0051　東京都千代田区神田神保町二丁目17番
編集：電話(03)3512-3267／FAX(03)3512-3272
営業：電話(03)3512-3256／FAX(03)3512-3270
https://www.maruzen-publishing.co.jp

© Kyoungsoo Kang, 2025

組版印刷／製本・藤原印刷株式会社

ISBN 978-4-621-31080-9 C 3063　　　　Printed in Japan

JCOPY 〈(一社)出版者著作権管理機構 委託出版物〉
本書の無断複写は著作権法上での例外を除き禁じられています．複写される場合は，そのつど事前に，(一社)出版者著作権管理機構(電話03-5244-5088, FAX 03-5244-5089, e-mail: info@jcopy.or.jp)の許諾を得てください．